新世纪高职高专交通运输管理类系列教材

公路客运站务管理

主　编　王凌艳

副主编　刘长利　孔月红

参　编　梁　锋　孔建国

机械工业出版社

本书根据公路客运站管理实务,重点介绍了公路客运站的设施设备管理、安全管理、票务管理、行包管理、旅客候车厅管理、旅客心理服务管理、班线管理、培训管理、综合管理以及客运服务规范等方面的相关理论知识和实际业务操作方法。

本书将理论与实践相结合,旨在使读者了解理论知识,掌握技能,学以致用。本书既可作为高职高专交通运输专业的主干教材,也可作为公路运输管理工作者的参考用书。

为方便教学,本书配备电子课件等教学资源。凡选用本书作为教材的教师均可索取,咨询电话:010-88379375。

图书在版编目(CIP)数据

公路客运站务管理/王凌艳主编. —北京:机械工业出版社,2014.6(2025.1 重印)
新世纪高职高专交通运输管理类系列教材
ISBN 978-7-111-46432-7

Ⅰ. ①公… Ⅱ. ①王… Ⅲ. ①公路运输—客运站—车站作业—高等职业教育—教材 Ⅳ. ①U492.1

中国版本图书馆 CIP 数据核字(2014)第 074803 号

机械工业出版社(北京市百万庄大街 22 号　邮政编码 100037)
策划编辑:孔文梅　　责任编辑:孔文梅　刘　静
版式设计:常天培　　责任校对:张　力
封面设计:马精明　　责任印制:李　昂
北京捷迅佳彩印刷有限公司印刷
2025 年 1 月第 1 版第 12 次印刷
184mm×260mm・15.5 印张・328 千字
标准书号:ISBN 978-7-111-46432-7
定价:45.00元

电话服务　　　　　　　　　　网络服务
客服电话:010-88361066　　　机　工　官　网:www.cmpbook.com
　　　　　010-88379833　　　机　工　官　博:weibo.com/cmp1952
　　　　　010-68326294　　　金　书　网:www.golden-book.com
封底无防伪标均为盗版　　　机工教育服务网:www.cmpedu.com

前言

公路客运是国民经济的基础性行业，是国家综合运输体系的重要组成部分。随着我国国民经济和交通基础建设的不断发展，公路客运得到了快速的发展。从20世纪90年代以来，随着我国公路状况的不断改善、公路交通基础设施建设的迅速发展、公路网等级的不断提高、高速公路网的快速建设、公路客运运力结构的调整，公路客运以其快速、灵活、方便的优势快速发展。

随着公路客运的快速发展，既为公路旅客运输经营者提供统一、开放、竞争、有序的经营环境，又为广大旅客提供安全、及时、方便、舒适的乘车环境，作为公路客运基础设施之一的客运站的规划与建设，日益受到重视。公路客运站作为公路客运的生产组织基地和运输网络中客流集散、转运及过境的节点，是公路客运网的支撑点。落后的客运站管理成为公路客运发展的瓶颈，为了适应公路客运的发展，不但需要建设现代化设施的客运站，先进的客运站管理也提上日程。

本书的编写成员包括从事多年公路旅客运输管理的教学、科研工作，具有多年教材编写经验的在校教师，具有多年行业指导与监督经验的公路运输组织管理机构的工作人员，以及具有多年实践与管理经验的公路客运站的管理人员。所以，本书是编写组在总结多年理论教学、科研工作、实践工作与行业指导工作的基础上编写而成的。本书将理论与实践相结合，旨在使读者了解理论知识，掌握技能，学以致用。本书既可作为高职高专交通运输专业的主干教材，也可作为公路运输管理工作者的参考用书。

本书主要介绍了公路客运站的设施设备管理、安全管理、票务管理、行包管理、旅客候车厅管理、旅客心理服务管理、班线管理、培训管理、综合管理以及客运服务规范等方面的相关理论知识和实际业务操作方法。

前言

本书由王凌艳主编，主要编写人员及其编写章节是：王凌艳（辽宁省交通高等专科学校）编写第五章、第六章和第八章；刘长利（辽宁省交通高等专科学校）编写第二章、第七章和第十章；孔月红（辽宁省交通高等专科学校）编写绪论、第一章和第三章；梁锋（辽宁省交通厅运输管理局）编写第九章和第十一章；孔建国（北京市长途汽车有限公司）编写第四章。全书由王凌艳统稿、定稿。

在本书的编写过程中，辽宁省交通高等专科学校、辽宁省交通厅运输管理局和北京市长途汽车有限公司的有关部门及教师提供了大量的理论与实践资料，给予了大力支持，在此深表感谢！另外，本书参考了大量的文献资料和相关网络资源，并得到客运站管理人员的具体指导，在此一并致谢。

由于公路旅客运输正处于不断发展之中，公路客运站的管理必将随着政策、市场、旅客需求的变化不断调整，有待于通过实践不断修正。由于编者水平有限，书中疏漏和差错之处，恳请读者与同行指正。

为方便教学，本书配备电子课件等教学资源。凡选用本书作为教材的教师均可索取，咨询电话：010-88379375。

编　者

目录 CONTENT

前言
绪论 // 1
    第一节   公路客运概述 // 2
    第二节   公路客运设施设备与运输对象 // 6
    第三节   公路客运市场预测 // 11
    第四节   公路运输行业管理 // 18
    【本章小结】// 20
    【复习思考题】// 21

第一章   公路客运站概述 // 23
    第一节   公路客运站分类与功能 // 24
    第二节   客运站区域布局 // 25
    第三节   公路客运站机构设置与管理 // 29
    【本章小结】// 35
    【复习思考题】// 36

第二章   公路客运站设施设备管理 // 39
    第一节   客运站设施设备介绍 // 40
    第二节   客运站设施面积确定 // 48
    第三节   公路客运站流线管理 // 51
    【本章小结】// 54
    【复习思考题】// 55

第三章   公路客运站安全管理 // 57
    第一节   客运站设施、设备安全管理 // 58
    第二节   客运站旅客安全管理 // 62
    第三节   客运站安全预警管理 // 64
    【本章小结】// 75
    【复习思考题】// 76

CONTENT 目录

第四章 公路客运站票务管理 // 79
第一节 客运站票务基础知识 // 80
第二节 客运站票务运作管理 // 84
第三节 客运站票务及旅客商务责任事件处理 // 89
【本章小结】// 92
【复习思考题】// 92

第五章 公路客运站行包管理 // 95
第一节 客运站行包基础知识 // 96
第二节 客运站行包业务运作管理 // 99
第三节 客运站行包安全运输处理 // 104
【本章小结】// 107
【复习思考题】// 108

第六章 公路客运站旅客候车厅管理 // 111
第一节 客运站旅客问讯服务管理 // 112
第二节 客运站旅客候车服务管理 // 113
第三节 客运站旅客广播服务管理 // 117
【本章小结】// 124
【复习思考题】// 124

第七章 公路客运站旅客心理服务管理 // 127
第一节 旅客心理需求概述 // 128
第二节 客运服务人员服务态度管理 // 137
第三节 客运服务工作技能技巧管理 // 143
【本章小结】// 148
【复习思考题】// 148

目录 CONTENT

第八章　公路客运站班线管理 // 151
    第一节　班车进站经营概述 // 152
    第二节　车场管理 // 155
    第三节　客运站车辆调度管理 // 158
    【本章小结】// 167
    【复习思考题】// 167

第九章　公路客运站培训管理 // 169
    第一节　客运站培训管理概述 // 170
    第二节　客运站岗位培训 // 174
    第三节　客运站礼仪培训 // 180
    第四节　客运站消防安全培训 // 189
    【本章小结】// 195
    【复习思考题】// 196

第十章　公路客运站综合管理 // 199
    第一节　客运站票据票款管理 // 200
    第二节　客运站统计管理 // 203
    第三节　客运站信息化管理 // 207
    【本章小结】// 211
    【复习思考题】// 212

第十一章　道路旅客运输"三优""三化"规范 // 215
    第一节　道路客运"三优""三化"的含义 // 216
    第二节　道路客运"三优"的基本要求 // 216
    第三节　道路客运"三化"的基本要求 // 219

参考文献 // 239

绪 论

Introduction

【本章要点】

- ◇ 了解公路客运的类别
- ◇ 了解公路客运的作用与特点
- ◇ 掌握公路客运车辆类别与性能
- ◇ 了解公路的概念及类型
- ◇ 掌握旅客的运输要求与客流规律
- ◇ 掌握货物特性及对运输的要求
- ◇ 了解客运市场预测方法
- ◇ 了解公路运输行业管理组织结构与管理内容

第一节　公路客运概述

一、公路运输的特征及功能

公路运输是指利用载运工具沿公路实现旅客或货物空间位移的过程。公路运输在所有的运输方式中是影响面最广泛的。

1. 公路运输的特征

（1）全运程速度快。因公路运输可实现"门到门"运输，故对于旅客可减少转换运输工具所需要的等待时间与步行时间，对于限时运送货物，或为适应市场临时急需的货物，公路运输服务优于其他运输工具，尤其是短途运输，其整个运输过程较任何其他运输工具都迅速、方便。

据国外资料统计，运距在200公里以内，汽车货运的实际运送速度比铁路运输快4～6倍，比水路运输快2～3倍。运送速度快，不仅可以加快资金周转、提高货币的时间价值，而且还有利于保持货物质量不变和提高客、货的时间价值。这一点对于运输高档工业品、贵重物品、鲜货及需要紧急运输的人员等特别重要。

（2）运用灵活。公路运输因富于活动性，可随时调拨，不受时间限制，且到处可停，富于弹性及适应性，故运用灵活。

（3）受地形气候限制小。汽车的行驶，可逢山过山，不受地形限制，遇到恶劣气候，影响也较小。

（4）载运量小。从载运量来说，小汽车只不过载三四人，大型客车也仅能载数十人，货运汽车最大载重量约200吨左右，比火车、轮船小得多。

（5）安全性较差。公路运输，由于车种复杂、道路不良、驾驶员疏失等因素，交通事故较多，故安全性较差。

2. 公路运输的功能

（1）主要担负中、短途运输。短途运输，通常运距为50公里以内；中途运输，约指运距为50～200公里。

（2）衔接其他运输方式的运输。这是指由其他运输方式（如铁路、水路或空路）担任主要（长途）运输时，由汽车运输担任其起、终点处的客货集散运输。

（3）独立担负长途运输。即当汽车运输的经济运距超过200公里时，或者其经济运距虽短，但基于国家或地区的政治与经济建设等方面的需要，也常由汽车担负长途运输，如对边远地区或少数民族地区的长途运输，或因救灾工作的紧急需要而组织的长途运输，以及公路超限货物的门到门长途直达运输等。

二、公路客运的分类

公路客运是指利用客运车辆沿公路实现旅客或货物空间位移的过程。为了满足社会对客运质和量的不同需求，公路客运业逐步细分化，并迅速发展成了能够满足各种需求的客运类型，就目前来看，公路客运主要由下列各类组成：

1. 按服务性质可分为营业性客运和非营业性客运

营业性客运是指为乘客有偿提供运输服务，具有营业性质，如长途客运、公共汽车客运、出租车客运等。

非营业性客运是指为本单位生产、生活服务，无营业性质，如机关、企事业单位或个人自用车客运。

2. 按服务目的可分为生产性客运和生活性客运

生产性客运，如运送职工上下班、运输学生上下学、办理公务等。其主要特点是运输时间比较集中，运量大且要求运输时间准确而迅速。

生活性客运，如运送人们探亲、购物、就医及观光旅游等。其主要特点是运量和运输时间都比较分散。

3. 按服务区域可分为城市客运和城间客运

（1）城市客运。其服务区域为市区与郊区，市区客运为市内居民的流动服务，郊区客运主要为郊区与市区间居民的流动服务。城市客运的主要特点是平均运距较短、乘客交替频繁、行车频率高以及客流在时间及方向上的分布很不均匀。

（2）城间客运。其服务区域为城市之间、乡镇之间的广大区域，主要为城乡群众出门旅游服务。其主要特点是客流比较稳定，在较短的时间内客流往往不会出现偶然性的高峰。

4. 按营运方式可分为班车客运、旅游客运、出租车客运、包车客运等方式

（1）班车客运。班车客运是以公路为基础连接城市与城市、城市与乡村、乡村与乡村的线路运输，国外也称为城间客运。这是公路运输网络的骨干和主体，是大众化的运输方式，其基本特征是使用大、中型客车，定线路、定班次、定站点运行。

汽车班车客运分为直达班车、普快班车、普客班车和城乡公共汽车四类。

1）直达班车。这是指由始发站直达终点，中途只作必要停歇，但不上下旅客的班车。这种方式主要适用于跨省、跨区长途干线的旅客运输，特别是线路运距在一二百公里以上要求快速直达的旅客运输。担任直达运输的客车要求车况良好，并要尽可能提高车辆的舒适性和行驶速度，以减少旅客的疲劳和缩短旅行时间。

2）普快班车。这是指站距较长，沿途只是在县、市及大镇等主要站点停靠的班车。其行车速度比普客班车快，车辆技术状况要求较高。

3）普客班车。这是指站距较短，停靠站点（含招呼站）较多，配备随车乘务员的班车。这是普遍采用的客车营运方式，其特点是按站停靠，大部分应用在区间客流的班线上。

4）城乡公共汽车。这是指由县城开往农村乡镇、站距短、旅客上下频繁，并配备随车乘务员的短途班车。

（2）旅游客运。旅游客运是以运送旅游者游览观光为目的，其线路必须有一端是名胜古迹、风景区等旅游点的一种营运方式。它具有季节性强、客流不均衡的特点。旅游客运采取定线、定班或临时包车的方法组织，除符合一般客运车应备有饮用水、常用药等服务性物品的要求外，还根据需要配备御寒或降温设备，随车配有导游人员。

（3）出租车客运。出租车客运是一种以城市为主要活动范围，按乘客意愿行驶、停歇等待的区域客运形式，是整个客运网络中最机动灵活、能实现"门到门"运输的运营方式，除承担市内运输外，也可能承担城间客运。它通常是以轿车、小型客车为主，根据用户要求的时间和地点行驶、上下等待，按里程或时间计费的一种营运方式。在客运网中出租车服务水平最高，但价格也较高，是客运网中一种辅助运输形式。

（4）包车客运。包车客运是将客车包租给用户安排使用，按行驶里程或包用时间计费的一种经营方式。用户包车事先向运输经营者预约，填写汽车旅客运输包车预约书，办理包车手续。使用包车的时间、地点或取消包车，应事先与用户协商，经同意后才能变更。此外，包车在用户包用期间，应服从用户的合理安排，保证车辆正常使用。

三、公路客运的作用与特点

近几年来，由于我国重视和发展公路的建设，特别是建设了高速公路，以及汽车工业的发展和技术水平的提高，带来了公路客运事业的振兴，有力地促进了我国商品经济的发展，促进了社会生产力的提高。因此，发展商品生产，发展社会生产力，必须积极发展公路客运。

1. 作用

公路客运是我国公路运输基本生产活动之一，直接为广大城乡人民服务，连接城乡往来，支援城乡建设，搞好公路客运，对促进我国现代化建设、促进改革开放、提高人民的物质文化生活水平有极其重要的作用。

（1）促进地区（包括城乡）、部门、行业间的经济联系，通过经济联系，实行互通有无，确保它们之间分工协作，共同发展。

（2）改善人民群众的旅行条件，促进地区、城乡之间的信息交流和人员往来，提高人民的物质文化生活水平。

（3）促进各兄弟民族地区经济和文化繁荣，加强各兄弟民族间的交流和团结，巩固国家政权。

（4）连接铁路、水运和航空运输，解决偏僻无铁路地区的主要交通问题。

（5）加强边疆地区的建设和防务，巩固国防。

总之，公路客运与铁路、水运、航空、管道运输一样，在整个运输业及国民经济中处于重要的地位，这是它自身的技术经济特征所决定的。公路客运与其他运输方式相比，具有更广泛的普及性，它将发挥越来越重要的作用。

2. 特点

公路客运是公路运输业的一个重要分支，它是人们生产性和生活性出行所选用的主要运输方式之一。与其他运输方式相比，公路客运具有以下特点：

（1）公路客运以汽车（包括城市各种公交车辆）为主要运输工具，汽车对道路条件适应性强，可以深入到广大的山区、林区、牧区等火车、轮船、飞机不能或不易到达的地方。

（2）公路客运以公路为运行基础。公路客运线路纵横交错，干支相连，公路客运以其稠密的线路和站点沟通城市和乡村，连接内地和边疆，衔接各种运输。同时，其线路和站点可视情况随时调整，站距可长可短，可以三里一停，五里一靠，便利旅客，能较好地满足城乡人民出门旅游的多种需要。

（3）公路客运作业以单车形式来进行，比较机动、灵活、方便，既可以以车队形式完成大批旅客运输任务，又可以为铁路、水路、航空等客运方式集散旅客。

（4）公路客运的商务作业、技术作业比较简单，操作技术和经营管理都比较容易掌握，便于企业和个人发展公路客运事业。

（5）公路客运的始建投资少，见效快，客运设施和设备相对容易更新，有利于加快道路客运事业的进步。

四、公路客运实施的基本条件与任务

1. 基本条件

公路客运实施的基本条件是指对公路客运经营者、客运站、旅客具备的能力和资格以及公路客运的服务设施和运输设备的基本要求，是确保公路客运正常进行的前提条件和基础。

（1）对客运经营者的要求。客运经营者必须具备的条件：①必须办理有关手续，取得合法经营资格；②必须坚持为人民服务的宗旨，执行国家政策，遵章守法，实行责任运输制度，为旅客提供安全、及时、方便、舒适的运输服务；③营运客车必须经车、客管部门审验合格，技术状况良好，符合客运使用要求，车内具备票价表和旅客意见簿，车外装置与营运方式、种类相符的标志，客运班车悬挂班车线路牌，旅游车悬挂标志牌，出租车安装出租标志牌；④必须具备与其营运方式、种类、范围相适应的营运客车。

（2）对客运站的要求。客运站的布局、建设设施和站务管理必须符合《汽车旅客运输规则》和《公路客运站级别划分和建设要求》中的规定。

（3）车票使用和管理的要求。车票是旅客乘车和结算费用的合法凭证。车票使用和管理要严格执行《汽车旅客运输规则》中明确的规定。

2. 任务

公路客运是一项服务性很强的工作，通过采用先进的技术装备和科学的管理方法，周密地组织旅客运输，最大限度地满足人民群众的旅行需求，把旅客安全、迅速、便捷、舒适、经济地运送到目的地。客运的主要任务是：

（1）制订旅客运输发展规划，不断开辟、拓宽客运市场，建立和完善适应经济发展的客运网。

（2）充分发挥现有的交通设施作用，合理配置运力，千方百计提高客运交通总供给。

（3）为旅客服务，对旅客负责，以旅客需求为导向，积极开展营销活动，努力提供客运服务质量，做到想旅客所想、急旅客所急、帮旅客所需，保证优质服务。

（4）不同客运方式间实行联运，搞跨省跨区的联合经营，开展旅客直达运输。

（5）加强科学管理，提高经营水平，在搞好旅客服务的前提下，提高客运企业的经济效益，积极为社会主义建设积累资金。

（6）根据党和国家在一定时期的中心工作以及国民经济发展的要求，完成各种临时性的紧急任务。

（7）加强对客运职工的业务技术培训及政治思想工作，不断提高职工素质和企业整体素质，为实现旅客运输系统的现代化而努力创造条件。

总之，客运企业要以旅客需求为中心，服从并服务于国民经济可持续发展战略的需求，从基本国情出发，以运输市场的需求为依据，优化运输体系结构，合理配置资源；依靠科技进步，提高劳动者素质，加快客运事业的发展，满足国民出行需求。

第二节　公路客运设施设备与运输对象

一、公路客运设施设备

（一）公路客运车辆

公路客运车辆是指具有独立原动机与载运装置，能自行驱动行驶专门用于运送旅客和货物的非轨道式车辆。车辆是公路运输的最基本运输工具，它由车身、动力装置和底盘三部分组成。

1. 车辆类别

（1）客车按乘坐方式分为座席客车和卧铺客车。

（2）客车按车身长度分为大型、中型、小型三种。

（3）客车按等级划分：

1）大型客车分为高三级、高二级、高一级、中级和普通级五个等级。

2）中型客车分为高二级、高一级、中级和普通级四个等级。

3）小型客车分为高二级、高一级、中级和普通级四个等级。

2. 车辆主要性能

公路旅客运输具有不同的条件，如旅客对运输服务质量的要求、运输距离、运输时间、道路状况、气候条件等。为了适应各种不同的运输条件，必须具备各种结构类型、不同载重量和不同动力性能的车辆，才能合理选择，有效使用。评价各种车辆的主要性能有以下几个方面：

（1）容载量。容载量表示车辆能同时载运的乘客人数。车辆的额定容载量是由制造厂决定的。在运输组织工作中，必须合理配载，充分利用汽车的容载量，不超载，不减载。

（2）安全性能。车辆的安全性能是表示车辆在行驶中不发生倾翻和行车事故的性能。车辆安全性能是一个综合性能，它包括车辆的稳定性、制动性以及操纵机构的可靠性等。

其中车辆的制动性能是以车辆在不同的路面上以同一的速度行驶时的制动距离表示的。车辆的制动性能可以视作与车辆的加速性能相反的减速性能，因此也可作为车辆的一种速度性能。

（3）速度性能。速度性能常见的技术参数有车辆的最大车速、不同条件下可能的加速度以及最大爬坡度等。最大车速是指车辆在良好路面的平直道上可以达到的最高行驶速度。车辆在不同的道路条件下和不同排挡时的可能加速度，表明车辆的加速能力，它可以通过汽车的动力特性近似计算得出。最大爬坡度是指车辆在额定载重量下，其最大驱动力在路面条件良好的坡道上行驶时所能爬越的最大坡度。

（4）使用方便性。车辆的使用方便性是一个综合的使用性能，主要包括平顺性、机动性、乘客舒适性、上下车方便性、操纵方便性、燃油储备量和出车迅速性等。

（5）经济性。经济性是指保证车辆运行、技术维护和修理等费用为最少的特性。它综合反映在单位运输成本这一指标上，一般以每百吨公里的最低燃料消耗量或每百公里的平均燃料消耗量表示。

不同的运输环境和运输条件对车辆使用性能的要求是不同的，而汽车的使用性能又表现在很多方面。因此，必须根据具体情况，确定少数重要的使用性能，而兼顾其他方面，综合评价其使用性能。

3. 车辆使用要求

（1）认真做好出车前、途中、收车后的车辆检查工作，发现故障和缺陷必须立即排除，不准带病行车。

（2）新车、大修车以及装有大修发动机的汽车，必须严格执行走合期的规定。走合期内，应选择较好的道路，车辆必须按规定减速行驶。

（3）客运班车、旅游班车根据客流量大小的旅客要求，适当选定车型，安排班次。

（4）冬夏季使用车辆，应根据当地的气候条件，配备有冬夏季特殊装备：冬季应采取预热、保温、防冻、防滑等措施，保证汽车正常行驶；夏季应采取降温、防爆、防止油漏气阻等措施。

（5）驾驶员要精心爱护车辆，遵守《中华人民共和国道路交通安全法》《中华人民共和国道路交通安全法实施条例》及驾驶操作规程，做好车辆例行维护工作，保证行车安全。

（二）公路

1. 公路的概念及类型

公路是指连接城市、乡村，主要供汽车行驶的具有一定技术条件和设施的道路。公路是一种线形构造物，是公路运输另一个重要的基础设施，它由路基、路面、桥梁、涵洞、防护工程、排水设施与设备以及山区特殊构造物等基本部分组成。

在我国，根据公路的作用及使用性质，划分为国家干线公路（国道）、省级干线公路（省道）、县级干线公路（县道）、乡级公路（乡道）以及专用公路。

根据所适应的交通量水平，则分为以下五个等级：

（1）高速公路：专门为汽车分向、分车道行驶，并全部控制出入的多车道公路。它主要用于连接经济、政治、文化上重要的城市和地区。

按各种车辆折合成小型客车的远景设计年限年平均昼夜交通量：

——四车道25 000～55 000辆。

——六车道45 000～80 000辆。

——八车道60 000～100 000辆。

（2）一级公路：为供汽车分向、分车道行驶，并部分控制出入、部分立体交叉的公路，主要连接重要经济、政治中心，通往重点工矿区。

按各种车辆折合成小型客车的远景设计年限年平均昼夜交通量：

——四车道15 000～30 000辆。

——六车道25 000～55 000辆。

（3）二级公路：连接经济、政治中心或大工矿区等地的干线公路，或运输繁忙的城郊公路。

按各种车辆折合成小型客车的远景设计年限年平均昼夜交通量：

——5 000～15 000辆。

（4）三级公路：沟通县及县以上城镇的一般干线公路。

按各种车辆折合成小型客车的远景设计年限年平均昼夜交通量：

——2 000～6 000辆。

（5）四级公路：沟通县、乡、村等的支线公路。

按各种车辆折合成小型客车的远景设计年限年平均昼夜交通量：

——双车道2 000辆以下。

——单车道400辆以下。

各级公路必须满足不同的使用要求，其中高速公路在运输中的地位和作用相当重要。

2．交通控制设备

交通控制设备主要有交通标志、路面标线和路标、交通信号三类，其功能主要是对车辆、驾驶员和行人起限制、警告和引导作用。

（1）交通标志。交通标志是指把交通指示、交通警告、交通禁令和指路等交通管理与控制法规用文字、图形或符号形象化地表示出来，设置于路侧或公路上方的交通控制设施。它有如下四种：

1）警告标志：引起驾驶员对前方公路或交通条件的注意，如陡坡、急转弯、窄桥、铁路平交口以及影响行车安全的地点的标志。

2）禁令标志：禁止或限制车辆、行人通行的标志，如限速、不准停车、不准超车、不准左转等。

3）指示标志：指示车辆、行人行进或停止的标志，如绕道标志、目的地和距离标志等。

4）指路标志：指出前方的地名或其他名胜古迹的位置和距离，预告和指示高速公路或一级公路的中途出入口、沿途的服务设施和必要的导向等。

齐全的交通标志能有效地保护路桥设施，保障交通秩序，提高运输效率和减少交通事故。它是公路沿线设施必不可少的组成部分。交通标志必须简单、明了、醒目，使驾驶员在极短的时间内能看清并识别，并具有统一性，使不同地区或国家的驾驶员都能看懂。因此，它的颜色、形状和符号应符合规定要求。

（2）路面标线和路标。路面标线与交通标志具有相同的作用，它是将交通的警告、禁令、指示和指路用画线、符号、文字等标示嵌、画在路面、缘石和路边的建筑物上，如道路中心线、车道边缘线、停车线、禁止通行区等。路面标线的颜色有黄色和白色两种，白色一般用于准许车辆越过的标线，如车道线、转弯符号等；黄色一般用于车辆不准许超越的标线，如禁止通行区、不准超车的双中心线等。

路标为沿道路中线或车道边线或防撞墙埋设的反光标志物。车辆夜间行驶时，在车灯照射下，路标的反光作用勾画出行车道或车道的轮廓，从而向驾驶员提供行驶导向。

（3）交通信号。交通信号是最主要的交通控制设备，是用于在时间上给互相冲突的交通流分配通行权，使各个方向和车道上的车辆安全而有序地通过交叉口的一种交通管理措施。交通信号基本上可分为定时式和感应式两类。

二、公路客运对象

（一）旅客

1. 旅客类型

旅客的社会经济条件、自然条件、身体状况、出行目的是决定其所选公路客运服务形式及服务水平的主要因素。

（1）旅客类型按运输距离可分为长途旅客和短途旅客。

长途旅客是指乘车距离较长且在路途吃饭的公路客运乘车者。长途旅客由于乘车距离较长，所以对运输车辆的舒适性有较高的要求，另外还要考虑长途旅客对候车条件的要求。长途旅客往往还要转乘其他运输工具，因此，编制行车时刻表时应与其他运输方式的运输时刻相衔接。

短途旅客是指乘车距离较短的公路汽车客运乘车者和城市汽车客运乘车者。因其乘车距离较短，所以对发车间隔比较关注，希望等车时间越短越好，而对乘车的舒适性要求相对差一些。

（2）旅客按乘车目的可分为：通勤乘客；为上下学而乘车的通学乘客；为办理公务而乘车的公务乘客；为观光旅游而乘车的游览乘客；为日常生活，如购物、就医、探亲访友等而乘车的日常生活乘客。

（3）旅客按是否包租车辆可分为团体旅客和零散旅客。

团体旅客是指一次出行人数较多且目的地一致，由运输企业安排专车运送的旅客。这类旅客运输具有直达运输、统一结算运费、规定旅行线路等特点。

零散旅客是指同时出行人数不多，到达地点各异，搭乘既定线路的客运车辆的乘车者。公路客运服务面对的主要是这类旅客。

2. 旅客对运输的要求

旅客来自各行各业、四面八方，他们有着不同的民族信仰、社会职业、思想觉悟、文化程度、生活习惯、性别、年龄等。他们对公路客运都有共同的要求，少数旅客也有特殊要求。掌握旅客对公路客运的要求，找出其中的一般规律，对做好站务工作是非常重要的。

（1）旅客对运输的共同要求。旅客对公路客运的共同要求是：安全、方便、及时、舒适、愉快地到达目的地。旅客乘车：①要求自身和行包的安全；②要求客运部门在去车站、购票、行包托运提取以及途中食宿、中途换乘等方面提供方便条件；③要求心情舒畅，身体无疲劳之感。

（2）旅客对运输的特殊要求。旅客在旅行中，虽有共同要求，但少数特殊旅客也有特殊要求，如老弱病残旅客、孕妇、儿童等，因特殊原因，要求在旅行中提供特殊的服务。

3. 客流及其规律

旅客在一定时间沿运输线路作有目的移动形成客流。客流包括流量、流向、流时和运距等要素。旅客流动的数量为流量（人次）；旅客流动的方向称为流向；旅客要求乘车的时间称为流时；旅客流动距离，即旅客乘车路段的里程，称为运距。

客流主要是由个人旅行的需要（公务性需要和生活性需要）形成的。影响客流的主要因素有：国民经济的发展，工业、农业、商业、科教文卫事业的发展，机关团体的布局，人口分布，人口构成，人民的生活水平，风俗习惯，季节气候以及运输网的配置等。

（1）流量上，客流在地区之间的分布是极不平衡的。一般在政治经济中心、文化教育和旅游事业发达、人口稠密的地区，客流量比较集中；边远山区、经济不发达、人口社会密度小的地区，客流量较小。

（2）在流向上，从长期（一年或某个季节）而言，具有较大的平衡性。旅客乘车总是一来一往，有去有回，只有少数改变居住地者例外。但从短期看，由于流时不平衡，同样也形成流向的不平衡。

（3）在流时上，因受多种因素影响而极不平衡。例如我国法定的节假日，特别是春节前后，形成客流高峰；每学年的寒暑假、新兵入伍、老兵复员等，也形成有规律的短期内的增长。而大型基础建设、水利工程等，又形成客流量的陡然增长。

此外，公路客流还受农业生产的季节性影响。春耕、夏锄、秋收等农忙季节，客流量明显下降；农闲时，农民探亲访友、进城办事、进城务工使客流量又复上升。但随着农村商品经济的发展、城乡交流的活跃，农贸市场的开放，季节性波动在相应减少。

随着旅游业的大力发展，旅游地区的客流大幅度上升，但也有旺季和淡季之分。

以上因素决定了客流在时间上的不平衡性，一年内各季、各月，一月内各日，一日内各个小时，客流量都有差别。掌握客流基本规律，是配置运力、制定客运班期与客运行车时刻的依据。

（4）在运距上，由于地理条件及运输网的配置，在不同地区，各种客运方式承担的客运任务和客运量的分布是不同的。在铁路运输、水运发达地区，公路客运主要承担短途运输，为铁路运输水运干线集散旅客。在铁路运输、水运不发达地区，公路客运则承担了大部分长途干线运输。近几年，随着高速公路的飞快发展，高速公路客运经营发展很快。

（二）货物

1. 货物定义

公路旅客运输的货物是指小件货物，主要是旅客的行李，以及公路运输企业的小件快运业务。小件快运是公路运输企业依托客运班线网络优势，在客户与其货物不同行的情况下，受客户委托，利用营运班车行李舱，在规定时限内将受托货物安全送达客户指定目的地或目标客户的一项客运增值服务。

由于客车行李舱空间有限，要求小件货物重量单件一般不超过30千克，特殊情况应视客车行李舱的容积和承载能力酌处。

轻泡（或轻浮）货物重量与体积的折算：小件货物每千克重量的体积超过0.003立方米为轻泡快件，轻泡快件按体积每0.003立方米折合1千克的折算标准确定计费重量。

小件货物的配载重量不准超出客车行李舱的总承载能力。

2. 不同性质的货物对运输的要求

货物的种类繁多，各有特性，对运送、装卸、储存的要求也就各有不同。掌握各种货物的性能，便于在托运前、运送、装卸、保管过程中，采取相应的措施，做好防护工作，确保货物完好无损地运达目的地。

（1）耐温性。物质不因外界温度变化而损坏变质或显著降低使用价值的能力，称为耐温性。储运耐温性差的货物时，应采取防热措施，防止变质。

（2）耐湿性。物质抵抗水分或潮湿侵袭的能力称耐湿性。有些货物吸水或受潮后，会使其成分和性质发生变化。承运耐湿性差的货物时，要有防雨设备，防止雨水的侵袭，以免货物受损。

（3）脆弱性。物品受外力冲击及重荷易变形或破碎的性能称脆弱性，如玻璃、陶瓷、搪瓷制品等货物。装卸易碎品时要文明装卸。在运输中注意选择路面，并避免紧急制动等。

（4）互抵性。两种货物各自具有的性质相互抵触、相互产生有害的作用，称为互抵性。互抵性物质严禁混装、混储。

（5）易腐性。某些货物在一般温度和一般条件下，由于本身的物理化学变化而迅速腐坏的属性，称为易腐性。例如鲜鱼、鲜肉、水果、蔬菜等货物，不宜在常温下储存，应及时运送。

第三节　公路客运市场预测

客运市场预测主要研究客运市场发展的潜在需求。它在市场调查所取得的信息和资料的基础上，运用科学的方法和手段，对运输市场供需的未来形势和发展趋势以及与之相关的各种因素的变化进行分析、预测，并作出预见和判断，从而为企业的经营管理决策、经营计划和目标提供依据，提高经济效益。

一、客运市场预测的重要性

预测就是根据过去和现在的资料，通过定性经验分析和科学定量计算，找出事物发展的内在规律，预见或推断未来的发展趋势。其实质就是根据过去和现在估计未来，根据已知推断未知。客运市场预测在站务管理中有重大的作用，特别是我国客运正处于深化改革、完善市场机制的重要发展阶段，因为任何层次的管理都必须建立在对过去情况的了解和对未来形势发展的正确估计的基础之上，它可以减少盲目性，增加科学性。总的来说，客运市场预测有以下几方面的意义：

1. 市场预测是客运企业经营决策的前提

决策是企业管理的重点，没有对未来发展趋势的预测，决策只能是盲目的；只有在科学预测的基础上作出的决策，才能靠得住、行得通。

2. 市场预测是运输业户组织运输生产的前提

运输业户在各自的经营中，对运输需求量的增长、运力投放、企业发展方向都必须基于市场预测的结果数据，以预测结果为导向才能有的放矢，制订积极的经营策略，改善经营管理，才能合理开辟营运线路，合理布局运力、设置站点。

3. 市场预测是客运企业编制运输计划的前提

计划是对未来行动的部署，有了预测，才能更好地进行计划、部署行动，使计划适应市场经营环境的变化。

4. 市场预测有利于运输企业加强经营管理，提高经济效益

经济效益问题是企业生产经营活动的根本问题，提高经济效益是企业生产经营活动的总目标。要充分发挥企业的潜力，提高经济效益，就必须加强经济管理工作，而做好这项工作的基础之一就是要做好市场预测工作。

二、客运市场预测的方法

客运市场预测主要对客运量和旅客周转量进行预测。由于所拥有资料的条件不同，所以预测的方法也不一样。市场预测方法通常分为两大类，定性预测方法和定量预测方法。定性预测方法通常是指那些经验判断性质的预测，一般是在没有或缺少进行定量分析所必需的资料，而且这些资料难于收集的情况下采用，它侧重于研究与推断预测对象未来发展的趋势和性质。所以，定性预测的质量取决于参与人员的专业知识和经验。定量预测方法是指用已经掌握的历史资料作为基础，建立适当的数学模型，对未来的事物作出测算的方法，其特点是有明显的数量概念，侧重于研究测算对象的发展程度。在实际使用中，往往将两种方法结合起来使用，即定量预测在定性分析的基础上进行，而定性预测也采用定量分析，这样预测可相互弥补它们之间的不足，以便提高预测结果的准确性。

（一）定性预测方法

定性预测方法是在资料缺乏的情况下，依据研究人员的经验和判断能力，根据已掌握的情况，对客运市场的未来作出分析和预测。

1. 领导干部判断法

领导干部判断法就是由站长召集各科室管理人员，通过会议听取他们的预测意见，然后由站长在听取意见的基础上进行分析研究，作出判断，得出最后预测结果。这种方法的优点是简便、迅速、经济，不需要经过反复计算，但预测结果主要取决于领导干部的经验和判断能力，有时会不准确。

2. 专业人员分析法

专业人员分析法就是召集有关部门专业人员开会进行预测。例如研究旅客要求趋势，可以召集与旅客直接接触的乘务人员、服务人员进行预测。由于专业人员只接触部分旅客，不能了解全部，他们的看法也有局限性。有的估计乐观些，有的估计悲观些。为了克服这一缺点，可以采用推定平均值的方法加以预测，其计算公式为：

$$推定平均值 = \frac{最乐观估计值 + 最可能估计值 \times 4 + 最悲观估计值}{6}$$

3. 专家意见法

这种方法是美国兰德公司提出来的，也叫特尔菲法。它主要用来预测和分析政治、经济、技术发展趋势。预测和分析这些问题，需要有专门的知识。这一方法的基本特点有三：①参与预测的专家比较多，有尽可能广的代表面；②征集意见的方法是"背靠背"彼此不见面，不通气；③多次反复，以便能够充分动员所有参与者的知识、经验与能力，这样可以获得更为准确的结果。这一方法运用过程如下：先将需要分析预测的专题列成问题大纲，然后用函询方式分别征求邀请的专家意见。收集意见加以总汇，然后在不允许有任何暗示条件下，再询问专家意见。这些专家可以是原来所请的第一批专家，也可以是另外邀请的另一批专家，如此反复两次或多次后，再将意见汇总进行统计分别处理，得出相应结论。

（二）定量预测方法

1. 时间序列分析法

这是按时间顺序排列的历史资料所表明的趋势来推算未来发展的一种方法。时间序列用于运量预测的基本思路就是认为某一范围内运量的发展变化总是有某种规律的，将来的运量和过去的运量之间，存在某种内在的联系，根据过去运量的变化规律，可以测算出将来的运量，因此，这种方法有时也称外推法。

时间序列预测方法用于长期预测的可信度较低，但是对于短期预测来说，它是一种既经济又有效的预测方法，对中期预测也有一定的参考价值。此外，需要指出的是，时间序列预测模型中的线性趋势和非线性趋势模型，如果能反映一定的经济变量的变化规律，那么，用于长期预测时，可信度还是比较高的。

（1）简单平均法。该法就是根据过去多期的资料计算其平均值，其公式如下：

$$F = \frac{\sum_{i=1}^{n} Q}{n} = \frac{Q_1 + Q_2 + Q_3 + \cdots + Q_n}{n}$$

式中　F——预测值；

　　　Q_i——第i期的数据；

　　　n——资料期数。

【例1】客运量的预测。设前六年客运量如下：第一年100万人次，第二年105万人次，第三年110万人次，第四年115万人次，第五年110万人次，第六年120万人次，预测第七年的客运量为：

$$F = \frac{100 + 105 + 110 + 115 + 110 + 120}{6} = 110（万人次）$$

这种方法简便，但比较保守，适用于客运量比较稳定、波动不大、无明显升降趋势的条件下。

（2）移动平均法。该法是用所采用的历史运量的平均值作为未来的运量预测值，每次取一定数量周期的运量序列数据并将其平均，逐次推进，每推进一次，舍去最初的一个数据，增加一个新的数据再进行平均。其计算公式如下：

$$F = \frac{\sum_{i=1}^{t} Q_i}{t}$$

式中　Q_i——第i期的数据（i=1，2，3，…，t，指移动资料期内的各期序号）；

　　　t——移动资料期。

【例2】同样是例1的数据，以第四、第五、第六年为移动资料期，预测第七年的客运量为：

$$F = \frac{115 + 110 + 120}{3} = 115（万人次）$$

（3）加权移动平均法。如果考虑到预测资料期中每一期的数据对未来的预测值影响程度是不同的，就可以应用加权移动平均法。越是靠近预测期的历史资料影响越大，则给予较大的权数；离预测期越远的资料影响越小，给予的权数越小。其计算公式如下：

$$F = \sum_{t=1}^{n} C_t Q_t$$

式中　Q_t——资料期各期实际数据（t=1，2，3，…，n）；

　　　C_t——资料期各期权数（$0 \leq C_t \leq 1$）。

C_t的大小可根据经验来确定。一般越接近预测期，权数越大。各期权数之和应等于1。

【例3】同样是例1的数据，确定第四、五两年的权数为0.25，第六年的权数为0.5，则第七年的预测值为：

$$F = 0.25 \times 115 + 0.25 \times 110 + 0.5 \times 120 = 116（万人次）$$

（4）指数平滑法。该法一般用于观察值具有长期趋势和季节性变动的预测。其公式如下：

$$F_t = aX_{t-1} + (1-a)F_{t-1}$$

式中　F_t——t期的预测值；

　　　X_{t-1}——$t-1$期的实际值；

　　　F_{t-1}——$t-1$期的预测值；

　　　a——平滑系数（$0 \leq a \leq 1$）。

【例4】同样是例1的数据，取$a=0.3$，则：

$$F_2 = aX_1 + (1-a)F_1$$
$$= 0.3 \times 100 + (1-0.3) \times 100 = 100（万人次）$$
$$F_3 = aX_2 + (1-a)F_2$$
$$= 0.3 \times 105 + (1-0.3) \times 100 = 101.5（万人次）$$
$$\cdots \cdots$$
$$F_7 = aX_6 + (1-a)F_6$$
$$= 0.3 \times 120 + (1-0.3) \times 108.1 = 111.7（万人次）$$

平滑系数a的值小，说明近期数据对预测值影响小，预测的结果比较平稳；反之，则说明近期数据对预测值的影响比较大，远期数据对预测值的影响比较小。

a的取值根据长期趋势和季节性变动情况的不同进行。一般来说，应按下列情况处理：

1）如果资料期的值的长期趋势变动为接近稳定的常数，应取居中的值（一般取0.4～0.6），使资料值在指数平滑值中具有大小接近的权数。

2）如果资料期的值呈明显的季节性波动，则应取较大的a值（一般取0.6～0.9），使近期的资料值在指数平滑值中有较大的作用，从而使近期的资料值能迅速反映在未来的预测值中。

3）如果资料期的值长期趋势变动较缓慢，则应取较小的a值（一般取0.1～0.4），使远期资料值的特征也能反映在指数平滑中。

（5）趋势延伸法。该法就是根据时间序列资料，运用最小二乘法求得变动趋势线，并使其延伸来预测市场未来的发展趋势。变动的方程是：

$$y_t = a + bt$$

式中　y_t——t期的预测值；

　　　a、b——常数；

　　　t——时间变量。

运用最小二乘法，可求得标准方程组：

$$\begin{cases} \sum y_i = n + \sum bt \\ \sum y_i t = a\sum t + b\sum t^2 \end{cases}$$

设法使$\sum t = 0$，求常数a、b，得：

$$\begin{cases} a = \dfrac{\sum y_i}{n} \\ b = \dfrac{\sum yt}{\sum t^2} \end{cases}$$

【例5】同样是例1的数据，如表1所示，利用趋势延伸法进行预测。

表1 趋势方程运算过程

年 份	客运量y/万人次	t	t^2	yt
第一年	100	−5	25	−500
第二年	105	−3	9	−315
第三年	110	−1	1	−110
第四年	115	1	1	115
第五年	110	3	9	330
第六年	120	5	25	600
合计	660	0	70	120

将表1计算的数据代入公式：

$$\begin{cases} a = \dfrac{660}{6} = 110 \\ b = \dfrac{120}{70} = 1.71 \end{cases}$$

趋势方程为：

$$y_t = 110 + 1.71t$$

第七年客运量预测为：

$$y_7 = 110 + 1.71 \times 7 = 121.97（万人次）$$

2. 相关因素分析法

这是根据相关因素的变化趋势进行市场预测的一种方法。

（1）一元线性回归法。该法是在分析因果关系的基础上处理客运量与相关变量之间关系的一种数学方法。两变量之间建立直线回归方程：

$$y = a + bx$$

求回归系数a、b的计算公式为运用最小二乘法推断a、b：

$$\begin{cases} b = \dfrac{\sum x_i y_i - \bar{x} \sum y_i}{\sum x_i^2 - \bar{x} \sum x_i} \\ a = \bar{y} - b\bar{x} \end{cases}$$

式中 ； $\bar{y} = \dfrac{\sum y_i}{n}$

$\bar{x} = \dfrac{\sum x_i}{n}$ 。

【例6】某地2004~2013年的公路客运周转量和该地区总人口资料如表2所示，预计2014年人口为430万人，要求预测其旅客周转量。

表2 公路客运周转和地区总人口资料

年 份	总人口x_i/万人	旅客周转量y_i/千万人·公里	$x_i y_i$	x_i^2	预测值
2004	200	70	14 000	40 000	69.26
2005	215	74	15 910	46 225	73.64
2006	235	80	18 800	55 225	79.47

（续）

年份	总人口x_i/万人	旅客周转量y_i/千万人·公里	x_iy_i	x_i^2	预测值
2007	250	84	21 000	62 500	83.85
2008	275	88	24 200	75 625	91.14
2009	285	92	26 220	81 225	94.06
2010	300	100	30 000	90 000	98.43
2011	330	110	36 300	108 900	107.19
2012	350	112	39 200	122 500	113.02
2013	360	116	41 760	129 600	115.94
合计	2 800	926	267 390	811 800	

经计算得：

$$\bar{x}=\frac{\sum x_i}{n}=2\,800/10=280$$

$$\bar{y}=\frac{\sum y_i}{n}=926/10=92.6$$

$$b=\frac{267\,390-280\times 926}{811\,800-280\times 2\,800}=0.291\,7$$

$$a=92.6-0.291\,7\times 280=10.92$$

预测结果计算为$y=10.92+0.291\,7\times 430=136.36$（千万人·公里）

（2）乘车系数法。这种方法主要是利用乘车率指标，把客运量和人口联系起来，根据乘车率和人口变化，预测客运量。乘车率计算公式为：

$$C_i=\frac{y_i}{x_i}$$

式中 C_i——统计年度的乘车率（人次/人·年）；
  y_i——统计年度的客运量（人次/年）；
  x_i——统计年度的人口数。

预测值客运量计算公式为：

$$y=Cx$$

式中 y——预测期客运量；
  C——预测期乘车率；
  x——预测期人口数。

【例7】我国2005～2011年公路客运量和人口数如表3所示。

表3 我国2005～2011年公路客运量和人口数

年度	人口数/亿人	客运量/亿人次	乘车率	乘车率增长值
2005	13.075 6	165.6	12.66	
2006	13.144 8	184.8	14.06	1.40
2007	13.212 9	202.8	15.35	1.29
2008	13.280 2	218.4	16.45	1.10
2009	13.345 0	265.9	19.93	3.48
2010	13.409 1	300.5	22.41	2.48
2011	13.470 0	324.6	24.10	1.69
2012预测值	13.604 7	352.4	25.90	1.80

根据表3，2012年乘车率增长值为1.80。人口数增长1%，则2012年人口为：

$$x=13.4700\times(1+1\%)=13.6047（亿人）$$

2012年预测乘车率为：

$$C=24.10+1.80=25.90$$

所以，值为

$$y=Cx=25.90\times13.6047=352.4（亿人次）$$

（3）弹性系数法。该法利用弹性系数预测客运量和旅客周转量，就是在分析旅客客运量与其相关因素之间关系的基础上，进行预测的一种方法。所谓弹性系数，是客运量的增长率与相关因素的增长率的比值。

$$R=\frac{r_1}{r_2}$$

式中　R——弹性系数；

　　　r_1——客运量增长率；

　　　r_2——相关因素增长率。

弹性系数表明，相关因素增长一定幅度时，客运量增长的百分比。这种预测方法是根据历史形成的相关因素增长速度与客运量增长速度之间的比值变化，探索其弹性系数的变化规律与发展趋势，并根据预测期内相关因素的值推算出未来的运输量。其计算公式为：

$$Q=p(1+Rn)^t$$

式中　Q——预测的客运量；

　　　p——预测期前一年的实际客运量；

　　　n——预测期内相关因素增长速度；

　　　t——预测年限；

　　　R——预测期内弹性系数。

此种预测方法的关键是如何正确判断预测期内的弹性系数。

以上各种预测方法各有利弊，在具体运用过程中，要根据所掌握资料的不同，取长补短，选择不同的方法。特别是数学计算的方法要和经验判断方法结合使用，因为有些经济行为是难以定量计算的。

第四节　公路运输行业管理

目前我国公路运输行业由道路运输组织管理机构进行管理。

一、道路运输组织管理机构

目前我国道路运输组织管理机构是按照交通运输主管部门组织机构的系统层次来划分和设置的。

（1）交通运输部设立道路运输司，负责对全国道路运输行业的指导、监督工作。

（2）省（自治区、直辖市）设立道路运输管理局（处），负责对地方道路运输行业的指导、监督工作。

（3）市（地、盟、州）设立道路运输管理处。

（4）县（市、镇）设立道路运输管理所。

各级道路运输管理处、所分别负责管辖区内道路运输行业的管理工作。各级道路运输组织管理机构，都是同级交通管理部门（交通厅、局等）的职能机构，代表各级政府行使道路运输行业管理职权，在同级交通主管部门的领导下开展工作，并接受上级行业管理机构的业务指导。

二、组织管理层次及幅度

各级道路运输组织管理机构由于其职责、任务不同，其所起的作用也不同。交通运输部道路运输司和省一级的道路运输管理局（处）为决策层，分别是全国及地方道路运输行业管理的决策机构；市（地、盟、州）道路运输管理处属中间层次机构，起承上启下的作用；县（市、旗）道路运输管理所为执行层，是道路运输行业管理的具体执行机构。

1. 决策层

其主要职责是对全局性的运政管理工作进行筹划与决策。其主要职责范围是：

（1）负责有关道路运输行业管理的方针、政策、法规、发展规划等的制定和颁发。

（2）负责有关道路运输行业业务规章制度及经济、技术规范和标准的确定。

（3）负责高层次的统筹、协调、组织、监督。

（4）负责对低层次行业管理机构工作的指导、督促、检查和信息传递与反馈。

（5）组织对外交流，负责涉外公路运输的管理等。

2. 中间层

中间层兼有决策和执行两种职能，发挥承上启下的作用。其工作重点是组织、指导、帮助、监督执行层运管机构的工作，贯彻执行决策层的交通主管部门和运管机构制定的方针、政策、法规，做好各项管理工作。例如进行运输市场的调查研究，制订本地区行业发展规划，进行跨区经营申请项目的审批，印制、管理运输凭证及客货票据，有时也承担执行层的具体业务管理工作。

3. 执行层

其主要职责是根据上级及国家有关的方针、政策、法规和有关指令，进行道路运输行业管理的具体业务工作。其主要职责范围是：

（1）负责管辖区内行业发展的统筹规划，制订具体的实施方案。

（2）负责各项行业管理法规的贯彻执行，根据行业发展目标搞好行业经济结构的调整与优化。

（3）进行开业、停业管理和公路运输统一单证的管理，并实施具体的监督检查，维护市场秩序，包括进出市场秩序、市场竞争秩序、市场交易秩序三部分。

（4）负责辖区内行业内外和各方面关系的协调。

（5）负责各项运政管理的基础工作，健全行业统计制度，负责有关行业信息的收集、整理、分析和报告，及时传递和反馈行业信息，定期或不定期公布行业信息。

（6）开展咨询和行业服务工作。

（7）负责道路运输营业税代征等。

三、运输行业管理的主要任务及内容

道路运输行业管理的任务可以概括为：制定方针政策，进行统筹规划，搞好综合平衡，加强组织协调，实施监督检查，开展指导服务。

运输行业管理的手段主要有法律手段、经济手段和行政手段。在社会主义市场经济条件下，前两种是主要的，在必要情况下，也要辅之以行政手段。

运输行业管理的主要内容有：

1. 行政许可管理

从运输行业特性出发，依据《中华人民共和国行政许可法》《中华人民共和国道路交通安全法》等法律法规，履行对经营者许可条件审查的职责，以利于对行业发展方向、规模、速度和行业经济技术素质的有效控制，并为工商行政管理部门办理注册登记、核发执照提供可靠的依据。

2. 运价管理

依据《汽车运价规则》和《道路运输价格管理规定》（2009），按照建立和完善市场经济体制的要求，建立政府宏观调控、企业自主浮动、反映市场供求变化、保护消费者利益的运价形成机制。由国务院价格部门、交通运输主管部门负责制定全国道路运输价格管理政策，指导各地道路运输价格管理工作；省级交通主管部门会同价格主管部门，结合当地实际情况，制定实施细则及补充规定，并可按照《汽车运价规则》和《道路运输价格管理规定》，制定和调整本省（自治区、直辖市）的汽车客、货运价。地区级及以下交通主管部门在执行上级部门制定的运价时，可在规定的范围和幅度内调整部分价格和费率，并监督检查运价的执行情况。

3. 道路运输单证管理

道路运输单证主要包括道路运输经营许可证道路运输证道路旅客运输标志牌等。一般由交通运输部统一格式，由各省（自治区、直辖市）负责印制、发放和管理，地（市）、县级以下运管部门负责对证件的监督检查工作。

4. 道路行业管理

道路行业管理主要包括：负责贯彻落实国家方针、政策和法律法规，根据各省实际，组织制定道路运输有关政策、准入制度、技术标准和运营规范并监督实施；负责道路运输站场建设的布局规划并监督实施；负责汽车出入境运输和外国独资、中外合资、合作经营道路运输的管理；负责道路旅客运输、道路货物运输、公共汽车、轨道交通、出租汽车、汽车租赁、运输站（场）经营、车辆维修、车辆技术综合性能检测、机动车驾驶员培训的行业管理。

【本章小结】

公路运输主要担负200公里以内的中、短途运输，与其他运输方式相衔接，运用灵活，受地形气候限制小，载运量小，安全性较差。

公路客运按服务性质可分为营业性客运和非营业性客运,按服务目的可分为生产性客运和生活性客运,按服务区域可分为城市客运和城间客运,按营运方式可分为班车客运、旅游客运、出租车客运、包车客运。

公路客运生产实施需要一定的设施设备,包括:①车辆,车辆的性能包括容载量、安全性能、速度性能、使用方便性、经济性;②公路,公路根据所适应的交通量水平分为高速公路、一级公路、二级公路、三级公路、四级公路;③交通控制设备,交通控制设备主要有交通标志、路面标线和路标、交通信号三类,其功能主要是对车辆、驾驶员和行人起限制、警告和引导作用。

公路客运对象包括旅客和货物。旅客对公路客运的共同要求是安全、方便、及时、舒适、愉快地到达目的地。公路客运的货物是指小件货物,主要是旅客的行李,以及公路运输企业的小件快运业务。由于客车行李舱空间有限,要求小件货物重量单件一般不超过30千克。

客运市场预测的方法包括定性预测方法与定量预测方法。定性预测包括领导干部判断法、专业人员分析法、专家意见法。定量预测包括时间序列分析法、相关因素分析法。

目前我国道路运输组织管理机构是按照交通运输主管部门组织机构的系统层次来划分和设置的,不同的管理层次具有不同的职责。行业管理的主要内容包括行政许可管理、运价管理、道路运输单证管理、道路行业管理。

【复习思考题】

一、单项选择题

1. 连接经济、政治中心或大工矿区等地的干线公路,或运输繁忙的城郊公路,按各种车辆折合成小型客车的远景设计年限年平均昼夜交通量为5 000～15 000辆的公路为(   )。

   A. 高速公路　　　　B. 一级公路　　　　C. 二级公路　　　　D. 三级公路

2. 沟通县及县以上城镇的一般干线公路,按各种车辆折合成小型客车的远景设计年限年平均昼夜交通量为2 000～6 000辆的公路,为(   )。

   A. 高速公路　　　　B. 一级公路　　　　C. 二级公路　　　　D. 三级公路

3. 大型客车分为(   )等级。

   A. 3个　　　　　　B. 4个　　　　　　C. 5个　　　　　　D. 6个

4. 中小型客车分为(   )等级。

   A. 3个　　　　　　B. 4个　　　　　　C. 5个　　　　　　D. 6个

5. 引起驾驶员对前方公路或交通条件的注意,如陡坡、急转弯、窄桥、铁路平交口以及影响行车安全的地点的标志,为(   )。

   A. 警告标志　　　　B. 禁令标志　　　　C. 指示标志　　　　D. 指路标志

6. 禁止或限制车辆、行人通行的标志,如限速、不准停车、不准超车、不准左转等标志为(   )。

   A. 警告标志　　　　B. 禁令标志　　　　C. 指示标志　　　　D. 指路标志

7. 指出前方的地名或其他名胜古迹的位置和距离，预告和指示高速公路或一级公路的中途出入口、沿途的服务设施和必要的导向，这种标志为（   ）。

    A. 警告标志   B. 禁令标志   C. 指示标志   D. 指路标志

8. 对发车间隔比较关注，希望等车时间越短越好，而对乘车的舒适性要求相对差一些的旅客是（   ）。

    A. 长途旅客   B. 短途旅客   C. 团体旅客   D. 零散旅客

二、多项选择题

1. 公路客运按服务性质可分为（   ）。

    A. 营业性客运   B. 非营业性客运

    C. 生产性客运   D. 生活性客运

2. 公路客运按服务区域可分为（   ）。

    A. 城市客运   B. 城间客运   C. 出租车客运   D. 包车客运

3. 公路客运按营运方式可以分为（   ）。

    A. 班车客运   B. 旅游客运   C. 出租车客运   D. 包车客运

4. 公路客运设施设备包括（   ）。

    A. 车辆   B. 公路   C. 交通控制设备   D. 货物

5. 交通标志是指把（   ）等交通管理与控制法规用文字、图形或符号形象化地表示出来，设置于路侧或公路上方的交通控制设施。

    A. 交通指示   B. 交通警告   C. 交通禁令   D. 指路

6. 道路运输组织管理机构按照职责、任务不同，分为三个层次，包括（   ）。

    A. 决策层   B. 中间层   C. 执行层   D. 管理层

三、简答题

1. 什么是公路客运？公路客运如何分类？
2. 简述公路客运的特点。
3. 车辆包括哪些性能？如何评价？
4. 旅客对运输有何要求？
5. 简述公路客运中货物的特性及运输要求。

四、论述题

论述客流的特点及其规律性。

第一章 公路客运站概述

【本章要点】

- ◆ 了解公路客运站的分类
- ◆ 了解公路客运站的基本功能
- ◆ 掌握公路客运站的布局方法
- ◆ 掌握公路客运站的布局模式
- ◆ 了解公路客运站的选址原则
- ◆ 了解公路客运站组织结构与岗位职责
- ◆ 掌握公路客运站的具体人员配备

第一节　公路客运站分类与功能

一、公路客运站的定义

公路客运站是以设施、场地及配套设备为依托，提供公路客运服务、运输组织、中转换乘、行包托运、信息服务、辅助服务的场所。它是公路旅客运输网络的节点，是组织运输生产必不可少的生产要素。

二、公路客运站的分类

1. 按站场级别分类

公路客运站按站场级别划分为一级车站、二级车站、三级车站、四级车站、五级车站、简易车站和招呼站。城市内部主要以一级、二级车站为主，其他级别的车站主要分布在乡镇和农村。

2. 按站场业务范围分类

公路客运站根据所经营的业务范围，可划分为客运站、客货兼营站和停靠站。客运站是指设置在客流密集地区的经营业务范围为单一的旅客发送的公路客运站，通常此类客运站设置在大中城市。客货兼营站是指经营业务范围既包含旅客发送又包含货物运输的客货综合性客运站，因客运站业务的交叉性，此类客运站通常不被大中城市采用，大多被县城或乡镇客运站采用。停靠站是指在客运道路沿线上布设在旅客习惯性集散点或村、镇和交叉路口附近的站点，发挥供营运车辆临时停靠和旅客上下的功能，通常没有站房和站务人员，只有简易站牌标志。

3. 按服务对象分类

按照公路客运站服务对象的不同，可以分为公用型公路客运站和自用型公路客运站。公用型公路客运站是指全面向社会开放，车站本身没有从事旅客运输业务运营的自备运力，专门为客运经营者提供站务服务的客运站。自用型客运站是指车站本身属于运输经营者，主要为本企业运营车辆提供运输服务的客运站。

三、公路客运站的基本功能

1. 运输服务

公路客运站运输服务功能主要有：售票、问询、候车、小件寄存、广播通信、检票、组织乘客上下车、行包托运提取等基本服务；安排所有进站运营车辆班次、制定发车时刻表、行包装卸和有关运输手续交接、费用结算等，为营运客车提供车辆停放、清洗、安检和维修等。公路客运站利用智能化和现代化的设施设备，为旅客和运输经营者提供全方位优质服务。

2. 运输组织

（1）运输生产组织。公路客运站运输生产组织包括发售客票、办理行包托取、候车服务、问询、小件寄存、广播通信、检验车票等为组织旅客上下车提供的各种服务管理工作；为营运车辆安排运营班次与发车时刻，提供车辆停放、安检、清洗与维修等服务和管理工作。

（2）客流组织。公路客运站可以根据服务区域内客流的变化规律和旅客流量、流向、类别等特点，合理安排营运线路、班次和发车时刻，根据需要合理开辟新的客运班线和班次，组织应对突发客流，保证旅客出行方便快捷。

（3）运力组织。现阶段的公路客运站多为公用型客运站，所以大多数的客运站在满足本企业营运车辆服务的同时，还通过向全社会提供客源、客流等信息，积极组织和吸收各种经济成分的营运车辆进站进行公路旅客运输，运用市场机制有效协调客源与运力之间的供求关系，尽可能做到运力与运量的均衡等。

（4）运行组织。运行组织包括办理营运车辆的到发手续，组织营运客车按班次时刻准时、正点发车；根据客流特点确定客运车辆行驶的最佳路线和运行方式，制订运行作业计划，使客运车辆有序、高效运转；充分利用现代通信手段及时掌握营运线路通阻情况，向驾乘人员提供线路通阻信息；会同相关部门处理行车伤亡事故、组织救援等。

3. 中转换乘

公路客运站充分利用良好的交通区位优势、完善的交通基础设施，依托现代化的管理手段，配备相应的换乘场站设施设备，为旅客提供不同运输方式之间、不同运输线路之间，以及各种运输方式与市内交通之间便利的换乘服务，为旅客和客运经营者提供双向服务，合理组织联运，实现各运输方式之间的便捷换乘的目标。

4. 通信信息服务

通过信息传递和交换设备，依托互联网，使全国公路客运站形成网络，实现客运枢纽站与上级主管及其与水运站场、铁路站场和航空港的信息互通，资源共享，各种营运信息实现迅速、及时、准确地传递和交换。同时也为枢纽站的运营、管理、内外联络、旅客出行提供便捷的查询方式和及时、准确的信息；充分满足旅客出行和中转换乘的要求。

5. 装卸储运

公路客运站能为旅客提供行包的承运、保管及装卸搬运作业等服务。

6. 辅助服务

公路客运站为旅客和司乘人员提供必要的食宿、购物、娱乐、通信等辅助服务，为进站营运的客运车辆提供停放、检测、维修、保养、加油、清洗等辅助服务。

第二节　客运站区域布局

为了满足公路客运车辆高档化和客运事业现代化的需要，需要客运站建设与城市现代化相适应，也需要对公路客运站的布局、规模、功能等进行调整。

一、影响客运站布局的主要因素

旅客运输的基本要求是：安全、及时、方便、舒适和经济。区域公路客运站微观布局应充分发挥点多面广、人便于行的优势，与道路网络建设快速发展相匹配，提高自身竞争优势。

公路客运站总体布局规划的影响因素包括：

1. 社会经济发展水平

公路客运站的规划和建设最终是要为城市社会和经济发展来服务的，区域内国民经济发展水平、人口因素、产业结构等社会经济条件对公路客运站规划有较大的影响。社会经济发展水平直接影响到客运需求的变化情况。随着经济的发展，经济活动的频繁，经济与外界联系程度的增加，经商和务工的增加都直接引起客运量的增长。同时，由于经济的发展，人民生活水平的提高，城市居民出行次数和出行距离也随之增加，且对于出行的要求逐步向更高层次升级，这就不仅对出行便利程度有要求，更要求服务品质的提高。

2. 城市功能和土地使用情况

城市总体规划规定了城市的性质、功能分区、城市发展和经济发展的方向。城市公路客运站的布设，应以城市居民工作出行、经济活动、文化体育活动、对外交通的需求为依据，它影响着站场的定位。

3. 客流集散点的客流分布及强度

客运站应布置在客流集散量大的地点，居民的对外出行的流量、流向分布、出行结构等资料，是客运站规划设计的基础资料。

4. 各种交通方式的构成

交通方式越多，可能换乘的客流量就越大，不同交通方式的交会点就越多，影响站点的布设。

5. 道路运输网络

城市道路网条件、城市公路网联系以及城市的铁路车站和飞机场等其他交通方式的发展情况对客运站布局具有很大影响，道路运输网络是公路客运站布局规划的基础条件。

6. 自然地理条件状况

公路客运站布局规划需要考虑气象、地形、水文、地质等自然地理条件，它们对站场的地基和周围交通的稳定性影响很大。

二、客运站布局方法

公路客运站布局方法有传统定量布局方法和交通区位分析布局方法。

1. 传统定量布局方法

传统的客运站定量布局方法首先对客运站研究区域进行交通区域划分，将区域外围直接划为一个交通区域，根据县、乡镇等行政单位划分研究区域内部的交通区域。采用四阶段预测方法最后得出客运站研究区域内部各区域间的客运量，进行适站量预测，得出各区域客运站的客运量。采用层次分析法进行各客运站点重要度比较，得出重要节点，进行客运站布设。

用此方法进行客运站布局存在很多缺点：①此方法忽略了客运站外部的客流发展对区域客运站的影响，对于农村客运站可行，而城市客运站用此方法规划误差较大；②用此方法进行客运规划只考虑了区域内部社会经济等影响客运量的因素，并未考虑区域的交通地位和区域的道路网络系统，可能导致规划的客运站不具有枢纽地位，造成区域内部客运换乘和交通组织混乱的现象产生。

2. 交通区位分析布局方法

采用交通区位分析布局方法首先研究客运站区域的背景交通区位线,分析出客运站研究区域的干线公路网,再分析客运内部的交通区位线网,得出客运站内部的公路道路网,发现潜在公路网。在外部交通区位线分析时要粗化干线,在内部交通区位线分析时分析各种产生交通区位线的因素,生成各种因素的交通区位线,再结合研究区域,找出对区域起支配作用的交通区位线。综合各种交通区位线得出客运站研究区域的交通区位线网,根据交通区位线网分析区域的道路网结构,选择交叉节点,即可在此布置客运站。

用此方法布置客运站解决了客运站交通组织和对外衔接的问题,但对客运站规模确定还需要日均旅客发送量的预测。规划区域内人口在30万~60万人、客流密度每昼夜30万人公里/平方公里的区域可设置一个客运站。

三、客运站基本布局模式

客运站的布局是指客运站在城市中的具体分布情况,主要包括各自的规模及地理位置等。布局应有利于提高客运服务水平、促进城市对外交流。结合城市发展规模和阶段,客运站布局的基本模式有四种:中心型、均衡型、方向型和集中型。

1. 中心型

按照城市功能分区,在城市交通出入口的主干道与城市快速环道衔接点附近布设若干分站,在建成区的客运集散中心建设中心站,满足不同层次的交通出行需求。此布局模式主要被大中型城市采用,如城市建成区较大,旅客出行距离较长,且要穿过交通拥挤的主城区的城市。

2. 均衡型

按照城市土地利用状况、居民出行交通流量、流向特征和分布状况,综合考虑城市道路网络布局和发展状况,在城市范围内均衡地布设若干个客运站。此布局模式主要适用于规模特大、拥有近郊新城或卫星城作为副中心的城市。该布局模式是中心型和集中型的有机结合。

3. 方向型

客运站分别布设于城市不同方向的出入口的主要干道与城市快速环道相交叉形成的节点处,枢纽之间用城市交通进行衔接。此布局模式将相邻的城市对外交通主、次出入口客流合并,适用于规模中等、中心区面积适中、旅客出行便捷的城市。

4. 集中型

客运站集中布局在城市中心地带,以发挥公路客运站的聚集效应形成规模经济。此布局模式适用于规模较小、客流量相对较小、出行方便的城市。

四、公路客运站的设置

1. 公路客运网点设置及应用

(1)班车客运的营运线路组织管理。在我国,班车客运营运线路由运输行业管理部门根据旅客流向流量、运力及道路等情况进行统一管理、统筹安排。公路客运企业或个体运输业户经营旅客运输的线路或区域，应分别报经县以上交通运输主管部门审查批准。

（2）客运站点设置。客运站点是集散旅客、停放车辆，直接为旅客及运输经营者服务的场所。客运站点的布局规划关系到整个客运网点的布局，一般由运输管理部门统一规划。

随着综合运输的发展，客运站点的布局越来越重视与其他运输方式及城市公共交通的衔接，国外有些城市客运站与铁路、地铁、城市公交一起建成立体的综合换乘枢纽。客、货运站场是公路运输的基础设施，建设功能齐全、设施完备的公路客、货运站场是提高公路运输组织化程度、实现公路运输现代化、延长公路运输经济运距、发挥公路运输"门到门"直达运输优势的条件和保证。公路客运站是公路运输部门的重要基层单位之一，它既是公路旅客运输市场管理的基础和调控公路客运市场的重要环节，又担负着组织生产、为旅客服务、管理线路和传递信息等方面生产经营活动的任务。因此，搞好客运站的建设与管理具有重要意义。

2. 公路客运站建设原则

公路客运站的选址，要在遵循运输布局一般原则的基础上，与运输线路和其他运输方式协调发展；与城市规划和工业厂矿布局相适应；使旅客有最短的运输路径，花费最少的运输费用，关键要使人便于行。客运站选址应符合以下几项原则：

（1）客运站的选址要与城市总体规划相结合，符合总体规划的合理布局，促进城市各项功能的发挥。坚持理想站位与实际用地相结合，在用地选择受约束的条件下，寻求最佳可能方案。

（2）充分考虑旅客的方便及城市规划的要求，便利旅客集散和换乘，车辆流向合理，方便出入。客运站的布局力求与城市主要居民区及其他客运设施之间有便捷的市内交通联系处，以方便城市居民乘车和旅客中转换乘。为使旅客进站便捷，客运站宜分散设置，要考虑到服务的区域大小及旅客进站的距离，同时也要考虑运输车辆对城市交通的影响，不宜过分深入市区。

（3）客运站一般应布置在道路一侧或交叉口一角。当站前过境交通量大时，应避免客车在进出站时与过境车辆交叉干扰。客运站周围应有足够的车辆停放地和相应的生活服务设施，并考虑有方便的车辆维修和保养条件。

（4）客运站选址要尽量减少车流噪声对城市的干扰和影响，客运站用地应避免和学校、医院、住宅区、科研部门和党政机关等单位相距过近。

（5）在充分考虑城市客流分布特点的情况下，在车辆出入条件合理规划的前提下，尽可能追求规模效益，避免太多、太分散的布局。

（6）新旧兼容，远近结合，均衡分布。在选择合适站址新建站的同时，尽可能利用原有设施，充分发挥现有客运站的功能，以发挥既有影响，节省投资、减少浪费、提高效益。

（7）客运站拟定站址应具有必要的水源、电源、消防、疏散及排污等条件，客运站不应选择在地质情况复杂的地震断裂带及低洼积水地段，有山洪、断层、滑坡、流沙地段及沼泽地区等。

（8）节约投资，保护环境。枢纽城市土地资源的有限性和交通供需之间的矛盾日益突出，高密度、高强度的土地利用布局已经形成，有限的城市空间和昂贵的地皮给客运站的布局带来极为苛刻的限制。因此，客运站布局时，要充分考虑利用现有站场设施，减少拆迁工程量，避免占用已有建筑用地和补偿费过高的其他用地。

为了旅客乘车方便，公路客运站，尤其是与高速公路配套建设的车站尽量伸入市区，已经成为现在客运站建设的一条原则，但要与城市总体规划相协调，并要服从运输枢纽的发展与建设规划。

3. 公路客运站站房总体布置形式

站房主体建筑平面主要是由候车厅、售票厅、行包托运厅和办公用房组合而成，它取决于城市规划中车站所处的位置。归纳起来，公路客运站平面布置主要有以下三种形式：

（1）"一"字形布置。候车、售票两个大厅沿城市干道一字形布置，候车厅和售票厅朝向一致。这种布置，站房立面宏伟、壮观。缺点是站房占据主要街道地段长，立面处理面积大，增加造价，又因城市规划要求，车站建筑增加高度，造成辅助房间过多，这种布置适应于大中型车站。

（2）"T"字形布置。售票厅与候车厅呈T字形布置，临街部分采用高层建筑，首层作为售票综合服务厅，一层以上作为办公及生活用房，将大跨度的单层候车厅布置在后院。这种布置临街地段短，容易满足城市规划要求。

（3）"L"字形布置。这种布置适合于城市交叉路口建站。站房两面临街，候车厅大门和售票厅大门分别面临两条街道。这种布置，两个临街部分都要作处理。城市规划要求有一定的建筑高度，临主要街道布置多层，临次要街道可以布置单层。这种布置较为灵活。

根据这些原则和要求，在规划客运站点时：①要有远见，要与城镇整体规划相配套；②要与城建、公安等部门充分磋商，取得其支持和配合；③要保持规划的严肃性，规划一经审查，不应任意废除或改变。

第三节 公路客运站机构设置与管理

客运站的机构设置与人员配备，取决于它在管理上的地位、性质和任务的繁简。客运站经营的范围和规模不同，其内部组织和机构都不相同。不论是单一的客运站或者是综合性客运站，不论客运站的等级大小，其机构设置、人员配置都必须遵守精简和生产服务需要的原则。要提高工作效率，尽量减少管理层次。客运站每个部门、每个人员都有明确的岗位责任，以达到分工合作，人人有职责，事事有人管，班班不脱节。

一、公路客运站组织结构与岗位职责

各级客运站的机构设置，由各省、自治区、直辖市交通主管部门研究确定，也可由企业按需设置。

1. 客运站组织机构

客运站作为独立的经济实体进行自主经营,为旅客提供售票、候车、行包托运等站务服务,对进站车辆实行定线路、定站点、定班次、定发车时间的营运方式,为进站车辆提供系列的站务及劳务服务后勤保障服务和到发车场地。

为了加强客运站的站务管理工作,客运站应设立必要的组织机构,并根据各级站务作业内容,建立相应的若干班组,划分分工范围,明确岗位,落实职责。

二级客运站和规模较大的三级客运站,都应该设置相应的科室。二级以上公用型客运站的服务组织和人员配置如图1-1所示。

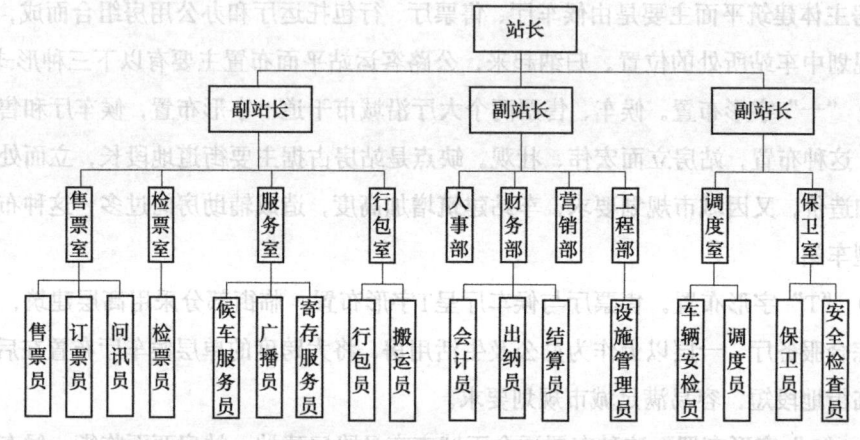

图1-1 二级以上公用型客运站的服务组织和人员配置

2. 客运站的领导机构

客运站领导班子的组成视客运站的规模而定,客运站实行站长负责制。

3. 客运站站长的主要职责

(1)加强思想建设和组织建设,健全组织机构,建立健全岗位责任制度,搞好职工培训,不断提高工作人员的政治素质和业务能力。

(2)开展客流调查,根据流量、流向、流时规律,积极组织客源,合理安排运输班次,科学组织站务作业,加强与有关部门的协作配合,保证客运安全、及时运输。

(3)坚持贯彻"安全第一、服务第一、信誉第一"的方针。按照客运站作业流程、服务规范、工作标准组织客运站服务工作和客运站业务工作,千方百计地提高运输服务质量,最大限度地满足旅客的需要。

(4)加强营收和票据管理,组织好运输稽查工作,确保完成营运收入,并按规定报解、维护财经纪律。

(5)搞好后勤管理,关心职工生活,注意改善职工劳动条件,并注意做好行车人员食宿等工作,搞好安全生产。

4. 客运站各个岗位主要任务

(1)售票室:

下属岗位：售票员、订票员、问讯员。

主要职能：为旅客提供站内售票服务、咨询服务。

（2）服务室：

1）寄存服务员：为旅客提供小件寄存服务等。

2）广播员：对旅客和司乘人员广播信息。

3）候车服务员：为旅客提供候车服务。

（3）检票室：

下属岗位：检票员。

主要职能：负责检票，导引旅客上车。

（4）行包室：

1）行包员：办理行包承运，认真办理好行包交运手续。

2）搬运员：负责将行包从行包室到客车的搬运与装卸车工作。

（5）调度室：

1）调度员：管理班车日运营计划，根据线路当时运行情况，现场调度。

2）车辆安检员：负责进站、出站车辆、驾驶员的安全检查。

（6）保卫室：负责管理客运站的安全保卫工作及消防工作，负责对旅客进站行包的检查工作。

（7）人事部：负责客运站人事管理工作。

（8）营销部：塑造企业和服务形象，收集市场信息，发展客运业务，协调与行业管理部门的关系。

（9）财务部：

1）结算员：及时准确地做好运费、站务费的结算。

2）会计员：正确执行上级和财税及银信系统颁发的财务管理制度、办法及要求，负责客运站的财务管理工作，每月按规定作好各种记录，力求账务相符。

3）出纳员：严格按照国家有关现金管理和银行决算制度的规定，根据稽核人员审核签章的收款凭证进行复核，办理现金款项收付和银行决算业务。

（10）工程部：负责客运站设施设备的检修与维护。

二、客运站人员配备

1. 人员配备的基本要求

客运站机构确定以后，要根据国家有关的劳动政策和法令，结合企业的具体情况，合理地配置各部门、各岗位的人员数量。为了经济合理地配置人员，保证站务工作正常、有秩序地进行，不断提高劳动生产率，确保站务服务质量，对人员配备的基本要求是：

（1）定员标准要求合理，既要保证生产的需要，又要避免人员的窝工浪费。

（2）正确处理各类人员的比例关系。首先，要合理安排直接生产人员和非直接生产人员的比例关系；其次，要合理安排基本工作人员和辅助工作人员的比例关系，从有利于生产出发，根据生产和辅助性工作的工作量来确定。

定员标准在一定的生产基础和组织条件下制定，随着条件的变化，可相应调整。

2. 具体人员配备

客运站的工作人员主要由站务人员、乘务人员、驾驶员、调度员、维修人员、管理人员和后勤人员组成。各类人员的配备应以作业工作量为依据。

（1）站务人员。站务人员是售票员、服务员（检票、广播、寄存、问讯、卫生等）、行包员、搬运员的统称。通常按站务工作量（旅客日发送量）每100人次配备1.80~2.00人计算。其中售票员0.32人，服务员0.90人，行包员0.28人，搬运员0.40人。

（2）乘务人员。配有乘务人员的客车，按每辆配备1.33~1.50人计算；双班运行时，应增加1倍。

（3）驾驶员。按每辆车1.33~1.50人配备；双班运行时，应增加1倍。

（4）调度员。调度员人数通常按驻站客车数配备。30辆及以下的，一般配备2~3人；当高于30辆时，每增加30辆增配1人。

（5）维修人员。负责车站建制客车一级维护（小修作业）的维修人员，按维修作业工作量计算，每一维修车位配备2~4人；双班作业时，可适当增加人数。

（6）管理人员和后勤人员。客运站的管理人员和后勤人员，可按上述人员总数的20%~22%配备，其中管理人员包括站领导、各科室负责人、业务、财务、统计、安检等人员。

3. 站务人员的基本条件与要求

客运站站务人员工作在各个工作岗位，为旅客（货主）办理乘车、货物托运所需的各种手续，直接与旅客（货主）打交道，为他们提供服务。服务质量的高低，在很大程度上从站务人员的工作中反映出来。提高站务人员的素质，充分调动和发挥站务人员的积极性和创造性，不断改善服务态度，提高服务质量，是对车站工作的基本要求，也是对广大站务人员的要求。

（1）站务人员的基本条件。站务工作是多方面、多岗位的。从事站务工作的人员，必须具备一定的条件。

1）具有较高的思想素质。站务人员必须具有较高的政治思想觉悟和良好的职业道德。热爱本职工作，遵纪守法，廉洁奉公，尊客爱货，关心集体，团结协作。

2）具有良好的身体素质。身体健康，无缺陷，相貌端正，从事搬运工作的人员要有较好的体力。

3）具有一定的专业知识和技能。应具备一定的文化程度，经过专业培训，掌握站务、业务知识和操作技能。

（2）对站务人员的要求。

1）要求认真学习，不断提高专业知识水平和操作技能，遵守运输纪律，着眼于旅客（货主），立足于服务，礼貌待客，牢固地树立为人民服务的思想。

2）严格执行交通运输部客、货运输规则中有关的客、货运输规章制度和服务质量标准，做到标准化、规范化、程序化服务。

3）严格按交通运输部有关规定穿着统一的工作服，并须按规定佩戴服务标志上岗，做到衣帽整洁，仪容端庄。

4）遵守车站的各项规章制度，按时上岗，集中精力，精神饱满，坚守工作岗位，工作时不做与本职工作无关的事。

5）工作时必须讲普通话，普遍应用十字文明语言（请、您好、对不起、谢谢、再见），做到举止庄重、语言可亲、态度和蔼，微笑服务。在一、二级车站和旅游区客运站，在主要服务岗位的站务人员会应用一般的日常外语和哑语会话；在少数民族地区的车站，站务人员要会讲当地民族语言。

6）要注意搞好本岗位和环境责任区的卫生，保持站、车整洁。

7）要维护公共秩序，坚持正义，敢与不良现象作斗争，保证车站正常的工作秩序。

8）遵守职业道德，奉公守法，端正作风，不以权谋私，不刁难和敲诈旅客。

4. 驾驶员条件及要求

客车驾驶员是直接使用运输工具完成客货空间位移的生产劳动者，驾驶员的技术水平和思想动态，对旅客的乘坐舒适性、安全性、及时性都有直接的影响。客车驾驶员的服务态度、言谈举止、语言艺术对旅客和驾乘人员的关系也有直接影响，进而影响运输企业的社会声誉。因此，为了保证安全、迅速、准确、及时地运送客人和货物，汽车驾驶员必须具备相应条件才能胜任。

（1）驾驶员的基本条件。汽车作为现代化的一种运输工具，汽车驾驶是一种紧张而又重大的工作。因此从思想品质、身体素质、性格适应性、专业知识和操作技能四个方面规定了汽车驾驶员的基本条件。

1）思想品质。热爱本职工作，尊客爱货，廉洁奉公，遵纪守法，关心集体，团结协作，有良好的职业道德。

2）身体素质。身高1.5米以上，左右眼裸视力均不得低于0.7，并且有较宽的视野和正常的辨色能力，血压正常，身体健康，无缺陷。

3）性格适应性。性格适应性即心理素质，主要是指冷静沉着，专心注意，判断迅速，反应灵敏，性格不暴躁，无精神缺陷。

4）专业知识和操作技能。具有初中以上文化程度，经过规定的专业训练，经车辆管理部门考核，取得驾驶证，符合驾驶员等级技术标准，具有一定的汽车营运知识，了解运输生产全过程。

（2）对驾驶员的要求。驾驶员在执行运输任务时，必须严格遵守交通法规，按所持驾驶证准驾车型驾驶车辆，以确保安全、及时、保质保量地完成运输任务。其具体要求如下：

1）保持良好的精神状态。在接受运输任务出车前，要注意充分休息、睡眠，加强营养，保持充沛的精力和体力。

2）严格执行操作规程。出车前、行车途中、收车后要对车辆进行清洁，作好例行维护，以确保良好的技术状态。

3）驾驶车辆时，要随时携带驾驶证、行驶证、营运证等行车证件与手续。按规定时间出车，服从调度，听从指挥，不得擅自改变行驶路线，客运班车要按规定停靠站进站；不得利用开车之便私拉乱运，客车驾驶员不得私收票款，货车驾驶员不得吃、拿、要所运物资，不得接受货主的任何"补贴"；不得以任何借口或理由刁难旅客或货主。

4）要注意检查客货运输单证和车辆装载是否符合规定，危险品装载是否符合要求。要把车门、行李舱门关好后，再开车。

5）严格遵守交通法规，驾驶室内不准超额坐人。车辆行驶中，要集中精力，谨慎驾驶，做到礼貌行车。如感到疲劳或身体不适，应选择安全地点停车休息、洗脸或稍做活动，切不可勉强继续行驶，以防交通事故的发生。

6）在运输旅客过程中，要关心、爱护旅客，尽量给予旅客旅行上的方便。车未停稳，不得开车门，车门未关好，不得行车，做到安全、正点运行。

7）在运输货物过程中，要认真、负责地定时、安全检查载运的货物，发现异常应及时采取措施，要防雨、防水、防盗、防颠、防撞，保证货物完好无损地运达目的地。

8）要服从交通人员的指挥与检查，接受商务监督和稽查人员的检查监督。

9）车辆到达目的地，要做好行包、货物及营运单据清点、交接手续，并做好接受下一轮任务的各项准备工作。

三、公路客运站务管理内容

公路客运站是以设施、场地及配套设备为依托，提供公路客运服务、运输组织、中转换乘、行包托运、信息服务、辅助服务的场所。按照《道路旅客运输及客运站管理规定》，申请从事客运站经营，需要有与业务量相适应的专业人员和管理人员，有相应的设备、设施，有健全的业务操作规程和安全管理制度。公路客运站主要服务对象是旅客与客车经营者，所以公路客运站管理主要包括客运站设施设备管理、安全管理、旅客管理、班线管理、培训管理、综合管理。

（1）设施设备管理。这主要包括对客运站站舍、站场各项设施、设备的管理，公路客运站应保证站内设施符合安全标准，避免这些设备对旅客造成伤害。

（2）安全管理。公路客运站需要配备安全检查人员，对进站旅客、客车进行安全检查；设置安全值班人员保护旅客、车站、车辆的安全。

（3）旅客管理。这主要包括对旅客票务、行包、候车服务以及心理服务的管理。

（4）班线管理。这主要包括对进入车站经营的客车的手续的审查以及对于营运方式、经营区域、线路、班次的执行，还包括对车辆站务费用的管理等。

（5）培训管理。这主要包括客运站的岗位培训（主要针对新进人员与轮岗人员）、礼仪培训、消防安全培训。

（6）综合管理。这主要包括客运站票据票款管理、统计管理、信息化管理等。

四、公路客运站管理趋势

1. 公路客运站功能综合化、多元化

随着城市公共交通发展和居民对出行要求的不断提高,单一功能的客运站已逐渐不能满足公众对便捷出行的要求。于是大型的综合性公路客运站越来越注重于城市多种交通方式的有效衔接,把城市对内交通和对外交通的多条线路整合到一个枢纽站甚至是同一栋建筑里面,为乘客提供便捷、舒适的综合换乘服务,实现不同运输方式之间的便捷换乘。

2. 公路客运站边缘化

长期以来我国公路客运站布局一直强调方便乘客乘车,体现"门到门"运输的优势。但是随着城市范围的扩大和市内交通的大量增加,一些市内的公路客运站严重影响到了城市交通的顺畅和居民的日常生活。所以国内很多城市把新规划的公路客运站都布置到了城市外围或边缘地带,而且还有逐步取缔市内公路客运站的趋势。通过近几年国内客运站发展的情况来看,城市客运站边缘化已是不可逆转的发展趋势。

3. 组织管理现代化

现代化的客运站不只是车流和人流的集散地,还汇集了公路客运、地铁或轻轨、城市公交、行人、出租车以及社会车辆等多种交通方式。许多公路客运站已经不单单是城市内外交通换乘的场所,更是各种交通方式之间衔接换乘的场所。为了实现各种交通方式之间的高效、快速、安全的换乘,传统意义上的换乘方式已经显得力不从心。必须要运用科学的、现代化的组织管理方式,如采取合理的车辆、行人组织模式,充分应用信息网络技术,对旅客车辆进行智能化引导,提高枢纽内资源利用的合理化和服务的便捷化。

4. 设置充分体现以人为本,构建和谐交通

现代化的大型客运站不但注重内部空间的衔接,更加注重各种客运功能之间的衔接。在客运站内设置更加合理和人性化的换乘辅助设施,如自动扶梯、垂直电梯、水平扶梯,以及更加醒目直观的旅客流线引导标志,为旅客提供便捷的换乘服务。这些充分体现了现代客运站在为实现以人为本、构建和谐交通这一设计理念所做的努力。

【本章小结】

公路客运站是以设施、场地及配套设备为依托,提供公路客运服务、运输组织、中转换乘、行包托运、信息服务、辅助服务的场所。**公路客运站的基本功能包括运输服务、运输组织、中转换乘、通信信息服务、装卸储运、辅助服务。**

公路客运站布局方法有传统定量布局方法和交通区位分析布局方法。**客运站基本布局模式包括中心型、均衡型、方向型、集中型。**公路客运站平面布置主要有"一"字形布置、"T"字形布置、"L"字形布置。

各级客运站的机构设置,由各省、自治区、直辖市交通主管部门研究确定,也可由企业按需设置,根据各级站务作业内容,建立相应的若干班级,划分分工范围,明确岗位,落实职责。客运站的工作人员主要由站务人员、乘务人员、驾驶员、调度员、维修人员、管理人

员和后勤人员组成，各类人员的配备应以作业工作量为依据。

公路客运站务管理内容包括设施设备管理、安全管理、旅客管理、班线管理、培训管理、综合管理。

【复习思考题】

一、单项选择题

1. （　　）忽略了客运站外部的客流发展对区域客运站的影响，对于农村客运站可行，而城市客运站用此方法规划误差较大。

    A. 传统定量布局方法　　　　　　　　B. 交通区位分析布局方法
    C. 现代定量布局方法　　　　　　　　D. 简单布局方法

2. 用（　　）布置客运站解决了客运站交通组织和对外衔接的问题，但对客运站规模确定还需要日均旅客发送量的预测。

    A. 传统定量布局方法　　　　　　　　B. 交通区位分析布局方法
    C. 现代定量布局方法　　　　　　　　D. 简单布局方法

3. 按照城市功能分区，在城市交通出入口的主干道与城市快速环道衔接点附近布设若干分站，在建成区的客运集散中心建设中心站，满足不同层次的交通出行需求的客运站布局模式为（　　）。

    A. 中心型　　　　B. 均衡型　　　　C. 方向型　　　　D. 集中型

4. 客运站集中布局在城市中心地带，以发挥公路客运站的聚集效应形成规模经济的布局模式为（　　）。

    A. 中心型　　　　B. 均衡型　　　　C. 方向型　　　　D. 集中型

5. （　　）客运站布局模式主要适用于规模特大、拥有近郊新城或卫星城作为副中心的城市。

    A. 中心型　　　　B. 均衡型　　　　C. 方向型　　　　D. 集中型

6. 站务人员是售票员、服务员（检票、广播、寄存、问讯、卫生等）、行包员、搬运员的统称，通常按站务工作量（旅客日发送量）每100人次配备（　　）人计算。

    A. 1.00～2.00　　B. 2.80～3.00　　C. 1.80～2.00　　D. 1.80～2.50

7. 配有乘务人员的客车，按每辆配备1.33～1.50人计算；双班运行时，应增加（　　）倍。

    A. 1　　　　　　B. 2　　　　　　C. 1.5　　　　　　D. 2.5

8. 调度员人数通常按驻站客车数配备。30辆及以下的，一般配备（　　）人；当高于30辆时，每增加30辆增配1人。

    A. 2～4　　　　　B. 2～3　　　　　C. 1～2　　　　　D. 1～3

二、多项选择题

1. 城市内部主要以（　　）公路客运站为主，其他级别的车站主要分布在乡镇和农村。

    A. 一级　　　　　B. 二级　　　　　C. 三级　　　　　D. 四级

2. 公路客运站的运输组织功能包括（　　　　）。
   A. 运输生产组织　　　B. 客流组织　　　C. 运力组织　　　D. 运行组织
3. 公路客运站根据所经营的业务范围，可划分为（　　　　）。
   A. 客运站　　　B. 客货兼营站　　　C. 停靠站　　　D. 简易站
4. 适合于城市规模较大的客运站布局模式包括（　　　　）。
   A. 中心型　　　B. 均衡型　　　C. 方向型　　　D. 集中型
5. 公路客运站培训管理主要包括（　　　　）。
   A. 安全培训　　　B. 岗位培训　　　C. 礼仪培训　　　D. 集中培训

三、简答题

1. 简述公路客运站的基本功能。
2. 简述影响客运站布局的主要因素。
3. 简述客运站的基本布局模式。
4. 简述客运站人员配备的基本要求。
5. 简述客运站站址的选择原则。

四、论述题

论述公路客运站管理趋势。

第二章 Chapter 2

公路客运站设施设备管理

【本章要点】

- ◇ 了解公路客运站分级标准
- ◇ 了解公路客运站基本设施
- ◇ 了解公路客运站基本设备
- ◇ 掌握公路客运站的设施面积确定
- ◇ 了解公路客运站的流线
- ◇ 掌握公路客运站的流线组织原则
- ◇ 掌握公路客运站的流线疏解基本方式

第一节　客运站设施设备介绍

一、客运站的服务设施

公路客运站是旅客集散中心，是人们实现旅行目的的依托，承担着为旅客服务和为经营者服务的双重任务，它必须具备相应的服务设施。按其服务的内容大致分为客运业务服务设施、旅客服务设施、车辆运行保障设施、安全与防火设施。

1. 客运业务服务设施

客运业务服务设施主要是指开展业务服务所必须具备的基本设施，一般应备有与客流量相适应的售票厅和售票窗口、广播室、行包房、问讯处、小件寄存处以及计量和装卸工具等。同时，还应配置和悬挂班车发送到达时刻表、里程票价表、公告栏和旅客须知等设施。

2. 旅客服务设施

旅客服务设施是指为方便旅客候车和上车下车的服务设施。应设有整洁和适应旅客候车流量的候车厅、卫生间、小卖部，并配置座椅、挂钟、饮水、防寒、降温、医疗救护、邮筒、公用电话、阅报栏等设施、设备。有条件的车站还可办理旅客食宿，开展"一条龙"服务。

3. 车辆运行保障设施

为确保营运车辆连续正常运行，需设车辆检修、清洗和加油等设施及停车待运的场所。

4. 安全与防火设施

安全与防火设施主要是指保障进站旅客和车辆的安全设施，以及备有在紧急情况下能及时疏散旅客和车辆的安全门和通道等。

二、客运站分级标准及设施要求

1. 客运站分级标准

依据中华人民共和国交通行业标准《汽车客运站级别划分和建设要求》（JT/T 200—2004），根据车站设施和设备配置情况、地理位置和设计年度平均日旅客发送量（以下简称日发量）等因素。车站等级划分为五个级别以及简易车站和招呼站。

（1）一级车站。设施和设备符合表2-1和表2-2中一级车站必备各项，且具备下列条件之一：

1）日发量在10 000人次以上的车站。

2）省、自治区、直辖市及其所辖市、自治州（盟）人民政府和地区行政公署所在地，如无10 000人次以上的车站，可选取日发量在5 000人次以上具有代表性的一个车站。

3）位于国家级旅游区或一类边境口岸，日发量在3 000人次以上的车站。

（2）二级车站。设施和设备符合表2-1和表2-2中二级车站必备各项，且具备下列条件之一：

1）日发量在5 000人次以上，不足10 000人次的车站。

2）县以上或相当于县人民政府所在地，如无5 000人次以上的车站，可选取日发量在3 000人次以上具有代表性的一个车站。

3）位于省级旅游区或二类边境口岸，日发量在2 000人次以上的车站。

（3）三级车站。设施和设备符合表2-1和表2-2中三级车站必备各项，日发量在2 000人次以上，不足5 000人次的车站。

（4）四级车站。设施和设备符合表2-1和表2-2中四级车站必备各项，日发量在300人次以上，不足2 000人次的车站。

（5）五级车站。设施和设备符合表2-1和表2-2中五级车站必备各项，日发送量在300人次以下的车站。

（6）简易车站。达不到五级车站要求或以停车场为依托，具有集散旅客、停发客运班车功能的车站。

（7）招呼站。达不到五级车站要求，具有明显的等候标志和候车设施的车站。

2．客运站设施及设备要求

各级汽车客运站设施、设备应按表2-1和表2-2的要求配置。

表2-1 汽车客运站设施配置

设施名称			一级车站	二级车站	三级车站	四级车站	五级车站
场地设施		站前广场	●	●	★	★	★
		停车场	●	●	●	●	●
		发车位	●	●	●	●	★
建筑设施	站房	候车厅（室）	●	●	●	●	●
		重点旅客候车室（区）	●	●	★	—	—
		售票厅	●	●	★	★	★
		行包托运厅（处）	●	●	★	—	—
		综合服务处	●	●	★	★	—
		站务员室	●	●	●	●	●
	站务用房	驾乘休息室	●	●	●	●	●
		调度室	●	●	●	★	—
		治安室	●	●	★	—	—
		广播室	●	●	★	—	—
		医疗救护室	★	★	★	★	★
		无障碍通道	●	●	●	●	●
		残疾人服务设施	●	●	●	●	●
		饮水室	●	★	★	★	★
		盥洗室和旅客厕所	●	●	●	●	●
		智能化系统用房	●	★	★	—	—

(续)

设施名称			一级车站	二级车站	三级车站	四级车站	五级车站
建筑设施	辅助用房	办公用房	●	●	●	★	—
	生产辅助用房	汽车安全检验台	●	●	●	●	●
		汽车尾气测试室	★	★	—	—	—
		车辆清洁、清洗台	●	●	★	—	—
		汽车维修车间	★	★	—	—	—
		材料间	●	●	●	—	—
		配电室	●	●	●	●	●
		锅炉房	★	★	★	★	★
		门卫、传达室	★	★	★	★	★
	生活辅助用房	司乘公寓	★	★	★	★	★
		餐厅	★	★	★	★	★
		商店	★	★	★	★	★

注:"●"——必备;"★"——视情况设置;"—"——不设。

表2-2 汽车客运站设备配置

设备名称		一级车站	二级车站	三级车站	四级车站	五级车站
基本设备	旅客购票设备	●	●	★	★	★
	候车休息设备	●	●	●	●	●
	行包安全检查设备	●	★	★	—	—
	汽车尾气排放测试设备	★	★	—	—	—
	安全消防设备	●	●	●	●	●
	清洁清洗设备	●	●	●	★	—
	广播通信设备	●	●	●	★	—
	行包搬运与便民设备	●	●	●	★	—
	采暖或制冷设备	●	★	★	★	★
	宣传告示设备	●	●	●	★	★
智能系统设备	计算机售票系统设备	●	●	★	★	—
	生产管理系统设备	●	★	★	—	—
	监控设备	●	★	★	—	—
	电子显示设备	●	●	★	—	—

注:"●"——必备;"★"——视情况设置;"—"——不设。

三、客运站主要设施

1. 进站大厅

进站大厅是指客运站进站口与候车室之间的衔接区域,是旅客进入车站的必经之路,也正因此,进站大厅内设置了大量的硬件设备,主要包括检测设备、指示设备、乘降设备等。其中检测设备包括旅客行包检查仪等,通过对所有进站旅客进行检测以确保不会将易燃易爆等危险物品带入车站。指示设备主要是指客运站用于引导旅客顺利乘车的设备,例如发光二极管(LED)显示屏等,旅客通过此类设备了解自己所乘客车对应的候车室以及车站的一些相关信息。乘降设备主要是指旅客扶梯。

2. 售票厅

客运站售票厅包括售票室和购票室两部分。由于售票厅的人流集中,流动性较大,故售票厅宜单独设置,并成为站房建筑的一个主要入口。为便于旅客购票后能很快进入候车厅休息或办理其他乘车手续,售票厅与候车厅毗连,以保证形成旅客从进站、购票到候车的合理流线。客运站应解决好售票处的设置问题:

(1)售票厅应宽敞、明亮、通风良好,在寒冷及炎热季节应考虑装置防寒取暖或防暑降温设备,为旅客提供方便、舒适的购票条件。

(2)根据客流情况,开设适当数量的售票窗口,高度为1.1~1.2米,两窗口中心线之间距离为2米左右,尽量减少窗口之间的相互干扰;同时设置订票窗口,方便订票旅客取票。

(3)售票室与购票室要隔开,使售票工作不受售票厅噪声影响。

(4)售票室内地面标高宜高于购票室地面,以便于售票作业。

(5)一、二级车站应在售票室附近设置票据库来存放各种车票、单据,以方便票务员办理领、存手续。

(6)售票厅应在适当位置设置规范的旅客须知、发车时刻表、里程价格表、营运线路示意图以及售票信息配套显示、儿童身高标识标尺等。二级以上客运站的发车时刻表、里程价格表应采用电子显示屏显示。

3. 行包办理处

行包办理处包括行包托运厅、提取厅、作业区和行包仓库等。行包办理处的位置应与旅客托运、提取行包的流线密切结合,尽量减少与客流、车流的交叉干扰,并与客运用房、站台、站场取得有机联系,与装卸设备及营运车辆取得密切配合。对于客流量较大的客运站,行包业务繁忙,可分别设立行包托运厅和行包提取厅;而中小型客运站,行包业务量较小,行包托运厅和提取厅可合并,但发送和到达行包要分开堆放。

行包办理处通常都设在站房内,但大型车站行包办理处的位置,通常与候车厅分开而单独设置,且离售票厅较近,以便于旅客就近购票和托运行包。中、小型客运站的行包办理处,可也设在候车厅内,以便于节约用地、方便旅客。

行包办理处通常是一边靠近广场的停车处,一边靠近站台,并开有宽敞的大门,便于运送行包。具有楼式库房、装卸条件好的车站,除应保持升降装置处于完好的状态外,还应设有楼梯通道,以便在提升设备发生故障或停电的情况下运送行包。

4. 候车厅

候车厅是旅客候车、休息、排队进站的场所。候车厅要为旅客候车创造舒适的环境,有良好的通风、采光、采暖、防暑、休息等设备,与其他站房的主要出入口有密切的联系,并尽可能靠近检票口,减少旅客检票上车的行程。

候车厅内为禁止吸烟区。二级以上客运站应设置符合要求的旅客吸烟室。普通旅客应在指定的候车厅候车,重点旅客可在重点旅客候车区(室)候车。

二级以上客运站应设置老、弱、病、残、孕等重点旅客候车区（室），配有必要的特需服务设施、设备。二级以上客运站应当在进站、购票、候车、行包托运等服务区域免费提供行李携带运输工具（行李手推车）的服务。候车厅应保持整洁，设有免费洗手间，提供饮用水服务。

候车厅的设施、设备应符合客运站的等级要求，候车厅内的各种标志要规范、准确、齐全、醒目。对于大型客运站，要尽量采用先进的现代化服务设施，如客运班次时刻显示牌、客车到发信号装置、旅客指示标志系统、电子系统的问讯设施等。

5. 站台和发车位

站台是候车厅与客车的连接地段，是旅客进站后排队上车或短暂停留的台阶。旅客经站台搭乘班车，有利于维护车场秩序和保证安全。

发车位是为了保证客车按班次、有秩序地从车站发出，方便旅客上下及装卸行李所设置的停放车辆位置。各级车站必须根据本站发出去的主要车型，建设形式适宜，大小、数量适应，位置适当的发车位。

站台设置时应与检票口相连接，在一般情况下为了旅客遮挡烈日、避雨雪的需要，根据汽车客运站实际建筑结构要在站台上方设置雨篷，若为室内发车则可不设置雨篷。发车位与站台高差不小于0.15米，发车位应有不小于5‰的坡度，且坡向调度车道一侧，以有利于发车位排水、进车减速，方便发车。

根据客运站的具体情况和发车的方便性，站台与发车位可设计成垂直式、斜置式、辐射式和平行式等不同形式。

（1）垂直式。每个车位与站台边线相垂直，两个车位之间相隔1米左右，方便旅客上、下车。这种形式的站台最适用于客车出站大门与站房检票口相对的车站。

（2）斜置式。发车位与站台边缘呈一定斜度，一般为30度～40度，发车位之间相互平行，距离也为1米左右。这种形式的站台主要适用于客车出站大门在站房一侧的车站。

（3）辐射式。站台外沿为圆弧状，发车位呈辐射形式。这种形式的站台多为适应弧形候车厅而建，与客车出站大门设置没有关系。

（4）平行式。发车位与站台边线相平行，一般适用于客车到达班次少的小型车站。

6. 停车场

停车场是供驻站车辆停放的场所。客运站需要布设停车位置与行车通道，保证车辆顺畅行驶，根据需要还应在停车场周围布置车辆清洗、加油、检修的场地及设施，保证车辆正常运行。

7. 站前广场

站前广场是城市道路与客运站站房的主要结合部，是客运站内外联系的纽带。为了方便旅客的换乘，站前广场要设置出租车乘车点和公交停靠点等区域。根据每个车站站前广场不同的实际情况，可以灵活地对站前广场各个区域进行布置，一般可按下面两种情况处理：

（1）站前广场比较狭长，可以采用左右分区来布置各个功能区域，避免车流、人流的交叉干扰；私家车的停车区可设置在站前广场的一侧，旅客活动区应位于站房的正前方，接近于旅客进、出站口,与私家车停车区对应的一侧设置换乘区。

(2)站前广场较为宽阔,可以采用前后分区来布置各个功能区域:站前广场前部供车辆行驶、停放以及旅客上下、换乘,可根据客运站自身的特点和使用要求在这一部分内部合理安排私家车停车区、公交站点、出租车换乘区等功能区域;站前广场后部为旅客活动区域。

8. 其他服务设施

(1)问讯处。问讯处是为旅客提供咨询服务的场所。其主要工作是回答旅客提出的有关线路、班次、到开车时间,以及购买车票、行包托运等方面的问题。同时要及时作好与各岗位的信息沟通,为旅客解决疑难问题,提供简易救急药品、针线、宣传资料等。问讯处还设置咨询和投诉电话和旅客意见簿,在显著位置公示电话号码,设专人受理旅客电话咨询和投诉。

除小型客运站外,均需设置有专人值班的问讯处,客运站一般将其设置在客运站的入口处,以保证旅客进站后咨询方便。问讯处可分为敞开式和窗口式两类。敞开式仅有工作台相隔,易受干扰,但方便旅客提问;窗口式可根据客流量的多少,确定窗口数目。窗口高度以1.2米左右为宜。有时旅客在购票或者候车期间也会有疑难问题需要解决,所以为了方便旅客,一些客运站在候车厅中还设置了流动问讯,保证了旅客有疑难问题能及时解决。

(2)广播室。客运站的广播室为旅客广播班车变动、到、开情况,介绍客运站服务规定、旅行一般常识以及本站情况和服务项目,提供代旅客找人等服务。它应设在既靠近候车厅又靠近站台的位置,使其不仅与服务员联系方便,而且能清楚地看清站台、车场人员活动及班车到、发情况。

(3)小件寄存处。这是旅客暂时存放携带品和小件行李的场所。小型客运站可将小件寄存处附设在问讯处或行包办理处。一、二级客运站应单独设置,其位置最好能供进出站旅客共用,如客流量大的车站可在进站大厅、出站口附近分设几处,方便旅客就近存取。

(4)监控室。一些大中型的客运站需要布设监控室,监控室内设有监控设备与安全保障设备,为保证客运站旅客的安全,抵制不法分子给旅客造成人身、财物损害,对售票厅、候车厅人口密集的地区进行实时监控。

(5)调度室、医疗救护室和驾乘休息室。调度室是进行发车调度的指挥与控制中心,应靠近发车位和停车场。医疗救护室应靠近候车厅,方便在候车过程中身体有不适的旅客能就近就医。驾乘休息室是客车驾驶员短暂休息的场所,可布置在停车场附近。

(6)旅客文化生活服务设施。

1)书报阅览室。它设置在候车厅内。室内布置整洁、明亮,备有足够数量的桌椅、书报、杂志,并按期及时调换,旅客可借用报刊和文娱用品。

2)电视厅、电影院。在较大的客运站上设有电视厅、电影院,放映时间应根据车次、客流情况而定。

3)食堂、茶室。为满足旅客在饮食方面的需要应设置食堂,条件许可的,可增设茶室。在候车厅内,应经常保持足够的供旅客饮用的开水,茶杯应消毒。

4)售货部。候车厅内应设有超市,在大型客运站还可开设商场,供应旅客在旅行生活中所需的商品,从而使车站转变为多功能的服务场所。

5)卫生间。应选择在主导旅客流线上并靠近落客区和出站通道处来布置卫生间,以方便长时间乘车的旅客到站后寻找;同时又要尽可能避免臭气四溢污染环境。

四、公路客运站设施布局和设置要求

1. 公路客运站站舍设计布局要求

(1)站舍设计布局要以旅客综合大厅为中心,综合布局配置旅客的其他用房。

(2)站舍设计布局应最大限度地避免人流、车流、行包流的相互交叉与干扰。

(3)旅客候车厅应该简化设置,可以以小站房、大站场的原则设计布局站舍。

(4)设置较为宽敞的或多个进站通道,以适应旅客从"等候空间"向"通过空间"的流动。

(5)设置数量较多的检票口,以缩短旅客在检票口的通行时间,并保持检票口畅通无阻。

(6)改善售票组织工作,建立计算机、电话订票,窗口计算机售票,市内预售、车站现售的多层次售票网络,多开窗口,方便旅客购票。

(7)设置多用途、多功能的其他用房和服务处所,尽可能方便旅客,如问讯处、小件寄存处、旅行社(旅馆)介绍处、其他交通方式的乘车候车处及售票处,小汽车、相机、礼服等租赁处等。

(8)车站广场上的各类交通设施及停车场地配置合理,有条件的地方,可建成交通综合换乘枢纽等。

客运站的布局要有利于旅客和车辆流线。旅客一般都要经过广场、售票厅、托运厅、候车厅、检票、站台等。这条流线要力求短捷,并避免各道旅客的相互干扰。

2. 公路客运站服务设施的设置要求

(1)服务设施设置齐全。

(2)位置适宜。服务设施的布置应使站房内各作业流线互不交叉干扰,站务能够顺利进行,旅客和站内工作人员处处都比较方便。例如问讯处应尽量在旅客进出口附近,便于同售票室联系;广播室应布置在能及时掌握旅客动向的地方;小件寄存处位于候车厅与售票室之间,需要布置一定的存物架堆放小件,照明、通风要好,窗口要宽敞。

五、客运站主要设备

1. 旅客购票设备

旅客购票设备包括自动售票设备和计算机售票设备。自动售票设备包括查询、订票、出票三个过程。售票机通过触摸屏接收旅客的操作指令,旅客在触摸屏上获取公路客运站内的班车信息,在确认了乘车地点、班车时间和金额后,旅客用通刷卡进行购票,自动售票机将购票信息与公路客运站站务管理系统内相应的信息进行核实,确认无误后,将此信息传递给计算机,驱动打印机打印出具有条码的客运车票,并同时实现自动切票。计算机售票设备包括计算机操作系统与车票打印设备,需要售票员操作售票。

2. 行包安全检查设备

公路客运站行包安全检查设备主要是X射线检查,旅客将行包放到安检仪上,经过培训的

安检人员通过显示设备判断行包内有无违禁品。行包安全检查设备包括检查设备与显示设备。

3. 安全消防设备

公路客运站的安全消防设备包括灭火器、消火栓给水系统、自动喷水灭火系统。灭火器是一种轻便的灭火器材，是扑救初起火灾最常用的灭火设备；客运站消火栓给水系统主要由消防水源、消防水管、室内消火栓箱和室外消火栓、消防水泵控制器等组成；安装自动喷水灭火系统的场所发生火灾时，该系统能自动喷水灭火并自动报警。在所有固定式灭火设备中，自动喷水灭火系统具有使用范围最广、价格最便宜的特点。

4. 电子显示设备

客运站可通过电子显示设备向旅客展示各个班次的营运时间及线路、旅客须知、安全管理、站内信息等。

5. 候车休息设备

候车休息设备主要包括普通候车室的座椅、重点候车室的婴儿床以及保持候车室卫生的清洁设备等。

6. 行包搬运与存储设备

行包搬运与存储设备主要包括小件寄存柜、行包搁置架、称重器、行包搬运车等。

7. 监控设备

客运站监控设备包括客运站内监控及车辆监控。客运站内监控的目的是为了保证客运站的安全，对客运站的各个空间进行实时监控，便于及时发现异常情况予以处理。车辆监控是指全球定位系统（GPS）监控平台，可以监控车辆在行驶中的具体方位、速度，避免超速、超载、串线经营。

六、设备的使用、维护与修理

1. 设备的合理使用

设备使用寿命的长短、生产效率的高低，固然取决于设备本身的设计结构特性、制造水平和各种参数，但也在很大程度上受制于设备的使用是否合理、正确。正确使用设备，可以在节省费用的条件下减轻设备的磨损、保持其良好的性能和应用的精度，延长设备的使用寿命，充分发挥设备的效率和效益；同时要保持设备作业条件和环境的整齐、清洁，并根据设备本身的结构、性能等特点，安装必要的防护、防潮、防尘、防腐、防冻、防锈等装置。

2. 设备的保养和维护

设备在使用过程中，会产生技术状态的不断变化，不可避免地出现磨损、零件松动、声响异常等不正常现象。只有做好设备的保养和维护工作，随时改善设备的使用情况，才能保证设备的正常运转，延长其使用寿命。设备的保养和维护应遵循设备自身运动的客观要求。其主要内容包括：清洁、润滑、紧固、调整、防腐等，目前，设备的保养和维护普遍实行"三级保养制"，即日常保养、一级保养和二级保养。

（1）日常保养。日常保养是由操作人员每天对设备进行的保养。其主要内容有：班前班后检查、擦拭、润滑设备的各个部位，使设备保持清洁润滑；操作过程中认真检查设备运转情况，及时排除细小故障，并认真作好交接班记录。

（2）一级保养。一级保养是以操作人员为主，维修人员为辅，对设备进行局部和重点拆卸、检查、清洗有关部位，疏通油路，调整各部位配合间隙，紧固各部位等。

（3）二级保养。二级保养是以维修人员为主，操作人员参加，对设备进行部分解体检查和修理，更换或修复磨损件，对润滑系统清洗、换油，对电气系统检查、修理，局部恢复精度。

3. 设备的检查与修理

（1）设备的检查。客运站的设备检查是指在掌握设备的磨损规律条件下，对设备的运行情况、技术状态和工作稳定性等方面进行检查和校验，它是设备维修中的一个重要环节。

设备的检查方法按检查时间间隔可分为日常检查、定期检查和修前检查。

1）日常检查。这是由操作人员或维修人员每天执行的例行维护工作，检查中发现的简单问题随时自行解决，疑难复杂问题应及时报告作维修处理。

2）定期检查。这是指主要由专业维修人员负责、操作人员参与的检查。按规定的时间间隔，对设备性能及磨损程度进行全面的检查，以便合理确定修理时间和修理种类。

3）修前检查。这是指对设备在临修前进行检查。

（2）设备的修理。设备在运转、使用过程中，往往由于磨损、断裂、老化或腐蚀，使设备的某一部分或某些零件损坏。设备的修理就是修复和更换损坏的部位或零件，使设备的效能得到恢复。设备的修理工作，尤其到了设备寿命周期的后期阶段尤为重要。按照设备修理对设备性能恢复的程度和修理范围的大小、修理间隔期的长短及修理费用的多少等，可以分为大、中、小修理三类。

第二节　客运站设施面积确定

一、车站规模的确定

公路客运站的建设规模就是客运站的投资规模，是指站房的建筑面积、站前广场、停车场、发车位及设施和建筑物的建筑面积的总称。车站建设规模，应以设计年度平均日旅客发送量和最高聚集人数为依据，结合所在地国民经济发展和社会需求进行科学预测、论证、分析确定。设计年度一般是指客运站建成使用后的10年内。车站规模应根据客流增长，适时规划，建设新站，也可以根据人口密度、客流多少、经济效益等情况确定车站规模的大小。

公路客运站的最佳建设规模，应该满足下列要求：

（1）车站有比较完善的服务设施，能满足旅客运输的需要，能够为旅客提供方便、舒适、安全的旅行环境，具有较高的社会效益。

（2）使旅客能够迅速、准确、便捷地办理一切旅行手续。

（3）造价低、投资少、建设工期短，车站的经济效益和社会效益均较高。

（4）有助于提高经营水平和运营效率，提高始发车满载率，降低运输成本。

（5）有利于开展多功能服务、一条龙服务和综合性经营。

总之，合理的车站建设规模，应以车站设计年度平均日旅客发送量和旅客最高聚集人数为依据。

二、旅客最高聚集人数

旅客最高聚集人数是指在一年中旅客发送量偏高期间内，每天最大的同时在站人数的平均值，并不是指一年内客流高峰日中旅客在站内的最高聚集人数。

1. 按旅客日发送量计算

通过客运量预测的计算，可以获得年度的旅客日发送折算量，将其乘以相应的百分比来确定旅客年度最高聚集人数。各种不同的旅客发送量所选用的百分比值分别为：

500人次以下的车站为30%～20%；

500～2 000人次的车站为20%～17%；

2 000～4 000人次的车站为17%～14%；

4 000～7 000人次的车站为14%～12%；

7 000～10 000人次的车站为12%～10%；

10 000人次以上的车站为10%。

2. 据同期的发车数量计算

旅客最高聚集人数也可根据同期的发车数量，按下列经验公式进行计算：

$$R_{max} = KNR$$

式中 R_{max}——旅客年度最高聚集人数；

K——综合系数，一般取1.5～2.5；

N——车站年度一次最大发车量；

R——客车平均定员人数。

由于旅客最高聚集人数不仅与车站的平均日旅客发送量相关密切，而且与车站的客流结构、运力供需状况以及车站的组织管理水平等因素有关，因此，计算时必然存在一定的误差。

三、客运站各项设施面积确定

公路客运站各个设施面积的确定可以使车站更为经济、合理，设施的建筑面积主要由旅客最高聚集人数和每人平均占用面积确定。按照《汽车客运站级别划分和建设要求》（JT/T 200—2004），客运站各项设施面积确定如下：

1. 站前广场

站前广场是公路干线运输与城市市内交通衔接点，是旅客和行包的集散点。设计时应使广场有一定的纵深，以提高疏散能力，同时避免城市干道车辆对广场上旅客的干扰。计算站前广场面积时，一、二级车站按旅客最高聚集人数每人1.2～1.5平方米计算，三、四级车站按旅客最高聚集人数每人1.0平方米计算。

2. 站房

（1）候车厅。候车厅是车站最大的客运用房，是旅客停留时间较长的地方，其面积应保证在正常情况下，使旅客有一个安静、舒适的候车环境。候车厅的使用面积包括旅客候车座椅、交通通道及厅内服务设施等所需的面积。在一般情况下，候车厅的面积以旅客最高聚集人数为计算基础。

按旅客最高聚集人数每人1.0平方米计算；母婴室另加0.8平方米，作为放置婴儿床的面积，母婴室旅客聚集人数可视具体情况确定，一般不宜超过旅客最高聚集人数的8%。

（2）售票厅。

$$售票厅面积=售票室面积+购票室面积$$

售票厅的面积与旅客最高聚集人数、售票速度、同时售票窗口数、每个窗口前应有面积等因素有关。根据资料，人工售票时，售票员每小时可发售120张车票，旅客正常排队购票时间可定为10分钟。排队购票时，旅客平均活动面积为每人1平方米。假如每人购买一张车票，则10分钟内，售票窗口前排队旅客有20人左右，因此，每个窗口就要留出20平方米的面积，即

购票室面积=20（平方米/窗口）×同时售票窗口数

售票室面积=6（平方米/窗口）×同时售票窗口数+15平方米

（3）行包办理处。行包办理处是旅客办理行包托运、提取的场所。对于一、二级客运站，行包进出量较大，须分别设置行包托运厅、行包库房、行包提取厅和作业区。三、四级站可合并设置行包房，以利于平面与空间的合理利用。

托运厅面积=25（平方米/托运单元）×托运单元数

作业区面积=20（平方米/托运单元）×托运单元数

行包库房面积=0.1（平方米/件）×旅客最高聚集人数×0.2（件/人次）+15平方米

托运单元数：一级车站2~4个，二级车站2个，三、四级车站1个。

行包提取厅面积一般按照托运厅面积的30%~50%计算。

（4）综合服务处。服务内容包括问讯、小件寄存、邮电通信、失物招领、信息服务等。其面积计算公式如下：

综合服务处面积=0.02（平方米/人）×设计年度平均日旅客发送量

（5）站务员室。其面积计算公式如下：

站务员室面积=2.0（平方米/人）×当班站务员人数+15平方米

（6）调度室。调度室面积按站级确定：一级车站30~50平方米；二级车站20~30平方米；三级车站15~20平方米。

（7）驾驶员休息室。其面积计算公式如下：

驾驶员休息室面积=3.0平方米×发车位数

（8）治安执勤室。治安执勤室面积按15.0~30.0平方米选取。

（9）卫生间。男卫生间按每人占地1.2平方米计算，女卫生间按每人占地1.5平方米计算，再加上公用面积15平方米，即

男卫生间面积=1.2平方米×（4%~6%）×旅客最高聚集人数+15平方米

女卫生间面积=1.5平方米×（3%~5%）×旅客最高聚集人数+15平方米

（10）广播室。广播室面积按10.0～20.0平方米选取。

（11）医疗救护室。医疗救护室面积按20.0～40.0平方米选取。

3. 停车场

客运站内停车场面积包括客运车辆占用面积、行车通道和车间距及辅助设施占用面积。停车场的最大容量按同期发车量的8倍计算，单车占用面积按客车投影面积的3.5倍计算，即

$$停车场面积=28×发车位数×客车投影面积$$

4. 发车位

公路客运站应设置站台，以利于旅客上下和行包的装卸，保证站内工作人员的安全作业。站台净宽（指候车厅外墙突出部分至站台边缘的距离）不应小于2.5米，站台的长度应与发车位数及总长相一致。

发车位面积根据发车位数，每个发车位占用面积按客车投影面积的4倍计算，即

$$发车位面积=4×发车位数×客车投影面积$$

$$发车位数=\frac{旅客最高聚集人数}{每车位每小时发出旅客人数}×(1+20\%)$$

第三节　公路客运站流线管理

公路客运站流线组织的好坏，直接影响到公路客运站内、外部交通的车辆运行效率，对公路客运站周围的交通也具有重要影响。公路客运站流线图如图2-1所示。

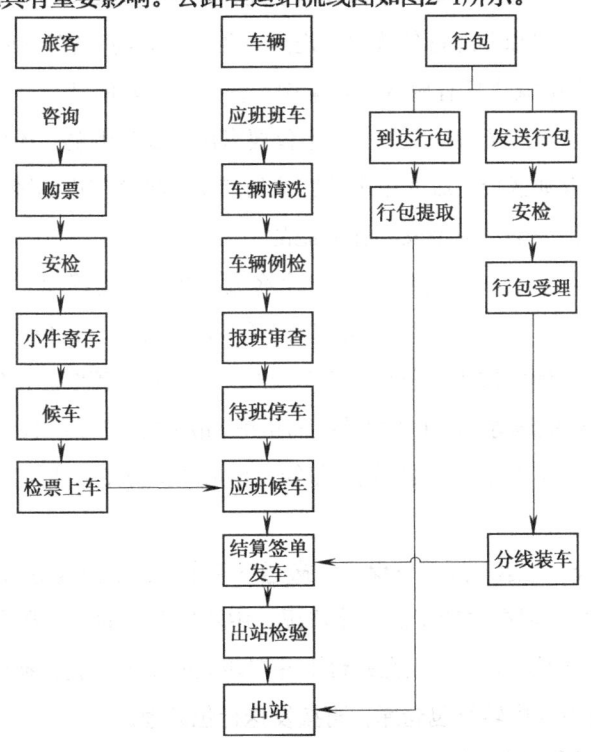

图 2-1　公路客运站流线图

一、各类流线分析

客运站流线分为站外流线和站内流线。站外流线是客运站外部车辆经过站前广场的流线,站内流线主要是旅客流线、行包流线以及车辆流线。

1. 站内流线

(1)旅客流线。

1)进站流线。为了便于车站管理和方便旅客旅行,通常把旅客流线划分为以下不同的类型:

① 普通旅客流线:进站旅客中的主要流线,人数最多,候车时间较长。

② 中转旅客流线:比普通旅客流线简单,在衔接的客车到发时间紧凑时,旅客可以在相应站台上直接换乘。通常中转旅客出站后办理中转签证手续,然后在中转候车室休息,并可由该室直接检票进入站台。

③ 团体旅客和特殊旅客流线包括旅客旅游团体、母婴、老弱残等,这种流线也应与普通旅客流线分开,应设立便捷通道,设专门检票口,使他们优先进站,安全上车。

不同类型的旅客,其进站、出站的流线也有所不同,就客流高峰期而言,以普通旅客流线为主,所以在客流高峰期要着重于对普通旅客流线的优化。进站旅客的主要流程是站前广场、售票厅、候车厅、检票区、上车。

在进站旅客流线中,如旅客事先买好了预售票或事先托运好行李,就可在临开车前进入候车厅或直接进站上车。这样可简化旅客进站手续,减少客流交叉,减少站内旅客最高聚集人数。因此扩大预售车票和办理行包接取、送达业务,将有利于客运站的客运组织工作。

2)出站流线。出站流线具有旅客比较集中、在站时间短的特点,出站流线应顺畅,旅客要迅速出站,并在站前广场很快疏散。这不仅要求出站通道顺畅,还要求出站口与城市交通有着良好的衔接。否则就会造成大量出站客流的滞留,将会与进站客流形成交叉干扰,影响客运组织的效率,甚至会造成治安和交通混乱。

3)购票流线。购票人员也是相当大的一个客流,在客流高峰期,应将售票网点与进出站口分离,条件不允许时,也应使两者的进口通道不产生交叉,避免产生无序流线干扰。

(2)车辆流线。车辆流线主要包括公交车流线、邮政车辆流线、行包专用车流线、出租车流线和其他社会车辆流线等。对于车辆流线的组织,最主要是应规划好各种车辆在站前广场的停靠位置,合理组织各种交通工具的通行路线,尽量减少交叉和迂回,确保旅客走行安全。

(3)行包流线。

1)发送行包流线:托运→过磅→保管→搬运→装车。这条流线应与到达行包流线分开。

2)中转行包流线:根据中转车次衔接情况、中转作业量的大小和有无中转行包库房等情况的不同,有时行包到达后暂存放在站台上并在相应的站台上直接换装,在某些情况下则需预先搬运至发送仓库或中转行包仓库,再按发送行包处理。

行包托运厅要接近售票厅和候车厅,与停车场要有方便的通道联系。大型客运站应设专门的行包地道，将客流与行包流完全分开。

3）到达行包流线：卸车→搬运→保管→提取。这条流线应尽量与发送行包流线分开。行包提取厅应靠近旅客出口，大型客运站应设置专用行包地道。

2．站外流线

站外流线是指站外车辆进入或离开车站、进出站前广场所形成的车辆流线，主要是指公交车、出租车以及社会车辆等形成的车辆流线。各种车辆的停车站应尽量靠近站房的进出口，旅客活动地带应设人行通道、旅客活动平台、安全岛等。站外流线的组织需要不影响站内及周围交通环境，配合车站完成旅客中转换乘，使行包顺利出（到）站，缓解车站周围交通压力，达到满足旅客效用最大化的运输水平。

二、流线组织原则

（1）站内不同流线不能交叉，各行其道。公路客运站有等级之分，但是客运站内外部的流线没有等级之别，站内人流、车流、行包流三种流线各自有自己的流线组织形式，三种流线在客运站内部不允许交叉。否则，客运站内外部人流、车流混杂，给车辆调度造成不便，也给旅客安全带来隐患。

（2）车站的进出口不宜设在靠近十字路口一侧，车站进出口须距离十字路口至少70米。十字路口是一个交通枢纽点，一般车流、人流较大，容易发生交通拥堵和事故。如果车站进（出）口设在靠近十字路口一侧，容易造成车辆进（出）站困难，车辆滞留在进（出）口时间较长，给站内、站外交通造成很大压力。

（3）车站的进出口应于城市主干道方向车流顺畅的方向分别设置，车辆入口位于出口上游以减少车辆交叉。车站的出入口设置是根据车站的选址来定的，十字路口的车站，进出口分别设置在车站外侧的两条道路上，外部车流按顺时针角度绕车站运行。

（4）站在第一视角的角度上合理组织各种流线。客运站流线的设计，不是设计者要把流线画得多么美，而是设计者要站在设计对象的角度上来设身处地地考虑问题。

（5）各种流线应简捷、通畅、不迂回，尽量使各种流线最短。最短的旅客流线能节省旅客的在站滞留时间，为旅客从到站下车到车站换乘、从进站买票到上车提供方便；最短的行包流线能节省站务人员装卸、运送时间，提高站务服务效率；最短的车辆流线能加快站内车辆周转速度，提高车辆发送水平。

三、流线的组织方法

（1）增加客车运能。在客运高峰期，尽快疏散客流的最有效的方法是增加客车运能，增加班次，保证客流尽快疏散。

（2）增加售、检票能力。车站在设置售、检票位置时应考虑提供疏散客流的通道，多准备售票窗口与检票通道，在客流高峰期时启用。

（3）采取临时疏导措施。在客流高峰期，临时、合理的疏导可以帮助客运站流线的通畅。这主要包括出入口、候车厅的疏导，主要是根据临时售、检票位置的设置限制客流的方向，来保持通道的舒畅和出入口、站厅客流的秩序。

四、流线疏解的基本方式

1. 把旅客进站与出站两股客流分开

其方法是分设进站（检票）和出站（验票）口，组织客流单向流动，各行其道，互不干扰。由于进站旅客在时间上相对比较集中，尤其要将客流进行组织和分流，使旅客便利地进入售票厅、候车厅、行包托运厅或提取厅，使之少走回头路，避免来往交叉。要根据旅客从站前广场经售票、托运行包、候车、检票上车的过程，尽量缩短旅客流线，避免各区旅客互相干扰。

2. 将客流与车流分开

对于站前广场接送旅客的车流（包括出租车），其停放位置可设在广场的一侧或两侧面。要防止车流过度地接近进、出站口或在广场中间行驶，以防发生与客流的交叉与干扰；站内要设置站台和发车位，引导旅客从站台上车，避免场内乘车，下车时也要注意这一问题。要使车流的进、出口位置远离客流的进、出站口，以免发生相互交叉。

3. 将客流与行包流分开

（1）行包库房的进出口应远离旅客的进出站口。

（2）客流与行包流在空间上错开。

4. 将行包流线中的发送与到达分开

（1）分设发送和达到行包库房，使行包装车、卸车流线分开。

（2）从时间上分开，使装车发送与到达卸车不在同一时间。

5. 将进站车流与出站车流分开

可使汽车单向流动，设置两个大门，进出分开，固定使用。

6. 客运站各组成部分设置应紧凑

尽量使客运站的各组成部分设置紧凑，缩短流线长度，尤其是售票厅、候车厅、行包托运厅和提取厅等，主要服务设施部分的布局要合理，努力避免因旅客往返穿插办理手续而造成的迂回流动和交叉。

【本章小结】

依据中华人民共和国交通行业标准《汽车客运站级别划分和建设要求》（JT/T 200—2004），车站划分为五个级别以及简易车站和招呼站。不同级别的车站具有不同的设施设备配置要求。

客运站主要设施包括进站大厅、售票厅、行包办理处、候车厅、站台和发车位、停车场、站前广场以及一些服务设施。公路客运站站舍设计布局要求以旅客综合大厅为中心，综合布局配置旅客的其他用房，最大限度地避免人流、车流、行包流的相互交叉与干扰，设置多用途、多功能的其他用房和服务处所，以小站房、大站场的原则设计布局站舍。

客运站主要设备包括旅客购票设备、行包安全检查设备、安全消防设备、电子显示设备、候车休息设备、行包搬运与存储设备、监控设备。

公路客运站各个设施面积的确定可以使车站更为经济、合理。设施的建筑面积主要由旅客最高聚集人数和每人平均占用面积确定。旅客最高聚集人数是指在一年中旅客发送量偏高期间内,每天最大的同时在站人数的平均值,并不是指一年内客流高峰日中旅客在站内的最高聚集人数。

公路客运站流线分为站外流线和站内流线。站外流线是客运站外部车辆经过站前广场的流线,站内流线主要是旅客流线、行包流线和车辆流线。客运站日常流线可以通过设施合理设置进行整理,高峰期流线可以通过三种方式疏解:增加客车运能,增加售、检票能力,采取临时疏导措施。

【复习思考题】

一、单项选择题

1. 位于国家级旅游区或一类边境口岸,日发量在3 000人次以上的车站,属于（　　　）。
   A. 一级车站　　　　B. 二级车站　　　　C. 三级车站　　　　D. 四级车站

2. 位于省级旅游区或二类边境口岸,日发量在2 000人次以上的车站,属于（　　　）。
   A. 一级车站　　　　B. 二级车站　　　　C. 三级车站　　　　D. 四级车站

3. 发车位与站台边缘呈一定斜度,一般为30度～40度,发车位之间相互平行,距离也为1米左右,这种形式的站台为（　　　）。
   A. 垂直式　　　　　B. 斜置式　　　　　C. 辐射式　　　　　D. 平行式

4. （　　　）站台多为适应弧形候车厅而建,与客车出站大门设置没有关系。
   A. 垂直式　　　　　B. 斜置式　　　　　C. 辐射式　　　　　D. 平行式

5. 发车位与站台边线相平行,一般适用于客车到达班次少的小型车站,这种为（　　　）站台。
   A. 垂直式　　　　　B. 斜置式　　　　　C. 辐射式　　　　　D. 平行式

6. 每个车位与站台边线相垂直,两个车位之间相隔1米左右,方便旅客上、下车。这种形式的站台是（　　　）。
   A. 垂直式　　　　　B. 斜置式　　　　　C. 辐射式　　　　　D. 平行式

7. (　　　) 是以操作人员为主,维修人员为辅,对设备进行局部和重点拆卸、检查、清洗有关部位,疏通油路,调整各部位配合间隙,紧固各部位等。
   A. 日常保养　　　　B. 一级保养　　　　C. 二级保养　　　　D. 三级保养

二、多项选择题

1. 行包办理处包括（　　　）等。
   A. 行包托运厅　　　B. 提取厅　　　　　C. 作业区　　　　　D. 行包仓库

2. 根据客运站的具体情况和发车的方便性,站台与发车位可设计成（　　　）等不同形式。
   A. 垂直式　　　　　B. 斜置式　　　　　C. 辐射式　　　　　D. 平行式

3. 发送行包流线包括（　　　）。
   A. 托运　　　　　　　　　　　　　　　　B. 过磅
   C. 保管　　　　　　　　　　　　　　　　D. 搬运和装车

4. 客运站设施中，只规定固定的面积，不按照旅客聚集人数或工作人数决定面积的包括（　　）。

　　A. 售票厅　　　　　B. 医疗救护室　　　　C. 卫生间　　　　D. 广播室

5. 设备的检查方法按检查时间间隔可分为（　　）。

　　A. 日常检查　　　　B. 定期检查　　　　　C. 修前检查　　　D. 日常保养

三、简答题

1. 简述站前广场的处理方式。
2. 简述客运站流线组织方法。
3. 列举三种站台的形式，并具体说明。
4. 简述客运站站内行包流线管理方法。
5. 简述客运站流线组织原则。

四、论述题

根据旅客在客运站的活动对客运站内的旅客流线进行分析。

第三章 Chapter 3

公路客运站安全管理

【本章要点】

- ◆ 掌握公路客运站设施、设备安全管理
- ◆ 了解旅客安全问题易发时间
- ◆ 掌握旅客一般安全问题
- ◆ 掌握旅客突发恶性安全问题
- ◆ 了解公路客运站安全管理制度
- ◆ 掌握公路客运站安全预警机制
- ◆ 了解公路客运站安全应急预案编制

第一节　客运站设施、设备安全管理

一、车场、车辆安全管理

1. 车场安全管理

在车场管理方面，进站班车需要符合安全要求，停放定点，旅客上下车、进出站秩序井然，旅客流向合理有序；车站需要根据地形特征和外部交通环境，合理组织客流、车流和行包流线，尽可能地避免车站内外各类流线的交叉干扰和对城市道路交通的影响；车辆进出站口与城市道路或人行道的交会点需要设置符合规定的交通信号装置；车站安全出口需要设置通用标志及照明设施。

2. 车辆安全管理

在车辆管理方面，公路客运站应当按照《汽车客运站营运客车安全例行检查项目及要求》的要求对车辆安全装置（如转向装置、制动装置、传动装置、照明及信号装置、风窗玻璃、刮水器、轮胎、悬架以及随车安全设施等）进行检查，不能漏检（因车辆结构原因需拆卸检查的除外）。在确定车辆技术状况良好的情况下填写安检表，安检人员签字后出具"安检合格通知单"，并加盖客运站安全例行检查印章。安检不合格的车辆禁止出站经营。公路客运站从事营业客车安全例行检查的人员应当具有检验员资格。

三级以上（含三级）公路客运站必须设置车辆检查地沟（台）或者举升装置，客运站必须按照《汽车客运站营运客车安全例行检查项目及要求》的要求，对营运客车进行安全例行检查，并采取以下措施防止不检或漏检的车辆（因车辆结构原因需拆卸检查的除外）出站运行：

（1）指定专门的安全例行检查人员。安全例行检查人员应当熟悉客车结构、检验方法和相关技术标准，并经公路客运站考核合格。

（2）设置专门的检查场地，配备汽车安全检验台及必要的仪器、设备。

（3）严格填写车辆安全例行检查表。对符合要求的客车，安全例行检查人员应当填写车辆安全例行检查表，加盖公路客运站安全例行检查印章，并经签字后出具"安全例检合格通知单"。"安全例检合格通知单"24小时内有效。公路客运站调度部门在调度客车发班时，应当对其"安全例检合格通知单"进行检查，确认完备有效后才准予报班。

为保证行车安全，日常的车辆安全状况检查工作主要采用"汽车行车安全检视"来进行。汽车行车安全检视的部位、项目、要求和标准、操作要求参照图3-1的位置和表3-1的内容来进行。

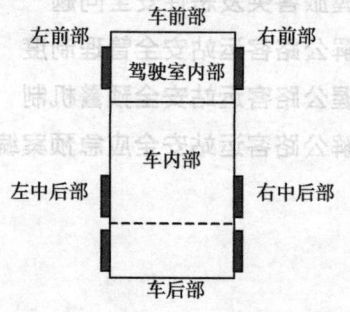

图3-1　汽车行车安全检视示意图

表3-1 汽车行车安全检视内容

部 位	项 目	要求和标准	操作要求
左前部	1. 轮胎	气压标准、无夹石、无破裂	锤子敲击，凭经验判断
	2. 轮胎螺栓	无松缺	检视贴合缝隙痕迹
	3. 制动鼓	温度正常	行车途中检查
	4. 制动管路	无漏气	听察、观察
	5. 横直拉杆	不松动、不碰擦	两人配合操作为好
	6. 钢板弹簧、U形螺栓	无断裂、无错位、挠度正常、无松动	
	7. 油底壳	无渗漏	
	8. 蓄电池	清洁、无渗漏、连接牢固、电解液面高度为10～15毫米	电解液不足时补充蒸馏水
左中后部	1. 燃油箱、燃油箱盖、油量	齐全完好、油量充足、无渗漏	依燃油箱位置更改部位；双燃油箱的应依位置分别检视
	2. 轮胎	气压标准、无夹石、无破裂	锤子敲击，凭经验判断
	3. 轮胎螺栓、半轴螺栓	无松缺	检视贴合缝隙痕迹
	4. 制动鼓	温度正常	行车途中检查
	5. 制动管路、制动阀、储气筒	无漏气	储气筒以位置而变动检视部位
	6. 钢板弹簧、U形螺栓	无断裂、无错位、挠度正常、无松动	检视贴合缝隙痕迹
	7. 传动轴螺栓	无松动	
	8. 车身漆膜、车窗玻璃	完好	
车后部	1. 牌照、灯具	完整、无损、有效、清晰	
	2. 备胎	齐全、无松动	
	3. 驱动桥壳	温度正常、无漏油	
	4. 车窗玻璃、后风窗玻璃	完好、挂钩牢固	
右中后部	1. 车身漆膜、车窗玻璃	完好	
	2. 轮胎	气压标准、无夹石、无裂缝	可用锤子敲击，凭经验判断
	3. 制动鼓	温度正常	行车途中检查
	4. 轮胎螺栓、半轴螺栓	无松缺	检视贴合缝隙痕迹
	5. 制动管路	无漏气	
	6. 储气筒	放气开关关闭、完好、无漏气	
	7. 钢板弹簧、U形螺栓	无断裂、无错位、挠度正常、无松动	检视贴合缝隙痕迹
	8. 传动轴螺栓	无松动	
	9. 变速器	无漏油	
	10. 车架	无弯曲、无断裂、无变形	
右前部	1. 轮胎	气压标准、无夹石、无破裂	锤子敲击、凭经验判断
	2. 轮胎螺栓	无松动	检视贴合缝隙痕迹
	3. 制动鼓	温度正常	行车途中检查
	4. 制动管路	无漏气	
	5. 储气筒	放气开关关闭、完好、无漏气	
	6. 钢板弹簧、U形螺栓	无断裂、无错位、挠度正常、无松动	

（续）

部 位	项 目	要求和标准	操作要求
车前部	1. 牌照、灯具	完好、无损、有效、清晰	
	2. 散热器	无漏水	地面无水痕
	开启发动机罩检视：		支撑、锁止应牢固
	3. 冷热水量	充足，膨胀罐水面高度应在水位标线"DI"和"GAO"之间	打开散热器盖察看，察看膨胀罐的水面高度
	4. 机油量、黏度、颜色	正常、色清、无杂质；油面高度应在机油尺2/4~4/4之间	机油尺应先拔出擦尽油迹再检查
	5. 高压线	无松动	
	6. 化油器	无渗漏、浮子室油平面正常	从油面观察检视；浮子室无油，则用燃油泵手摇臂推杆泵油；泵油后，推杆应放在最低位置
	7. 传动带	无起皮、脱壳、破损，松紧度为10~15毫米	以大拇指按下传动带检查
	关闭发动机罩		应扣好安全钩、车头锁
驾驶室内部	出车前检查		
	1. 灯光、喇叭	齐全有效	灯光以两人配合检查为好
	2. 仪表、发动机	齐全有效、无异响	起动发动机检查，同时听察发动机运转有无异响
	3. 转向盘	灵活自如，自由转动量为30度	凭经验判断
	4. 离合器踏板	自由行程30~40毫米	凭经验判断
	5. 驻车制动杆	移动量为3~5齿	凭经验判断
	6. 刮水器	完好	
	7. 驾驶室车门、玻璃、升降器及升降器手柄	齐全、完好、灵活、有效	
	8. 门锁	齐全、灵活、可靠	
	9. 后视镜	调整得当	

二、安全消防设施管理

在车站所属机动车辆，生产、服务场所，办公和住宅区，以及停车场、锅炉、变电室、油库和出租经营摊点等安全消防管理范围内，相应配备必要的消防水源设施和消防器材，所配置的消防设施和消防器材必须符合国家或行业标准，所需规格和种类应按实际需要选择和配备，必要时应聘请消防专业人员指导，室内停车场和体积超过5 000立方米的站房应设室内自动消防系统；消防器材应设专人管理，统一配发，所设位置、数量、功能及有效期应专门登记和记载；消防设施人员对消防器材和设施应妥善保管，保证器材和设施完整有效，个人不得损坏或者擅自挪用、拆除、停用消防设施器材，不得埋压、圈占消火栓，不得占用防火间距，不得堵塞消防通道。

客运站需要建立消防组织和灭火预案，做到训练有素、常备不懈。一旦发生火灾，在火势未蔓延之际采用就近的灭火器材扑救，在明火被扑灭后稍许观察，防止死灰复燃。常用的灭火器材使用方法及检查要点如下：

（1）手提式灭火器材使用方法：站在上风口，从灭火器箱内提出灭火器，拔出保险销，用喷口或喇叭口对准着火点，按下手柄即可喷出灭火药剂进行灭火。应注意：对准火焰根部喷射；由远及近，水平扫射；火焰未灭，不轻易放松压把。

（2）手提式灭火器检查要点：压力在规定范围内，产品在有限期内，铅封完好，外观完好。

（3）消火栓使用方法：按下消火栓箱门销，开启按钮打开箱门，取下水枪，将水枪卡凸部位插入消防水袋接口凹口处并旋转30度，而后拉出消防水带将另一端接口凹口处与消火栓接口凸部位相对接旋转30度，顺时针旋转打开消火栓阀门，击碎箱内圆玻璃，即可从水枪口射出水流灭火（无安全措施下不可射向带电物）。

（4）消火栓检查要点：消火栓和消防卷盘供水闸阀不渗漏水；消防水枪、水带、消防卷盘及其他全部附件应齐全完好，卷盘转动灵活；报警按钮、指示灯及控制线路，应功能正常、无故障；消火栓箱及箱内装配的部件外观无破损、涂层无脱落，箱门玻璃完好无缺。

客运站主要防火措施如下：

（1）客运站装修装饰均应采取非燃材料：站内设施、设备、办公生活用具应尽量采用非燃和难燃型，并严格限制塑胶制品的使用。

（2）在客运站的各安全出入口、通道的交叉口，设置事故照明和疏散标志，禁止在以上各处堆放物品，以免妨碍疏散通道的畅通。

（3）禁止在站内存储易燃易爆物品。定期清除可燃废弃物。站内禁止吸烟，严禁携带易燃易爆等物品进站乘车。

（4）严格用火用电安全制度，限制站内使用电器的数量。

（5）建立义务消防组织和灭火预案，做到训练有素、常备不懈。

三、站舍安全管理

1. 售票厅安全管理

售票厅是客运站对外销售车票的地点，每位乘客都需要购买车票，因此，售票厅是客运站面向旅客的重要窗口，在通常时间内都有大量旅客聚集在售票厅内，特别是在旅客运输的高峰期时间内，经常出现一票难求的情况。在这种环境下发生旅客安全问题的概率比较高，因此售票厅是客运站内旅客安全防范的重要地点之一。

2. 候车厅安全管理

候车厅是旅客到达车站后等候上车的地点，通常时间内普通候车厅都是客运站里聚集旅客最多的地点。旅客在普通候车厅候车时，由于人数众多、等候时间较长，且大部分车站的座椅等设施不足，无法满足所有旅客休息的需要，加上大部分旅客会携带行李，导致旅客疲劳度迅速增加，对于等候时间过长、身体和精神上都处于较差状态的旅客，发生安全问题的概率非常高。在候车厅应设有禁烟标志，严格管理。站区安全疏散通道畅通，安全标识明显。

客运站需要在站舍内设置多处电子监视系统，用于监视客运站的安全运营情况，设置手提式灭火器、消火栓，应对火灾的发生。

第二节　客运站旅客安全管理

　　旅客乘车出行，客运站是其必经之地，旅客要在客运站完成买票、候车、乘车等一系列活动，旅客安全问题是指从旅客进站到上车、下车到出站这段时间内在客运站可能发生的安全问题。

一、旅客安全问题易发时间

　　旅客安全问题发生的概率与旅客的聚集数量有着重要关系，所以旅客安全问题发生的时间分布与客流波动规律有关，主要表现出以下两个特点：

　　(1) 节假日运输高峰期是旅客安全问题的多发时间段。

　　我国疆土辽阔，人数众多，近年来经济的迅速发展加大了各地区之间的人员流动，外出务工、求学、旅游、探亲人员迅猛增加。暑假学生潮、春运都是历年来的旅客运输的重要时间段，而随着2008年节假日设置的改变，五一、十一、清明、端午、中秋又成为中短途旅客运输的明显高峰期。在运输高峰期内，旅客人数激增。客运站运力不足、设备短缺、人员不足等问题一下子变得十分突出，任何小环节的失误或处理不当都可能引发大规模的旅客安全问题。因此对于客运站而言，暑假学生潮、春运、五一、十一、清明、端午、中秋是一年内旅客安全防范的重点时间段，而高峰期的开始一天与最后一天又是防范的重中之重。

　　(2) 早晚客流高峰期是一天中旅客安全问题的多发时间段。

　　旅客安全问题的发生不仅与旅客拥挤程度有关，同时还与旅客自身的精神状态有着重要的关系。大多数人习惯于白天工作、晚上休息的作息时间，其生物钟表现为白天精神集中、活动性较大，而夜晚精神疲倦，活动减少。目前大型客运站普遍存在早晚两个高峰期，在高峰期内客车密集到发造成旅客大量聚集，尤其是在两个高峰期的开始和末端，一方面客流量大，另一方面旅客精神状态往往不是很好，极易造成旅客安全问题，应引起特别注意。

二、旅客一般安全问题

1. 旅客财物安全问题

　　旅客财物安全问题是指旅客在客运站期间财物受到损害的安全问题，主要包括以下两类：

　　(1) 财物丢失。财物丢失是指旅客在客运站期间因保管不善而造成的财物的遗失。旅客密度大，进出站过程中心情急迫，行进速度较快都是产生财物丢失的主要原因，因此此类事故在候车厅、检票出站时发生的概率较大。

　　(2) 财物被盗。财物被盗是指旅客财物在客运站期间被不法分子在受害者不注意的情况下窃取。财物被盗事件在客运站内下列情况下都有较高的发生概率：售票厅内旅客携带现金较多且排队等候心情急迫，警惕性降低；候车厅内排队等候旅客密度大，容易被不法分子接近。

2. 旅客生命安全问题

　　(1) 人身伤害。例如，旅客在排队购票或检票时由于没有相关的管理人员进行秩序的维护时,部分不自觉的旅客进行插队,这一举动很可能造成后面旅客的不满以致骂粗口甚至动手打架,造成旅客人身伤害。

(2)摔伤。摔伤是指旅客在活动期间因地面条件问题等原因导致摔倒引发的伤害。其产生的原因主要有两种:一种是地面积水,候车厅内旅客为了排遣候车时间经常在候车厅内活动,遇到雨雪天气,旅客从外面带来大量积水到候车厅内,如果不及时清理干净,很容易导致旅客摔倒;另一种是因为客运站设施设置上存在的缺陷所产生的。

(3)食物中毒。目前在客运站候车厅内设有大量食品销售摊位,由于客运站内食品价格普遍高于外界,多数旅客并不在候车厅内购买食品,因此也产生了食品摆放时间较长、更新周期慢的问题,食品变质或过期比较容易出现,特别是在夏季,气温较高,食物的保存期限更短,一旦旅客购买了变质食品,则很容易引发食物中毒问题。

(4)疾病。部分旅客身体素质较差或本身就存在疾病隐患等,在正常情况下不影响出行,但当旅客在客运站内排队买票、候车、上车时由于过度拥挤或室内温度、湿度等环境因素比较恶劣时,潜在的疾病很有可能被激发出来,耽误旅客的正常出行,严重的甚至会威胁到旅客生命。

三、突发恶性安全问题

1. 疫病传染

对于客运站而言,爆发大规模疫病传染的问题很容易出现,其主要原因有二:①客运站内旅客密度大,人与人之间接触频繁,且空气流动性较差;②旅客来自天南海北,很容易将疫病在全国范围内传播。在客运站一旦爆发大规模的疫病传染问题,不仅给车站本身的正常运营管理带来极大的难度,同时也会在全国范围内产生很严重的影响。

2. 火灾

客运站内聚集了大量的旅客,一旦发生火灾将引起灾难性的后果。火灾产生的原因是多样的,但主要可分为两大类:①人为因素引起,旅客携带了易燃物品进站或工作人员操作失误引发失火;②客运站自身设计缺陷或设备自身质量问题引发火灾。通过对火灾成因的基本分析可知火灾最有可能发生在候车厅,售票厅其次。

3. 恐怖袭击

客运站人员密集,一旦在客运站内发生恐怖袭击,引发的后果将不堪设想。客运站内有可能发生恐怖袭击的地点同样是候车厅与售票厅这两个长期有大量旅客聚集的空间。因此,站内发现无主的箱、包、袋等物品不要轻易搬动、打开、捅破,应当采取保护措施,及时报告公安处置。

四、旅客安全检查

公路客运站需要加强对所有旅客携带的行李物品和托运行包的安全检查。公路客运站需要制定行包检查工作程序,明确各环节责任,严把进站口、检票口、车门口等关键环节,严禁旅客携带易燃、易爆和其他危险物品("三品")进站、上车,对查获的"三品"要进行登记并妥善保管或按规定处理。一级客运站和平均日旅客发送量在7 000人次以上的二级公路客运站应配置X光行包检查设备。其他客运站必须设立"三品"检查点,指定专人负责检查。对"三品"的检查和拉运要按国家有关规定和通知精神进行,加大检查力度,及时纠正违规和违章现象。利用科学手段严格"三品"检查力度,杜绝"三品"上车,不具备科学仪器检测的客运站,应会同公安、运管等相关部门对有可能带入车站的危险品进行检查,严禁"三品"进站上车。凡从事营运的客车,在始发站、中途严禁捎带和拉运"三品"。凡发现旅客或货主携带"三品"的,应拒绝或经有关部门作妥善处理。

1. 旅客安全检查方法

(1)电视检测机:主要用于检查旅客的行李物品。

(2)探测检查门:用于对旅客的身体检查,主要检查旅客是否携带禁带物品。

(3)磁性探测器:也叫手提式探测器,主要用于对旅客进行近身检查。

(4)人工检查:由安检工作人员对旅客行李手工翻查和由男女检查员分别进行搜身检查等。

2. 旅客安全检查程序

(1)行李物品检查:旅客进入客运站大厅时首先将行李物品放入电视检测机的传送带上,工作人员通过电视荧光屏检查,如发现有异物,须由检查人员开包检查。

(2)旅客证件检查:在公路客运中,如有特别需要,可以在旅客登车后,对旅客的个人有效证件进行检查并作出登记。

(3)旅客身体检查:旅客通过特设的探测检查门,进行身体检查;如发出报警声,还需用探测器再查,或重新返回,将可能发出报警声的钥匙、香烟、打火机等金属物品掏出来,直到通过时不再发出报警声为止。

第三节 客运站安全预警管理

确保客运站安全生产,就要实行严格的安全生产管理,主要包括建立安全管理机构并明确职责,保障客运站日常安全的管理,建立安全管理制度及预警机制。

一、客运站安全管理制度

1. 安全管理机构及人员配置

安全管理机构是客运站负责安全生产工作计划、组织、协调、监督、控制必不可少的综合管理部门。合理设置安全生产管理机构,配备得力的安全管理人员,并保持相对稳定,对安全生产工作进行有效的管理,是强化客运站安全生产管理工作的组织保证。一般要求客运站成立安全生产委员会,设置安全生产管理专门机构,车队和班组配备专、兼职安全管理人员。安全管理机构及人员应明确岗位职责,保证安管经费和装备车辆的配备。客运站100名职工以下配置3名安全管理人员;100名职工以上,每增加50名职工应增加安全管理人员1人。

建立安全生产管理机构,其职责主要体现在以下几个方面:

(1)客运站法定代表人安全工作职责:公路客运站的法定代表人是安全生产第一责任人,全面负责公路客运站的安全生产工作,贯彻执行"安全第一、预防为主、综合治理"的安全生产方针,领导安全生产部门,主持安全生产工作。

(2)安全生产委员会职责:宣传贯彻《中华人民共和国安全生产法》等法律法规,制定安全管理规章制度并严格落实安全管理责任,负责客运站安全相关的具体事宜,如组织培训、完善安全管理档案、整改安全隐患等。

(3)安全部(科)职责:贯彻执行国家和上级管理部门安全生产的方针政策并落实,负责事故统计、分析与上报工作,建立事故档案,适时开展安全检查,组织安全生产竞赛活动等。

2. 安全管理制度与落实

安全生产管理规章制度是客运站安全生产管理的依据和准则,制度管理是现代管理的基本原则,客运站必须制定内容齐全的安全生产管理制度,并且要求规章制度有效地贯彻到职能部门日常管理业务和生产经营活动之中。对客运站来说,主要包括:安全生产检查、隐患整改制度;各级安全生产办公会议制度;进站车辆合同管理制度;全员安全生产责任制;安全生产工作考评、奖惩制度;安全生产目标管理制度;安全生产管理责任追究制度;危险源点和职业危害监控制度;安全资金保障制度等。

3. 安全宣传教育制度

安全宣传教育是贯彻国家有关安全生产工作方针政策的有效手段,是分析客运站安全生产形势、交流安全行车经验、提高驾驶员综合素质的重要手段,也是客运站实现安全生产的一项重要措施。客运站要有安全生产培训教育计划和安全活动计划。

4. 安全事故应急预案及演练

安全事故应急预案应明确规定道路运输客运站发生重、特大安全生产事故的处置办法、程序和要求。主要包括:发生事故后的报警、报告规定;发生重、特大安全生产事故实行领导亲赴现场指挥分级制;重、特大安全生产事故发生后,应当按照应急预案的要求成立事故处理指挥机构,统一调度指挥;各单位和部门应当服从事故处理指挥机构的调度,提供支援等。公路客运站应指定恶劣气候、客流量突增和其他公共突发事件的应急预案,有效应对安全生产中出现的重大事件,保障广大旅客的生命财产安全。因气候恶劣(暴风、暴雨、浓雾、大雪等)能见度低于30米以及塌方、路阻等原因不宜行车时,公路客运站应当暂停发班,并及时通知营运客车驾驶员、旅客,启动应急预案。

5. 安全生产事故处理制度

凡营运车辆在行驶或行驶中停放时,由于发生碰撞、翻覆、刮擦、坠车、爆炸、失火、机件故障、意外灾害以及其他原因而造成的人畜伤亡、车辆损毁或财物损失的,均称行车事故。责任事故是指道路运输客运站负有全部、主要、同等、次要责任的行车事故。事故发生后应根据国家有关规定确定事故的性质类别,认真作好事故的调查,本着以责论处的原则进行事故处理。安全生产事故处理制度的核心是坚持"四不放过"的原则。在安全生产事故统计中,死亡人数以事故发生7日内死亡为限,重伤、轻伤分别按国家《人体重伤鉴定标准》和《人体轻伤鉴定标准》执行;发生安全生产事故,要按有关规定及时上报;认真执行安全生产事故通报及重大事故调查制度。

6. 安全生产监督制度

建立安全生产管理制度的同时建立安全生产监督、检查等制度,发挥群众的监督作用,才能保证安全生产管理制度得到真正落实。安全生产监督制度包括:

(1)监督机制设置。督查机制的建设是对督查事项的跟踪监督,明确各部门工作职责,增强全体员工对规章制度的执行力。加强监督管理是保证制度执行力有效推行的重要手段。因此,要强化监督,健全规章制度,提升客运站安全管理制度执行力。

(2)安全生产举报制度。安全生产举报制度是建立安全生产长效机制的一个重要手段,建立安全生产举报制度有利于保障安全生产监察到位,有利于形成自我约束机制。建立安全生产举报制度,可以实现有目标、有重点的安全生产监察。

二、客运站安全预警机制

(一)安全预警工作内容

安全预警管理系统的工作内容主要包括预警分析和预控对策两部分内容,其结构体系如图3-2所示。

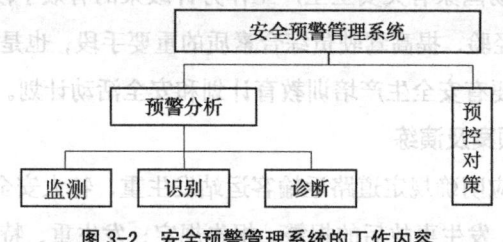

图3-2 安全预警管理系统的工作内容

1. 预警分析

安全预警分析是对研究对象运营中的各类安全隐患,即人的不安全行为、物的不安全状态、环境的不良程度等要素进行监测、识别、诊断的一系列管理活动。安全预警分析的目的在于揭示事故发展形成的早期征兆,辨识研究对象运营中所处的安全状态,并以此作出判断发出警示,为预控对策提供决策依据。安全预警分析包括三个阶段:监测、识别、诊断。

(1)监测。监测是安全预警等活动的前提,监测的对象是研究对象运营中安全管理的薄弱环节(多发性安全事故的致错环节)和重要环节(重大险性事故的致错环节)。监测的任务有两个:①过程检测,即对研究对象安全生产中的薄弱环节和重要环节进行全方位、全过程的监测;②对监测信息进行处理,即通过对历史数据、即时数据的整理、分析、存储,建立预警管理信息档案,并将监测信息及时、准确地输入下一预警环节。

(2)识别。识别是指通过对监测信息的分析,确定当前研究对象生产活动所处的安全状态，即辨明研究对象生产是处于安全状态、准安全状态、近事故状态（低度危机状态）或事故状态（危机状态）的哪一个阶段。识别事故发展阶段是整个研究对象安全生产预警体系的关键环节，它为事故诊断提供了翔实、可靠的量化依据。

（3）诊断。诊断是指对已辨明的不安全状态（包括近事故状态、事故状态），进行成因过程的分析，以明确哪些因素是主要的，哪些因素是从属的。事故诊断的主要任务是分清影响因素的主次，以便为采取何种预控对策提供依据。

监测、识别、诊断这三个安全预警分析环节，是前后承接的因果联系。监测活动是整个预警管理活动开展的前提，没有明确和准确的监测信息，整个系统的活动就是盲目的，甚至是无意义的；识别是系统判断管理对象处于何种安全状态的重要过程；诊断活动是对事故成因进行分析，并针对事故成因启动相应预控对策从而有效降低管理对象的事故发生概率。几个环节前后继承，其中，监测活动中的监测信息系统，由整个预警管理系统所共享，识别、诊断的活动结果都以实时方式存入监测信息系统之中。

2. 预控对策

安全预控对策是根据安全预警分析所提供的警示信息（事故征兆的警源、警度、警级）采取相应的防治措施，对各类事故征兆进行早期预防与提前控制的管理活动。预控对策的目的在于纠错、治错，即根据事故发展的不同阶段，采取适宜的措施和手段，防止事故发生、减少事故损失或抑制事故进一步恶化。

（二）工作流程

在确定安全预警系统的工作内容、明确其运转模式之后，安全预警管理系统将按下面的工作流程（见图3-3）展开工作。

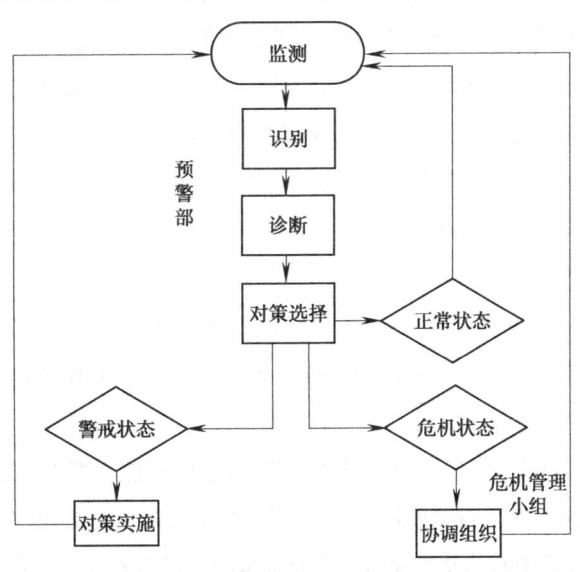

图3-3 安全预警管理系统的工作流程

当管理指令下达时，安全预警管理系统便开始运转。工作流程如下所述：

（1）预警部通过监测、识别、诊断安全生产的事故征兆，确认监测指标处于正常、警戒或危机状态，进一步提出预控对策并实施。

（2）当监测指标处于正常状态时，则继续进行监测，不介入预控管理阶段；当监测指标处于基本正常或低度危机状态，即警戒状态时，预警部根据具体情况提出预控对策方案，并将此方案提供给安全管理部门落实、执行，直至系统安全状况恢复正常。

（3）当监测指标进入危机状态时，整个安全管理系统进入应急管理程序，成立应急管理小组，由预警部提出应急对策方案，并组织具体人员具体实施。此时的应急领导小组取代日常安全管理中的系统职能安全管理部门，全面负责危机状态下的安全管理活动，直至危机化解，系统恢复正常。

（4）预警部还检查各级安全管理预警工作状况，负责整个系统安全预警、预控工作的组织、协调和指挥。

安全预警管理系统的重要业务之一是建立对策库，为安全管理部门回避和摆脱危机提供对策储备。对策库由两个系统构成：①对已实施对策的归纳比较与评价，包括成功、失败、未评定对策，以借鉴和参考；②预控或模型对策系统，是对安全状态未来局势的预测和对策。

（三）系统设备配置

为保证旅客安全预警管理系统正常、有效地运转，还需有相应的安全保障配套设施做支撑，相关设备主要包括系统检测设备、系统防范设备、系统救援设备三大类。

1. 系统检测设备

为了能够准确评价客运站安全状态，系统需要掌握有关客运站的大量基础信息，这些信息中有一部分可以通过人为输入，包括客运站工作人员的基础信息、设备使用信息等。但有一部分需要进行实时检测才能得到，最为典型的就是客运站内部环境信息，此类信息具有时变的特点，且无法通过人员直观获取，因此必须配备相应的检测设备。目前大部分客运站都配备有温度、湿度情况的检测设备，而关于旅客密度的检测方面尚且没有专用设备。为解决这一问题可以通过在客运站不同地点的进出口设置红外线计数仪，对进出的旅客数目进行统计，通过计算获得不同地点内的旅客数目，进而求出旅客密度。

2. 系统防范设备

（1）安检设备。从20世纪70年代开始，对通过重要的出入口的人员所携带的行李物品进行安全检查已成为国际上广泛采用的安全措施。安检设备的主要任务是把好旅客运输安全的第一关。

目前，我国客运站安检设备主要是通过式行李检查仪，对旅客携带品及托运的行包进行"三品"、毒品等违禁物品检查。这种低成本、低剂量、非接触式、可成像的X射线安检设备应用最为普遍。当发现被检物品中有违禁物品时，会有屏幕提示或声光报警，并进行自诊断。

安检设备一般设在进站口，也有部分车站设在候车厅。客运站除配备行李检查仪以外，还有必要配备相应的人身携带物品检查仪器，对旅客随身携带物品进行检查，从根本上排除不安全物品进入车站。

（2）安全监控设备。安全监控设备是指为了维护旅客的人身和财产安全、保护站内设施免受损失、确保客运站处于安全状态，达到事前预防和事后取证的目的，而设立的对客运站进行全面、有效的自动化监控及管理的设备。这些设备要具有抗震防爆、环境适应性强、多路信息捕获存储的特点，主要起到出入口控制、防盗报警、闭路电视监控、巡逻管理、对讲管理的作用。

（3）卫生检疫设备。卫生检疫设备是指为加强疾病的预防和控制，做好重大传染病防治工作，有依据、有重点地阻断传染病的传播途径，保证旅客在旅途中的健康而设置的设施设备。卫生检疫设备包括检疫查验场地、体温检测仪、空气检测消毒设施设备、公共物品消毒设施设备等。

3. 系统救援设备

尽管车站建立预警系统后可以在一定程度上降低事故发生的概率，但仍然不可能做到完全避免事故发生，因而还需要配备必需的救援设备，及时应对发生的各种安全问题，针对客运站内主要的安全问题类型，应主要配备消防救援设备和反恐救援设备。

（1）消防救援设备。消防救援设备是指围绕从火情预报至火灾救援的全过程的相关设施设备。这包括能预防起火、早期发现火情、扑灭初起火灾，尽可能保证不使火成灾的设施设备；以及避免火势扩大并疏散人员和财物、火灾发生后进行灭火和灾后救援、保证人员的生命安全的设施设备。一般有火灾探测器、水喷淋设备、防排烟设备，地下水泵房及室外消防水池等自动消防和搜寻救援设备。

（2）反恐救援设备。反恐救援设备就是指针对恐怖袭击事件的特点，对恐怖袭击事件的类型进行快速鉴别，并且针对不同类型的袭击事件，采取相应的救援工作的设施设备。在恐怖袭击发生时，相关仪器对源头区域要进行快速鉴别，对于污染和危险地区进行撤离步骤提示，对通风装置、门等进行自动与手动控制相结合，实现有效地疏散。

（四）系统预控对策

旅客安全预警管理系统的预控对策是针对旅客安全问题影响因素，而不是针对具体的某一个旅客安全问题制定的。原因在于当系统处于警戒或危机状态时，人、设、环、管任何一方面出现问题都有可能会直接导致引发多种旅客安全问题处于较高的发生概率。例如，当客运站内工作人员的整体水平不高时，从旅客安全问题影响因素分析图可以看出几乎所有的旅客安全问题都与之相关。如果系统预控对策只是针对某一项问题，则必然会出现头痛医头、脚痛医脚、抓不住问题根本原因的情况。

旅客安全预警管理系统工作的原理是针对客运站内整个安全状态进行识别，判断系统所处的不同状态。因此，系统的预控对策必须针对各类旅客安全问题的根本影响因素入手，才能有效控制各类旅客安全问题发生的概率，从整体上提高客运站旅客安全状态。当客运站处于警戒状态后，各类安全问题发生的可能性很大，因此要求采取的措施必须是迅速、有效的，通过实施该项对策能够在较短的时间内改善客运站的安全状态。因此针对上述分析制定如下相关预控对策。

1. 针对人员的预控对策

当有足够的工作人员时，可以采取调换问题工作人员的办法；当其他工作人员无法替代问题工作人员时，则应对该人员进行必要的接触，提高其工作注意力，必要时加强对该人员的巡视。针对问题人员的不同类型还需在事后进行区别对待：如果问题工作人员技能水平不够，可以将其列入培训班进行重新培训提高工作能力；如果问题工作人员是工作态度不端正，则需对其进行警示，严重者采取扣罚奖金的惩罚措施，直至开除。

2. 针对硬件设备的预控对策

当预警管理系统分析出硬件设备直接影响车站安全状态时，需要对相关设备进行必要的检查维修，排除安全隐患，对于检查出存在严重安全问题的设备要停止使用，启用备用设备或及时抢修的办法提高设备安全状态。

3. 针对环境的预控对策

环境因素中可由客运站工作人员控制的有客运站的内部环境和外部行车环境，有必要建立专门的预控对策。

（1）降低旅客密度对策。为降低候车厅内旅客密度，可采用限制无票人员进入车站，对于有票旅客根据客车开车时间限制进站的方法，同时加强宣传，向旅客解释限制原因，并向旅客介绍车站周边的活动休息场所，达到既缓解车站压力又避免旅客情绪过大的目的。

（2）缓解旅客晚点候车情绪对策。车站无法预测提前订票的客车的运营情况，一旦发生无法营运的情况，车站需及时通过电子信息屏、广播等多种方式向旅客通报，并详细解释客车停运原因，并尽量安排订票旅客搭乘下个班次客车或者安排为旅客免费退票。

（五）客运站安全应急预案编制

公路客运站是公路客运的节点，又是旅客集聚的场所，在发生公共突发事件时承担着疏导旅客的重要任务，一旦发生事故又是极易发生群死、群伤的重要危险源。预防工作是事故应急救援的基础，落实好事故救援工作的各项准备措施，做到一旦发生事故就能及时实施救援。

预案制订的目的之一就是希望能够将事故控制在事发初期，尽量减少损失，降低影响。因此自救非常重要，利于初期事故的处置，将事故的影响降低至最低限度。即使不能完全控制事故的蔓延，也可以为外部的援助赢得时间。因此应坚持自救与外部救援相结合的原则。

1. 常见应急事件处置预案类型

（1）火灾。火灾是指在某一时间或空间内失去控制的燃烧所造成的灾害。

（2）爆炸。爆炸是指凡是受到摩擦、撞击、震动、高热或其他因素的诱发，出现一种极为迅速的物理或化学的能力释放过程，在瞬间释放大量的气体和能量。爆炸发生时会使压力急剧升高并产生巨大的声响。

（3）投毒。投毒是由于人为故意的行为造成的恶性事件。

（4）旅客集聚。由于高峰期导致站内客流激增，站内旅客密度增加，影响旅客安全。

2. 应急预案一般包含的内容

（1）基本情况（如单位基本概况、救援力量分布等）。

（2）组织机构的构成及职责（机构组成、队伍编制及各类人员职责）。

（3）各种应急程序及其他文件（如信息传递、处置等程序及有关图表等）。

（4）各种制度（如各项应急救援工作制度、演练等规定）。

3. 预案的具体内容

1 总则

1.1 编制目的

建立客运站突发事件应急反应机制，迅速、有序、高效地组织客运站的应急行动，最大限度地减少突发事件造成的人员伤亡、财产损失、环境和社会影响。

1.2 编制依据

主要依据《中华人民共和国突发事件应对法》《中华人民共和国道路运输条例》《道路旅客运输及客运站管理规定》《××省道路运输业安全生产管理办法》等法律、规章制订预案。

1.3 工作原则

（1）属地为主、分级管理。加强以属地管理为主的应急处置队伍建设，建立分类管理、分级响应的分级负责制度，实行分级管理的工作模式，充分发挥各级应急机构的作用。

（2）以人为本、依法规范。以尽量避免或减少突发事件给人民群众带来的损失为一切工作的出发点，依照法律法规开展应急工作。

（3）防应结合、资源共享。预防与应急响应相结合，重点做好突发事件的预防和应急准备工作。充分利用现有资源，合理规划，对资源进行合理配置，实现资源共享。

（4）科学决策、反应高效。对突发事件的应急作出科学的决策，形成反应灵敏、功能齐全、协调有序、运转高效的应急管理机制。

1.4 适用范围

适用于客运站发生的各类突发事件。

2 组织机构及职责

客运站应急机构由应急领导小组、应急日常管理机构和现场指挥机构组成。

2.1 应急领导小组及职责

客运站应急领导小组由组长、副组长和成员组成。

组　　长：客运总站站长。

副组长：客运总站主管安全工作的副站长。

成　　员：主管安全工作的副站长和有关中层干部、安全管理干部组成。

设有分站的客运站应建立两级领导机构。

应急领导小组的主要职责：
（1）审定应急预案。
（2）做好突发事件预防工作。
（3）决定启动与终止本单位应急预案，组织自救，及时向上级报告情况。
（4）决定成立现场指挥机构，指导现场指挥部的应急工作。
（5）审定应急经费预算。
（6）决定开展预案演练。
（7）其他相关重大事项。

领导小组组长因故不能承担上述任务，应由副组长代理。

2.2 应急日常管理机构及其职责

领导小组下设办公室，办公室一般设在客运站办公室（综合科），由分管安全的副站长或办公室负责人任主任。

办公室的主要职责：
（1）安排应急组织值班、接警。
（2）负责预案的起草、修订。
（3）负责事故、事件的基础档案管理。
（4）负责应急储备物资管理。
（5）负责各方的通信联络。
（6）及时掌握现场动态。
（7）根据指挥的命令，呈报险情并通报给相关部门。
（8）负责与其他救援力量的协调。
（9）组织预案演练。

2.3 现场指挥机构及其职责

现场指挥机构是由发生突发事件的客运站成立的现场临时应急指挥机构，现场指挥由应急领导小组指定。现场指挥机构应下设现场指挥、事发处置、应急救援、应急保障、协同处置等相对固定的部门并明确负责人。

各部门的负责人服从现场指挥机构的统一指挥。

现场指挥机构的主要职责：
（1）评估现场现状。
（2）实施应急预案。
（3）决定响应战略，现场指挥应急行动。
（4）指挥动用救援设备和物资。
（5）下达命令组织疏散，决定撤离路线。
（6）监视应急响应活动，向上级报告现场动态。

第三章 公路客运站安全管理

（7）宣布应急行动结束。

3 预防和预警

3.1 预防

落实安全责任制，建立健全安全管理制度，加强安全检查，及时发现安全隐患，采取有力措施，做好预防工作。

3.2 预警

要与当地气象部门、公路管理和卫生防疫部门建立联络机制，随时掌握本地天气变化、道路情况和疫病疫情，建立健全预防预警机制。

3.3 预警级别

Ⅰ级（红色）——特别重大：

发生旅客集聚，需要增加的班次超过日发班次30%以上，需要外省运力支援。

发生火灾、爆炸或其他原因造成人员滞留需要紧急疏散旅客，已经发生死亡10人以上或重伤30人以上或造成客运站设施损坏，失去使用功能。

国家发布疫情信息，确定本地为疫区，对人员流动实行控制。

符合Ⅰ级预警的突发事件，由国家有关部委予以确认，启动并实施国家级应急预案。

Ⅱ级（橙色）——重大：

发生旅客集聚，需要增加的班次超过日发班次20%~30%，需要外市县运力支援。

发生火灾、爆炸或其他原因造成人员滞留需要紧急疏散旅客，已经发生死亡3人以上10人以下或重伤10人以上30人以下或造成客运站设施损坏，失去部分使用功能。

国家发布疫情信息，要求客运站实行对旅客检查登记，对可能造成传播疫情的旅客实行隔离和对接触过的人员进行隔离。

符合Ⅱ级预警的突发事件，由省级交通主管部门报省级人民政府同意后予以确认，启动并实施省级应急预案，同时报国家有关部委备案。

Ⅲ级（黄色）——较大：

发生旅客集聚，需要增加的班次超过日发班次10%~20%，需要本地其他运力支援。

发生火灾、爆炸或其他原因造成人员滞留需要紧急疏散旅客，已经发生死亡1人以上3人以下或重伤10人以下或造成客运站设施损坏，但未失去使用功能。

国家发布疫情信息，要求客运站实行对旅客检查登记。

符合Ⅲ级预警的突发事件，由市级交通主管部门报市级人民政府同意后予以确认，启动并实施市级应急预案，同时报省级交通部门备案。

Ⅳ级（蓝色）——一般：

发生旅客集聚，需要增加的班次达日发班次5%~10%，需要大量调整班次、增加班次，本地本行业运力能够解决。

发生火警或其他原因需要紧急疏散旅客，没有发生人身伤亡和财产损失。

发现国家规定的重大传染性疾病人员，患者需要紧急隔离，可能造成站内旅客被传染，需要防疫和体检。

符合Ⅳ级预警的突发事件，由本级交通主管部门报本级人民政府同意后予以确认，启动并实施本级交通应急预案，同时报上级交通部门备案。

4 应急响应

4.1 接警与报告

制定接警与报告程序，保证迅速、准确了解事故信息，迅速向相关应急机构、政府及上级部门报告事故、事件情况，每级报告时间不得超过2小时，必要时可越级上报，并采取相应的行动。

4.2 应急处置

应急处置是在作具体的假设后，假设发生什么样的事故，设计好相应的应急行动计划，各种预案要针对不同的特点，制定可行的应急措施。应急处置是"应急响应"的核心内容。制定的原则："全力控制事故态势，防止事故扩大，自救与社会救援相结合。"按客运站预警级别，分级响应。

4.3 应急人员和群众的安全防护

根据突发事件发生地实际情况和突发事件特点，在预案中拟定防护办法，包括：保护人员安全的必要防护措施，紧急情况下的疏散撤离方式、程序、组织、指挥，疏散撤离的范围、路线、紧急避难场所、医疗防疫、疾病控制、治安管理等。

4.4 应急解除

预案应说明在何种情况下，可以解除应急状态。

结束指标：事件已得到控制、危害已消除、现场抢救活动已经结束，对周围事物构成的威胁已得到排除；恢复正常的交通，受影响的群众已基本恢复正常生活。

突发事件结束，解除应急状态。达到可以解除应急状态的指标时，要发布信息，通知相关部门。

4.5 信息发布

由启动预案的突发事件应急机构对外发布或授权发布，各级交通应急机构应予以配合。

5 后期处置

预案需对突发事件应急后的各方面情况进行处理、汇总和分析。

5.1 善后处置

善后处置包括人员安置和征用物资的补偿情况。

（1）人员安置：受突发事件影响的群众的安置和处理情况。

（2）征用物资的补偿：预案启动后，涉及的各种物资来源及补偿措施。

5.2 调查和总结

应急状态解除后，应急日常管理机构应尽快对应急工作作出总结报告，包括：事件发生原因、造成损失、事件处理的经验教训、灾后恢复和重建的建议等。

6 应急保障

说明与预案启动时涉及的各个工作部门的基本情况,包括法律法规保障、运力保障、技术保障、物资保障等。

6.1 通信与信息保障(电话、移动通信、网络)

配备必要的通信保障设施,采取各种通信方式确保抢险现场指挥通信畅通。

6.2 经费保障

明确经费的来源和用途。

6.3 应急物资保障

应做好各种应急的物资储备,保障应急行动顺利实施。

6.4 治安保障

各客运站应与当地公安部门建立应急现场治安秩序保障机制,保障应急行动的顺利开展。

6.5 医疗保障

各客运站应与当地卫生部门建立应急医疗保障机制,保证受伤人员得到及时救治。

6.6 宣传、培训和演习

要对应急工作人员作好培训:由应急指挥机构组织各级领导、应急管理和救援人员的上岗前培训、常规性培训。还要对广大群众实行宣传教育。

演习能保证预案的有效实施及完善,提高应急反应系统的实战能力。

7 附则

7.1 奖励和惩处

对在应急工作中作出突出贡献的单位和个人,应给予适当的表彰和奖励。对有未按规定采取措施等行为致使国家利益和人民生命财产遭受重大损失的人员,应按《中华人民共和国突发事件应对法》等法律法规追究相应责任。

7.2 预案管理与更新

根据形势、情况变化,及时对预案进行修订、更新。

7.3 制定与解释部门

说明预案的制定与解释部门。

7.4 预案实施或生效时间

说明预案发布日期及生效时间。

【本章小结】

公路客运站安全管理包括设施、设备安全管理,旅客安全管理和安全预警管理。

公路客运站设施设备安全管理主要包括车场、车辆安全管理,消防设施管理,站舍安全管理。车场、车辆安全管理主要针对车辆的安检与车场的流线管理。消防设施管理主要针对消防器材管理以及防火及灭火措施。客运站需要在站舍内设置多处电子监视系统,用于监视客运站的安全运营情况，设置手提式灭火器、消火栓，应对火灾的发生。

旅客安全问题易发时间为节假日运输高峰期与早晚客流高峰期。旅客一般安全问题是指旅客财物安全问题、旅客生命安全问题，突发恶性安全问题是指疫病传染、火灾、恐怖袭击。

公路客运站设置安全生产管理机构，配备得力的安管人员，并保持相对稳定，对安全生产工作进行有效的管理，是强化客运站安全生产管理工作的组织保证。

安全预警管理系统的工作内容主要包括预警分析和预控对策两部分。安全预警分析包括三个阶段：监测、识别、诊断。安全预警管理系统防范设备包括安检设备、安全监控设备、卫生检疫设备；安全预警管理系统救援设备包括消防救援设备、反恐救援设备。

安全应急预案一般包含的内容：基本情况、组织机构的构成及职责、各种应急程序及其他文件、各种制度。

【复习思考题】

一、单项选择题

1. 客运站消防安全管理规定，室内停车场和体积超过（　　）立方米的站房应设室内自动消防系统。

 A. 3 000　　　　B. 5 000　　　　C. 2 000　　　　D. 6 000

2. （　　）指旅客财物在客运站期间被不法分子在受害者不注意的情况下窃取。

 A. 财物被盗　　　　　　　　　　B. 财物丢失
 C. 财物损坏　　　　　　　　　　D. 财物遗漏

3. 在客运站，最容易发生的恶性安全问题是（　　）。

 A. 疫病传染　　　　　　　　　　B. 火灾
 C. 恐怖袭击　　　　　　　　　　D. 财物丢失

4. 客运站用于检查旅客行包的安全检查方法是（　　）。

 A. 电视检测机　　B. 探测检查门　　C. 磁性探测器　　D. 人工检查

5. 客运站安全预警管理系统的工作内容包括（　　）两部分。

 A. 预警分析和预控对策　　　　　B. 预警分析和识别
 C. 预警分析和诊断　　　　　　　D. 预控对策和识别

6. （　　）是指通过对监测信息的分析，确定当前研究对象生产活动所处的安全状态。

 A. 分析　　　　B. 识别　　　　C. 诊断　　　　D. 监测

7. （　　）是指对已辨明的不安全状态（包括近事故状态、事故状态），进行成因过程的分析，以明确哪些因素是主要的，哪些因素是从属的。

 A. 分析　　　　B. 识别　　　　C. 诊断　　　　D. 监测

8. （　　）是根据安全预警分析所提供的警示信息（事故征兆的警源、警度、警级）

采取相应的防治措施,对各类事故征兆进行早期预防与提前控制的管理活动。

A. 分析　　　　　　B. 预控对策　　　　C. 诊断　　　　　　D. 监测

二、多项选择题

1. 客运站车辆安全管理方面的措施包括（　　　）。
   A. 指定专门的安全例检人员
   B. 设置专门的检查场地,配备汽车安全检验台及必要的仪器、设备
   C. 严格填写车辆安全例行检查表
   D. 符合要求的车辆,加盖公路客运站安全例行检查印章
2. 在客运站候车室内应该配备（　　　）等安全管理设施。
   A. 安全标识　　　B. 监控设备　　　C. 灭火器　　　D. 消火栓
3. 客运站容易发生的旅客生命安全问题包括（　　　）。
   A. 人身伤害　　　B. 食物中毒　　　C. 摔伤　　　　D. 疾病
4. 客运站旅客安全检查方法包括（　　　）。
   A. 电视检测机　　B. 探测检查门　　C. 磁性探测器　D. 人工检查
5. 消防救援设备是指围绕从火情预报至火灾救援的全过程的相关设施设备。一般有（　　　）及室外消防水池等自动消防和搜寻救援设备。
   A. 火灾探测器　　　　　　　　　　B. 水喷淋设备
   C. 地下水泵房　　　　　　　　　　D. 防排烟设备

三、简答题

1. 简述客运站旅客安全检查程序。
2. 简述公路客运站站舍安全管理措施。
3. 简述公路客运站旅客安全问题易发时间。
4. 简述安全预警管理系统的工作流程。
5. 简述客运站安全预警管理系统救援设备及其特点。

四、论述题

论述客运站安全预警管理系统预控对策。

第四章 Chapter 4

公路客运站票务管理

【本章要点】

- ✧ 了解客票的分类及适用范围
- ✧ 了解票价的计算
- ✧ 了解旅客运输合同的履行与变更
- ✧ 掌握售票作业程序
- ✧ 掌握检票程序
- ✧ 掌握票务事故的处理
- ✧ 了解旅客责任事故的处理

第一节 客运站票务基础知识

一、客票的概念

客票是旅客乘坐交通工具旅行所持票据的总称，按不同的运输方式，道路运输、铁路运输、水路运输、航空运输等，分为汽车票、火车票、船票、机票。旅客买了客票，就意味着与经营者订立了运输合同，双方即依法承担义务和享受权利。

车票是客票的一种，它是道路旅客运输合同的基本形式，是旅客乘车、托运行李和享受旅客待遇的凭证，确定了旅客与承运人之间的运输权利义务关系。一般车票包括发站、到站、发车时间、班次和发售日期及票价等内容。旅客持有有效车票，即享有相应的运输权利，有权要求承运人提供票面规定的旅行服务。

客票按客运方式可分为包括固定客票、补充客票、定额客票、客运包车票。客票是道路旅客运输经营者向旅客收取运费的"发票"，也是旅客报销旅费和乘车的凭证。

（1）固定客票是常规客票，凡起止站点固定的路线都可以使用它。

（2）补充客票是固定客票的补充票种，在集体企业和个体客车未固定线路上、新辟线路、集体包车按人报销和绕道行驶追加收费而补票时使用。

（3）定额客票也是固定客票的补充票种，在新辟线路、增设新站、车上售票和固定客票供应不上时使用。

（4）客运包车票为客票专用票。如旅客要求分开报销，则用补充客票代替，不再填发包车票。

汽车客票由各省、自治区、直辖市道路运输管理机构统一印制管理。

旅客在乘车前，最关心的是按自己旅行的需要购得车票。从旅客角度而言，能不能购得所需要的日期和班次的客票，是能否达到旅行目的的主要依据；对车站而言，它是组织客运工作，为旅客提供服务的开始或第一步，应当认真对待，切实做好这项工作。

二、票价

1. 道路旅客运输价格及其特性

道路旅客运输行业是现代服务业的重要组成部分，一般不具有实物形态，也不与生产过程分离，所以运输价格（简称运价）与工农业商品价格不同，具有以下特点：

（1）运输价格仅有销售价格一种形式。运输产品不能脱离生产过程而独立存在，不能储存和调拨，所以运输价格只能仅有销售价格一种形式，没有其他一般商品生产的产品出厂价、收购价、批发价、零售价等形式。销售价格表现为人们通常所说的客票价格，即票价。

（2）价格的计算单位特殊。运输价格是以旅客人数和距离的复合为计算单位的，以"元/人·公里"为基本计算单位，即票率。由于运输业出售产品是场所的变动，所以运输价格按运输距离有差别，不仅运输价格总量取决于运距的长短，而且在一定距离范围内，不同运距的每人·公里的运价也不相同，如短途运输范围内，每个里程段的运价各不相同。

客票票价的计算应按交通运输部、国家发展和改革委员会发布的《汽车运价规则》《道路运输价格管理规定》和各省、自治区、直辖市颁布的《运价规则实施细则》执行。

（3）价格种类繁多。由于道路运输业服务于社会再生产的全过程，对运输的要求各不相同，运输的车型、运距、道路条件和运输形式都有差别，同量的运输在其运输过程中的劳动消耗量也不尽相同。为使运输价格比较合理地反映不同条件下的运输价值，必须实行适应不同运输要求的有差别的运输价格，从而形成种类繁多的运输价格结构。道路旅客运输按不同客运种类、不同客车类型、不同营运方式、不同级别的线路，实行不同的运输价格。

例如，班车客运、农村道路客运、包车客运等票价的确定方式不同。班车客运主要实行政府指导价，竞争充分的线路可实行市场调节价，具体由当地县级以上地方人民政府及其价格、交通运输主管部门按照价格管理权限，根据市场供求情况确定。农村道路客运实行政府定价。包车客运实行市场调节价，由承托运双方根据里程、车型、车辆等级等商定。

道路班车客运政府指导价可以采取制定基准价及上、下浮动幅度，也可以采取制定上限票价及下浮幅度的方式。

2. 客运票价计算

客运票价一般可分为计程运价、计时运价、行包运价和国际道路旅客运价，计算方式不同。

（1）计程运价的计算。

客运票价=客运车型运价（含2%的旅客身体伤害赔偿责任保障金）×旅客计费里程（营运线路公路里程+城市市区里程）+旅客站务费+车辆通行费+燃油附加费+其他法定收费。

每张客票起码票价1元，票价超过10元、尾数不足1元的，四舍五入。

运价单位：元/人·公里。

客运车型运价是指对不同类型、等级的客运车辆所制定的每位旅客每公里的运输价格，由运输成本、合理利润、税金等构成。

班车客运的计费里程按旅客乘车出发地至到达地的区间里程计算。

计程包车客运的计费里程，包括运输里程和调车里程。运输里程按客车驶抵载客地点起至下客地点止的实际载客里程计算；调车里程按客车由站（库）至载客点加下客点返回至站（库）的空驶里程的50%计算。

旅客站务费具体标准由省级人民政府价格、交通运输主管部门确定。

燃油附加费是指各地按照价格管理权限，建立道路客运价格与成品油价格联动机制，用于补偿成品油价格上涨造成道路客运成本增支的费用。

（2）计时运价的计算。按车辆到达约定地点至包用完毕的实际包用时间、客车核定载客量和包用车型的车座小时运价计算。

运价单位：元/座位·小时。

计时包车客运计费时间以小时为单位，起码计费时间为2小时；使用时间超过2小时的，按实际包用时间计算。整日包车，每日按8小时计算；使用时间超过8小时的，按实际使用时间计算。时间尾数不足半小时的舍去,达到半小时的进整为1小时。

(3)行包运价的计算。

运价单位:元/千克·公里。

行包计费重量以千克为单位。起码计费重量为10千克;计费重量超过10千克的按照实际重量计费,尾数不足1千克的,四舍五入。轻泡行包按3立方分米折合1千克计重。行包运费以元为单位,每张运单费用合计尾数不足1元的,四舍五入。

行包计费具体标准由省级人民政府价格、交通运输主管部门确定。

(4)国际道路旅客运价的计算。国际道路旅客运价按照双边或者多边汽车运输协定,根据对等原则,由经授权的交通运输主管部门协商确定。

三、旅客运输合同

旅客运输合同是指承运人与旅客达成的有关运送旅客权利义务关系的协议。

1. 旅客运输合同的种类

根据《汽车旅客运输规则》的规定,道路旅客运输合同分为班车客运合同和包车客运合同等形式。

(1)班车客运合同。班车客运合同是指旅客与班车客运经营者订立的运送合同。班车客运经营是指客运经营者定点、定线进行的旅客运送经营。班车客运实行"强制缔约",即对符合规定的旅客购买车票订立合同的要约,客运经营者不得拒绝。

(2)包车客运合同。包车客运合同是指运送人将客车全部包给用户(旅客),在用户的指示下进行运输的合同。包车客运是旅客运输的一种运营方式,其特点是运送人遵照用户的指示进行运输,或按行驶里程或按包用时间收取运费。

2. 旅客运输合同的签订

旅客运输合同的签订要经过要约与承诺两个阶段。合同签订通常是以旅客购票、车站售票行为完成的。在客运站售票的情况下,其要约为旅客购买车票的意思表示,运送人(车站)售出合法有效的车票为承诺;旅客运输合同一般在旅客取得客票时成立。运输合同的内容包括承运人所制作公布的客票、价目表和班次时刻表等。在旅客运输合同中,一般合同一成立,旅客就已履行了其主要的义务,即支付票款的义务。

3. 旅客运输合同的履行

旅客运输合同的当事人应当认真履行各自的义务,保证合同的顺利履行。

(1)承运人的基本义务。

1)车辆必须适运。客运经营者应当为旅客提供良好的乘车环境,保持车辆清洁、卫生。

2)按时将旅客及行李运达目的地。为保证旅客能及时到达目的地,承运人必须按指定车站和时间进入车位装运行包,检票上客,正点发车,严禁提前发车。班车必须按规定线路、班点和时间运行、停靠,不得绕道、绕点行驶。运行途中发生意外情况无法运行时,应以最快方式通知就近车站派车接运，并及时公告。班车到站后，按指定车位停放，及时向车站办理行包和其他事项的交接手续。

3）保障旅客及其行李的安全。为保证旅客人身和财产的安全，承运人必须提供适合运输的车辆，运营客车必须经过车辆管理部门审验合格，保持良好的技术状况；委派合格的客运人员，驾驶员应当持有相应准驾车类的驾驶证，乘务人员必须具备一定的业务知识，站务人员也应具备一定的业务知识。承运人应采取必要的措施防止在运输过程中发生侵害旅客人身、财产安全的违法行为。

4）提供连续的规定的运输服务。班车客运经营者取得道路运输经营许可证后，应当向公众连续提供运输服务，不得擅自暂停、终止或者转让班线运输。从事包车客运的，应当按照约定的起始地、目的地和线路运输。

5）客运经营者不得强迫旅客乘车，不得甩客、敲诈旅客，不得擅自更换运输车辆。

（2）旅客的基本义务。

1）按照约定或票面规定的时间、地点乘车。旅客应当凭有效车票按指定日期、车次检票乘车，应一次完毕行程。班车客运旅客须持符合规定的客票，按票面规定的日期、车次检票乘车；直达班车、普通班车在始发站对号入座。

2）遵守运输安全规定。旅客在旅行过程中必须遵守有关规定，协助承运人做好安全工作。旅客要服从承运方工作人员的安排和指挥，自觉维护站、车秩序。旅客不得携带易燃、爆炸、腐蚀、有毒及妨碍他人安全、卫生的物品进站、乘车，但在保证安全和卫生的条件下，对部分限运物品可按有关规定限额携带；乘车时，头、手及身体不得伸出车外，不准翻越车窗，车未停稳，不准上下；不准随便开启车门，行车中不要与驾驶员闲谈及妨碍驾驶操作。这些义务性要求都是为了保证旅客运输安全所必须采取的措施。

3）支付运费。车票是旅客乘车的凭证，无票一般不得乘车，旅客中途上车应及时购票。旅客遗失车票应另行购票乘车，如果在开车前向车站办理挂失手续，经查对属实且原票未退又无他人持票上车者，可由车站出具证明乘车。经查出旅客无票、持用无效车票或涂改车票乘车的，除补收自始发站起至到达站止的票价外，承运人可以按规定加收一定数额的票款。旅客要求越站乘车，经同意后，应补收从原到达站至新到达站的票价。

4. 旅客运输合同的变更和解除

变更旅客运输合同的形式是旅客向承运人提出签证改乘。经承运人同意签证后，合同变更成立，当事人双方应当按照变更后的合同履行各自的义务。如果是旅客的原因而导致合同变更的，旅客应承担相应的法律责任，其表现形式就是要支付一定的费用；如果是承运人责任导致合同变更的，承运人也应补偿旅客的损失。

因发生特殊情况导致旅客运输合同的履行不可能或者不必要，当事人可以解除合同。解除合同的主要标志就是退票。如果是旅客的原因而解除合同的，退票时承运人应当核收规定的退票费；如果是承运人的责任造成合同解除的，承运人不能收取退票费。

(1) 班车客运变更与解除。

1) 旅客不能按票面指定的日期、车次乘车时，可在该班车开车2小时前办理签证改乘，改乘以一次为限。开车前2小时内不办理签证改乘，可作退票处理，并核收退票费。

2) 旅客要求越站乘车，事先声明并经驾乘人员同意，补收加乘区段票款。如果不事先声明的，其越乘区段按无票乘车处理。

3) 旅客于规定开车时间2小时前办理退票，按票面额10%计收退票费；于开车前2小时内办理退票，按票面额20%计收退票费。

4) 班车在发车站停开、延期或改变车型，应公告通知。旅客要求退票，应退还全部票款；旅客要求改乘他次班车，由车站签证改乘，改变车型应退补票价差额。班车因故停止运行，车站应协助旅客联系解决食、宿，费用由旅客自理。

5) 因班车中途发生故障，车站应迅速派车接运，接运车辆类别如果有变更，票价差额不退补。

6) 因路线阻滞，班车必须改道行驶时，票价按改道实际里程计收。按改道里程发售客票后，如果班车恢复原路线行驶，发车前由始发站将票价差额退还旅客。班车行至途中临时需要改线或绕道，票价差额不退不补。如果不能继续行驶，旅客愿意在停车点或返回途中停止旅行，退还原票价款，补收已乘区段票款；要求返回原乘车站时，免费送回，并退还全部票款；如果愿意在被阻地等候乘车，由站、车人员在车票上签证，凭此继续乘车。凡因班车停开和改道运行所发生的退票，均不收退票费。

(2) 包车客运的变更与解除。用户要求变更使用包车的时间、地点或取消包车，须在使用前办理变更手续。运输经营者要求变更车辆类型、约定时间或取消包车，也应事先与用户协商，经同意后，方能变更。运输经营者自行变更车辆或未按约定时间供车者，按违约或延误供车处理。

第二节　客运站票务运作管理

一、售票

售票处是向旅客发售车票的处所。售票处不仅直接为旅客购票服务，而且也是实现车站营收的基本环节。做好售票处的工作，对于提高旅客运输服务质量和经济效益有重要作用。

要做好售票处的服务工作：①必须使售票员具备熟练的售票技能，迅速、准确地发售车票；②要对售票员的工作进行严密的组织，以提高他们的工作效率；③使用计算机售票。

1. 售票的方式

为给旅客购票提供更多的便利条件，汽车客运站在组织售票工作时，可采用多种多样的售票方式。

(1) 从时间看，可以采取当日售票和预售车票的形式，预售车票也可以采取不同的方式。

1）依次预售。根据车站经营的班次，按车发售，售满当天车次后，再售次日车票，由此逐日推移，由近到远。这种方式的优点是，能确保旅客购到车票，方便组织客车营运；缺点是旅客不便选择乘车时间。

2）随意预售。重视旅客关于旅行时间的意见，不加任何限制。这种方式的优点是方便旅客购票乘车；缺点是购票离旅行时间长的旅客，容易发生退票现象。

3）限日预售。这就是限制预售车票的期限，如预售两三天甚至一周等。这种方法既能方便旅客购票，也有利于搞好计划运输。

（2）从售票场所看，售票方式可以分为固定窗口售票、联网售票、网络订票等。

2. 售票工作基本要求

售票是项细致而又复杂的工作，在售票时要做到：

（1）速度快，尽量减少旅客排队时间。

（2）准确无误，要消灭错售、错填及票款差错问题。

（3）简明扼要地回答旅客的有关问题，交代有关事项。

3. 售票员岗位职责

（1）掌握车站班次时间、道路通阻及旅客流量、流向变化情况，经常与客运调度交流信息，增减班次及时向旅客发出公告。

（2）严格执行运价政策，售票细致、快速、准确。

（3）遵守操作规程，做到"一会、二清、三问、四唱、五快"，减少错售、错款现象。

（4）票面填写要清晰、完整、准确；退票和签证改乘按规定签章。

（5）认真填写售票记录，准确反映售票情况。

（6）有问必答，百问不厌，对重点旅客重点照顾，帮助旅客选择经济线路。

（7）执行票据管理规定，实行日清日结，做到票、款、账相符。

4. 对售票员的基本要求

（1）热爱本职工作，全心全意为旅客服务。

（2）服务态度好，热情耐心。

（3）责任心强、工作细致，按制度办事，坚守岗位，不擅自离岗。

（4）掌握售票技能。

（5）有全局观念，不搞本位主义。

（6）虚心听取旅客意见，注意学习先进经验，不断改进售票工作。

（7）坚持原则，廉洁奉公，严格执行营收报解和票据领用制度，及时结清，票款相符。

5. 售票作业程序

售票工作应有一套固定的程序，各站可以根据自己的具体情况确定。程序一经确定，不得随意改动，以利于提高售票速度，避免售票差错，并使售票工作有节奏地进行，节约时间。

（1）用文明服务用语向购票者询问旅客到站、旅行时间以及购票的种类。

(2)回答旅客提出的票价、发车时间等问题。

(3)认真清点唱收旅客票款。

(4)检查车票,正确填写车次、座号、开车时间。

(5)核对票面内容与购票人要求是否相符。

(6)核对旅客所交票款并计算找补余额。

(7)向旅客交代如下事项:车票张数、到站名称、发车时间、找补余额。

(8)把车票和找补余额交给购票旅客。

(9)将旅客票款收好。

6. 售票、退票简约程序

(1)"六字"售票法。

问:问清到站、日期、车次、座别、张数、经由,并告诉旅客是否停车。

输:输入旅客购票要求,告诉旅客票种、张数、应收票款。

收:收取票款,确认币面,摊平复点、复唱,将票款放于桌面上,键入实收款数,确认制票。

取:取出打印好的软纸票,取出找零款,复核票面、张数及找零款。

交:将软纸票和找零款一起递交给旅客,同时报唱到站、张数、找零款数。

清:票款按面值放入抽屉内,按键恢复售票状态。

(2)"五字"退票法。

看:看清票面是否有效。

输:用扫描仪进行认证,输入票号。

核:核对票面记载项目,确认应退票款。

盖:加盖"退"字戳记,收回已退车票。

交:将应退票款和报销凭证一并递交旅客,并唱报,按键恢复退票状态。

二、检票

旅客上车前应将车票交验,由工作人员检票记数。检票可以按车次整理客流,依次上车,防止漏乘和误乘;还可以验明车票的有效性,劝阻不适于乘车的旅客上车和防止不能带入车厢内的物品带上车;作好检票记录。它是考核车站工作量的依据之一。

检票要在检票口进行,为使旅客进入检票口能自动成行,一般在检票口处设置宽度在0.6米左右的栅栏式通道,保持较好的秩序,既方便检票工作进行,又可以加快旅客进站的速度。

1. 检票员的岗位职责

(1)检票前,检查车辆到位情况,严格清车清场,做好准备工作。

(2)维持好检票秩序,按号排队,照顾老、弱、病、残、孕、幼等重点旅客优先上车。

(3)检票时,按规定程序做到"三看、一喝、四不检",同时注意超高儿童或非残疾军人持半票乘车,注意旅客随身携带的行包是否超重,注意旅客是否随身携带违禁物品上车。

(4)检查核对行包件数、车内人数与售票记录是否相符,向驾乘人员办理有关交接手续。

（5）做好过站车的接发工作和发车前的宣传工作，防止旅客错乘、漏乘、误乘。

（6）路单、报单（结算凭证）项目填写齐全，计算准确，字迹清楚。

（7）正点发车，礼貌送车，杜绝责任晚点。

2. 检票前的准备工作

（1）了解当次班车是否已进入车位，并已做好了上客的准备工作。

（2）了解班车线路牌、乘车提示牌是否已设置（悬挂）妥当，是否显示清楚。

（3）对旅客携带的小孩和随身携带的物品，应进行必要的观察，并配合宣传有关运输规定，提醒旅客按车次购买车票和托运行包，发现不符合免票、儿童票、残疾军人票规定的旅客及超重行包，应请旅客到服务台等处补办手续。

（4）检查进站通路是否有障碍物品，以便旅客进入站台时能畅通无阻。

（5）准备好检票用具。

（6）整理即将乘坐当次班车旅客进站队形，向旅客说明该次班车开行方向、开车时间，以免非乘坐本次班车的旅客排队，耽误检票时间，影响检查速度，也使乘坐当次班车的部分闲散旅客及时排队检票，避免漏乘、误乘。

（7）注意维持好检票口附近的秩序，并做好对老、弱、病、残、孕、幼等旅客的重点照顾的准备工作。

3. 检票程序

（1）组织需要重点照顾的旅客优先检票进站。

（2）查看旅客所持车票、日期、班次是否相符，所持票种与身份是否相符等。

（3）检票动作要迅速、准确。

（4）注意安全。维持好检票秩序，按排队顺序依次检票。

（5）设置流动服务人员，督促、协助违章旅客补办手续和维持检票进站秩序。

（6）旅客上车后，应由车站工作人员或乘务人员向旅客进行安全行车等宣传，报清班车终点站及中途停靠站台、食宿地点和到达时间，对误乘旅客及时帮助转乘。

（7）用计算机打印出行车路单，交给驾驶员，并上车清点乘客人数，检查是否与路单相符，如有不符，交由调度员处理。

（8）通知驾驶员关好车门。

（9）注意查看班车车顶及四周有无作业人员和其他人员，及时通知他们离开发车地。

（10）检票人员整齐站好，目送旅客。

三、票务运作相关知识

售票是道路客运为旅客提供旅行服务的开始，也是为旅客服务工作的第一步，是给旅客旅行开始的第一印象，必须做好。售票工作的基本要求是：准确、迅速、方便。其中最重要的就是准确。

发售汽车客票主要有全票、儿童票、残疾军人票等三种。根据我国交通运输部的规定，票价由各省、市、自治区自行制定，售票员必须按上级交通主管机关制定和颁发的有关客运规则所规定的票价和规定发售。

旅客应按规定购买与所要乘坐的班车类别、客车类型相符的客票。需要躺卧的伤、病旅客，应按实际占用的座位购票。

凡持有证明，执行防汛、抢险、救灾等紧急任务的人员，以及新闻记者、革命残疾军人可优先购票。

客票以票面指定的乘车日期、车次，一次完毕行程为有效期限。旅客中途终止旅行，客票即行失效。旅客因急病、伤或临产必须中途终止旅行时，凭医院诊断证明和原客票，退还未乘区段票款，免收退票费。

按照《汽车客运站收费规则》的规定，客运站的以下收费，可以根据规定，由各省、自治区、直辖市价格主管部门和交通主管部门结合本地区实际情况制定实施细则和费率标准。

1. 旅客站务费

客运站为旅客提供计算机售票、候车、休息、治安保卫、安全检查、信息等基本客运服务，可向旅客计收旅客站务费，旅客站务费计入票价。旅客站务费实行专款专用，专项用于客运站管理服务设施的建设、维护和更新改造。

（1）客运站具备一至三级站级标准规定的设施，为旅客提供候车、信息、治安保卫、安全检查等基本客运服务的，在出售的计算机客票内向旅客计收旅客站务费。

（2）旅客站务费作为构成票价的成本因素，不得在客票外向旅客另行收取。

2. 客运站票务相关收费

（1）补票手续费。对无票乘车但在出站时主动补票的旅客，客运站除补收自班车始发站至旅客到达站的票价外，应另加收补票手续费。对出站时经检查发现无票或持无效客票乘车的旅客，客运站除需办理上述补票手续外，还应按票面金额的50%～100%罚款。补票手续费、罚款收入归客运站。

（2）退票费。客运站办理退票向旅客收取退票费。由于客运站或承运人的责任造成延误发车或脱班，旅客可选择退票，客运站免收退票费。开车后不办理退票。

退票费按下列标准收取：

1）当次客运班车开车时间2小时前办理退票，按票面金额10%计收，不足0.5元按0.5元计算。

2）当次客运班车开车前2小时以内办理退票，按票面金额的20%计收退票费，不足1元按1元计算。

3）旅游客车开车前12小时前办理退票，按票面金额10%计收，不足1元按1元计算。

4）旅游客车开车前12小时以内办理退票，按票面金额50%计收退票费，不足1元按1元计算。

5）在汽车运行途中，旅客中止乘车不退票。

6）由于乘客的原因，检（验）票后或超过发车时间的，不办理退票；但由于站方责任造成脱班的，除全额退票外，客运站应作好善后工作并按国家有关规定给予赔偿。

（3）送票费。客运站按照旅客要求提供送票服务的，可按每票向旅客计收送票费。

第三节　客运站票务及旅客商务责任事件处理

一、客运站票务事务处理

客运站日常的票务服务，除了正常的车票售检外，还要处理人为或机器设备等因素引发的异常票务事务。

1. 售票系统故障处理

当客运站售票系统出现故障时，需及时售卖固定客票或定额客票，并做好旅客的解释工作。一般处理流程如下：

（1）当车站发现或接报售票系统故障报告，经值班站长到现场进行确认后，暂停售票。

（2）在售票窗口前设置"暂停服务"标志牌，及时告知购票旅客。

（3）向设备维修部门报告，维修人员到达后派人配合工作。

（4）监控维修进程，当设备仍未修复而有班次即将发车时，及时向值班站长请示，启动手工售卖客票。

（5）故障修复后，撤除"暂停服务"标志牌，及时告知候车购票旅客，引导排队购票。

2. 检票系统故障处理

当客运站检票系统出现故障时，需及时进行手工检票。一般处理流程如下：

（1）当车站发现或接报检票系统故障报告，经值班站长到现场进行确认后，暂停计算机检票。

（2）启动手工检票工作，并作好记录。

（3）向设备维修部门报告，维修人员到达后派人配合工作。

（4）故障修复后，及时对手工检票结果进行复核。

3. 售验车票时具体问题的处理

（1）乘客买重了票，要求退票怎么办？

在发车前，到退票处退票。在车上，一般不给退票，先向乘客宣传票制规定，并作好解释，如有其他乘客买同类票时，可协助将票转卖他人。

（2）携带满1.2米高的儿童乘客，坚持不买票怎么办？

应耐心宣传票制规定，并让儿童自己去量，按章购票，不要挖苦乘客或进行不必要的争论。

（3）检票时发现购买免票儿童人数已达允许标准时，还有儿童乘车怎么办？

应耐心宣传票制规定，并安排旅客改乘班次，不要进行不必要的争论。

（4）乘客说已买票，但又拿不出票怎么办？

不要给乘客扣上有意取巧的帽子，要耐心宣传，按章补票。

（5）因收、检车票，引起乘客不满怎么办？

应宣传票务管理规定："客票是您乘车的凭证，请您主动交验车票，收验车票是我的责任。"不要扩大矛盾。

（6）在售票时，乘客提出少找钱时，应如何处理？

如果售票员认为无误，则可说："请您再想想，是不是记错了或掉在地上了？"如果确实少找钱了，则应补足并道歉："对不起"。如果售票员当时不能确认是否有差错，则可请车站站长在场当场结账，可说："请您稍等一会儿，我现在查对一下票款。"

（7）售票员需关窗离岗时，应如何处理？

应与排队旅客打招呼，可说："对不起，请后面乘客到临窗购买。"并提前将暂停牌放在窗口醒目位置，为目前排队的乘客服务完毕后再关窗。

（8）有乘客插队时，售票员应如何处理？

应向乘客招呼："对不起，请依次排队！"同时加快售票速度。

（9）车票或找零不慎滑落到地上，应如何处理？

立即表示道歉，并安抚乘客。

二、旅客运输商务责任事件

根据《汽车旅客运输规则》，在旅客运输中，如果承运人或旅客任何一方不按照规定履行应尽的义务，就会引起客运纠纷、商务事故。在旅客运输商务责任事件中的运输责任，是指客运经营者、车站、旅客在汽车旅客运输中发生违约、违规行为而承受的法律后果。

客运商务责任事件的责任认定如下：

（1）旅客运输过程中发生下列情况，均由车站承担责任：①由于车站发售客票中填错发车的日期、班次、开车时间，造成旅客误乘或漏乘的；②由于检票、发车、填写路单失误造成旅客误乘、漏乘的；③在车站保管、装卸、交接过程中造成旅客寄存物品和托运行包损坏、灭失或错运的；④由于不按时检票或不及时接车造成班车晚点运行的；⑤由于站方原因发生的其他问题。

（2）旅客运输过程中发生下列情况，均由运方承担责任：①因客车技术状况或装备的问题，造成旅客人身伤害及行包损坏、灭失的；②因驾驶员违章行驶或操作造成人身伤害及行包损坏、灭失的；③因驾驶员擅自改变运行计划，如提前开车、绕道行驶或越站，致使旅客漏乘等造成直接经济损失的；④在行车途中发生托运行包灭失、损坏的；⑤不按运行计划或合同向车站提供完好车辆，使班车停开、缺班的；⑥由于运方原因发生的其他问题。

（3）旅客运输过程中因下列情况造成损失，经营者不负赔偿责任：①被有关部门查获处理的物品；②行包包装完整无异，而内部缺损、变质；③旅客自行看管的物品非经营者责任造成的损失；④不可抗力。

（4）旅客运输过程中发生的下列情况，均由旅客承担责任：①旅客无票、持无效客票或不符合规定的客票乘车的；②隐瞒酒醉、恶性传染病乘车造成污染，危及其他旅客的；③夹带危险品或其他政府禁运物品进站、上车、托运的；④损坏车站客车设施和设备或造成其他旅客伤害的；⑤自理行包和随身携带的物品丢失、损坏的；⑥客车中途停靠不按时上车造成漏乘错乘的；⑦旅客乘车途中自身病害造成的伤亡和损失；⑧由于旅客原因发生的其他问题。

客运商务事故的违规违约处理如下：

（1）因车站或运方责任，造成旅客误乘或漏乘的，按以下规定处理：①发觉站以最近一次班车将旅客运至原车票指定的车站；②旅客留在车上的自理行包和携带物品如有灭失、损坏，由责任方赔偿；③旅客的其他直接经济损失，由责任方赔偿，但赔偿金额最多不超过旅客购车票价款的100%。

（2）因车站或运方责任造成的托运行包灭失、损坏的，按照全部赔偿、部分损失部分赔偿的原则，由责任方按下列规定赔偿：①非保价行包每千克最高赔偿额一般不超过10元，如失主持有证明物品内容和价格的凭证，可按国家定价或比照当地国营商店同类商品价格赔偿；②损坏物品能修复者，按修理费加送修运费赔偿，不能修复但尚能使用者，按损失程度所减低的价值赔偿；③保价行包灭失，按托运时申明的价格赔偿；④部分灭失，按声明价格赔偿灭失部分。

（3）因车站责任造成寄存物品损坏、灭失的，按每千克最多不超过20元的金额赔偿。

（4）因车站或运方责任，造成旅客人身伤害的，由责任方赔偿处理。

（5）车站和运方之间违反合同规定，造成对方经济损失的，由责任方按原合同约定赔偿、支付违约金。

（6）旅客无票或持无效客票、不符合规定的客票乘车，除补收始发站至到达站全程客票价款外，并处以50%～100%的罚款。

（7）旅客损坏车站、客车设备和设施的，按实际损失负责赔偿。

（8）旅客在小件物品或行包中藏匿危险品或其他禁运物品进站、上车或办理寄存、托运，按下列规定处理：①未造成危害和损失的，没收其携带的全部危险品和禁运物品，并视情节轻重处以30元以下罚款；②已造成危害和损失的，除移交公安、司法机关追究治安、刑事责任外，还应赔偿全部经济损失。

（9）班车客运在发车前发生违规违约和客运事故，由始发站负责处理，责任方赔偿；运行途中发生的，由就近站负责处理，责任方赔偿；到站后发生的，由到达站负责处理，责任方赔偿。旅游、出租车和包车客运由受理方负责处理，责任方赔偿。

（10）旅客运输过程中发生事故后，有关方面应作好记录，受损一方应在事故发生之日起90天内，向责任方提出赔偿要求，责任方应在接到赔偿要求10天内，作出答复。

（11）旅客在提出《汽车旅客运输规则》规定范围内的赔偿要求时，应同时提交客票、行包票等有关凭证。

（12）违规违约引起的纠纷可由当事人自行协商解决，也可向当地交通主管部门申请调解，还可向人民法院提起诉讼。

（13）赔偿金或违约金应在明确责任之日起10天内偿付，逾期偿付的，每延迟一日加付5%的滞纳金。

【本章小结】

客票是旅客乘坐交通工具旅行所持票据的总称，车票是旅客乘车、托运行李和享受旅客待遇的凭证，确定了旅客与承运人之间的运输权利义务关系。

客票按客运方式可分为包括固定客票、补充客票、定额客票、客运包车票。客票是道路旅客运输经营者向旅客收取运费的"发票"，也是旅客报销旅费和乘车的凭证。

售票工作应有一套固定的程序，各站可以根据自己的具体情况确定。售票员售票时要遵守操作规程，做到"一会、二清、三问、四唱、五快"，减少错售、错款现象。

旅客上车前应将车票交验，由工作人员检票记数。检票可以按车次整理客流，依次上车，防止漏乘和误乘；还可以验明车票的有效性，劝阻不适于乘车的旅客上车和防止不能带入车厢内的物品带上车；作好检票记录。

发售汽车客票主要有全票、儿童票、残疾军人票三种。根据我国交通运输部的规定，票价由各省、市、自治区自行制定，售票员必须按上级交通主管机关制定和颁发的有关客运规则所规定的票价和规定发售。

客运站票务相关收费包括补票手续费、退票费及送票费。

客运站票务事务包括售票系统故障处理、检票系统故障处理与售验车票时具体问题的处理。

【复习思考题】

一、单项选择题

1. （　　）是固定客票的补充票种，在新辟线路、增设新站、车上售票和固定客票供应不上时使用。

　　A. 固定客票　　　　　　　　　　B. 定额客票
　　C. 补充客票　　　　　　　　　　D. 客运包车票

2. （　　）是固定客票的补充票种，在集体企业和个体客车未固定线路上、新辟线路、集体包车按人报销和绕道行驶追加收费而补票时使用。

　　A. 固定客票　　　　　　　　　　B. 定额客票
　　C. 补充客票　　　　　　　　　　D. 客运包车票

3. 下列所述各项中，不属于承运人的基本义务的是（　　）。

　　A. 按时将旅客及行李运达目的地　　B. 保障旅客及其行李的安全
　　C. 提供连续的规定的运输服务　　　D. 遵守运输安全规定

4. 包车客运实行（　　），由承托运双方根据里程、车型、车辆等级等商定。

　　A. 政府定价　　B. 市场调节价　　C. 企业定价　　D. 旅客定价

5. 采用（　　）售票方式的优点是方便旅客购票乘车；缺点是购票离旅行时间长的旅客，容易发生退票现象。

　　A. 依次预售　　　　　B. 随意预售　　　　　C. 分线路售票　　　D. 限日预售

6. 采用（　　）售票方式的优点是方便旅客购票乘车，而且不容易发生退票现象。

　　A. 依次预售　　　　　B. 随意预售　　　　　C. 分线路售票　　　D. 限日预售

7. 检票要在检票口进行，为使旅客进入检票口能自动成行，一般在检票口处设置宽度在（　　）米左右的栅栏式通道，保持较好的秩序，既方便检票工作进行，又可以加快旅客进站的速度。

　　A. 1　　　　　　　　B. 0.6　　　　　　　　C. 0.8　　　　　　　D. 1.2

8. 客运站为旅客提供计算机售票、候车、休息、治安保卫、安全检查、信息等基本客运服务，可向旅客计收（　　）。

　　A. 旅客补票费　　　　　　　　　　　　　　B. 旅客站务费
　　C. 旅客退票费　　　　　　　　　　　　　　D. 旅客行包管理费

二、多项选择题

1. 客票按客运方式可分为（　　）。客票是道路旅客运输经营者向旅客收取运费的"发票"，也是旅客报销旅费和乘车的凭证。

　　A. 固定客票　　　　　　　　　　　　　　　B. 定额客票
　　C. 补充客票　　　　　　　　　　　　　　　D. 客运包车票

2. 旅客运输过程中发生下列情况，由车站承担责任的是（　　）。

　　A. 由于车站发售客票中填错发车的日期、班次、开车时间，造成旅客误乘或漏乘的
　　B. 由于检票、发车、填写路单失误造成旅客误乘、漏乘的
　　C. 因客车技术状况或装备的问题，造成旅客人身伤害及行包损坏、灭失的
　　D. 因驾驶员违章行驶或操作造成人身伤害及行包损坏、灭失的

3. 旅客运输过程中发生下列情况，由运方承担责任的是（　　）。

　　A. 由于车站发售客票中填错发车的日期、班次、开车时间，造成旅客误乘或漏乘的
　　B. 因驾驶员擅自改变运行计划，如提前开车、绕道行驶或越站，致使旅客漏乘等，造成直接经济损失的
　　C. 在行车途中发生托运行包灭失、损坏的
　　D. 不按运行计划或合同向车站提供完好车辆，使班车停开、缺班的

4. 旅客运输中，旅客的义务包括（　　）。

　　A. 按照约定或票面规定的时间、地点乘车
　　B. 遵守运输安全规定
　　C. 支付运费
　　D. 提供连续的规定的运输服务

三、简答题

1. 客运站票务相关收费包括哪些?
2. 简述售票的方式。
3. 简述客票的种类及适用范围。
4. 简述售票作业程序。
5. 简述检票员的岗位职责。

四、论述题

论述班车客运合同变更的相关规定。

第五章

Chapter 5

公路客运站行包管理

【本章要点】

- ◇ 了解行包的分类及特点
- ◇ 了解客运站禁止运送的物品
- ◇ 了解货物的性能及运输要求
- ◇ 了解货物运输当事人的权利与义务
- ◇ 掌握行包托运工作程序
- ◇ 了解行包员岗位职责和工作标准
- ◇ 掌握行包运输事故与纠纷处理

第一节 客运站行包基础知识

一、行包托运的概念和内容

1. 行包的概念及分类

旅客托运的行李、包裹简称行包。

行李即旅客携带的日常衣物用品、被褥、零星土杂品。小孩车和残疾人座车,以及职业上需用的小件工具等,可以按行李托运,但小孩车和残疾人座车,每张客票只限一辆。车站认为有必要检查行李时,可以要求旅客开启行李会同检查。

包裹即需要快速运送的物品或超出行李规定范围的物品,均可按包裹托运。如车站认为有检查必要时,可以要求托运人或自理人开启包裹会同检查。

行包分为普通、轻浮和计件三类。

(1)普通行包是指每千克不超过0.003立方米,每件重量不超过30千克的行包。每位旅客随身托运行包总重不得超过40千克。

(2)轻浮行包是指每千克超过0.003立方米的行包,每位旅客随车托运的总体积不得超过0.120立方米。

(3)计件行包是指按规定以货物件数为托运单位的行包,如未拆散的自行车、残疾人座车、电风扇等。计件行包按照规定的换算重量计费。例如,辽宁省汽车客运站计件行包换算重量如表5-1所示。

表5-1 辽宁省汽车客运站计件行包换算重量

品 名		计量单位	计费重量/千克
未拆散的自行车		辆	50
残疾人座车		辆	30
各种儿童座车		辆	5~15
儿童脚踏车		辆	10
未拆散的缝纫机		台	50
摩托车		台	250
电视机	36厘米(14英寸及以下)	台	30
	41~43厘米(16~17英寸)	台	50
	46厘米(18英寸)	台	80
洗衣机	单缸	台	50
	双缸	台	100
未拆散的电风扇	落地扇	台	40
	台扇	台	20
折叠床		张	20
各种凳椅		把	10

2. 行包限额

旅客随身携带的物品，每一张全价票（含残疾军人票）免费10千克，每一张儿童票免费5千克。超过规定时，其超过部分按行包收费。

3. 行包收费标准

普通行包以实际重量为计费重量，轻浮行包以体积每0.003立方米折合1千克为计费重量，计件行包以规定的折算重量为计费重量。

4. 禁止运送的物品

下列物品不准按行包运送或自行携带乘车。

（1）危险品（包括爆炸物品、易燃品、自燃物品、腐蚀物品、有毒物品、杀伤性物品），放射性物品，易腐品，有臭味或者能污染损坏其他行包或车辆设备等物品。但电影胶片装入金属盒内，再装入金属容器或坚固的木箱中严封，并挂有明显的危险品标志，经车站查验后，可按包裹收运。

（2）沿途需要饲养的动物或灌溉的植物。家禽、初生雏、鱼苗、植物秧苗，经车站认可，在不影响座席、车内卫生、包装又严密的情况下，准予小量携带，由旅客自理。

（3）尸体、尸骨（尸骨灰封装严密者经车站许可准予收运）。

（4）违禁品、禁运品。

二、货物的性能及运输要求

货物的性能主要有11种，货物性能及运输要求如表5-2所示。

表5-2 货物性能及运输要求一览表

序号	性能名称	描述	运输要求
1	耐温性	物体在外界温度变化时，不致破坏变质和显著降低其使用价值的能力	装运时需要防热措施
2	耐湿性	物体对水分或潮湿的抵抗能力，货物吸收水分或受潮的结果是会使其成分和性能发生变化	采取防潮措施
3	脆弱性	物体受到外力冲击及重压时易于破碎或变形	注意包装，小心轻放，行车时要避免剧烈振动
4	互抵性	两种物品各自的性质互相产生有害的作用	互抵物质严禁混装和混合储存
5	易腐性	货物在一般温度和条件下，由于本身的物理或化学变化而迅速腐坏的性质	必须及时运输，并采用适当的防腐措施，如冷藏等
6	自燃性	物质不与明火接触、由于氧化作用就产生燃烧的性能	注意密封，避免与空气接触
7	易燃性	货物本身极易燃烧，且能产生可燃气体，当与空气混合后接触火星就会产生燃烧的性能	注意包装，配装隔离
8	腐蚀性	货物对其他多种货物起腐蚀作用，易危害人体的性能	专业工具装运，与其他货物隔离
9	毒害性	物体含有有毒元素或气体，有害人体健康的性能	装卸平稳轻放，专业工具装运
10	爆炸性	货物经受高温、明火、碰撞时，引起燃烧爆炸的性能	严格包装，轻装轻运
11	放射性	物体能放出穿透力很强的对人体伤害很大但感觉器官很难察觉的射线	严格包装，控制数量

三、危险货物定义与内容

根据国家标准《危险货物分类和品名编号》（GB 6944—2012），危险货物的定义是：具有爆炸、易燃、毒害、感染、腐蚀、放射性等危险特性，在运输、储存、生产、经营、使用和处置中，容易造成人身伤亡、财产损毁而需要特别防护的物质和物品。

上述定义包含了三点具体内容：

（1）具有爆炸、易燃、毒害、感染、腐蚀、放射性等性质。

（2）容易造成人身伤亡和财产损毁。

（3）在运输、储存、生产、经营、使用和处置中需要特别防护的物质和物品。

必须指出，上述三点要求缺一不可，否则就不能称为危险货物。例如贵重物品防丢失，精密仪器防震动，易碎器皿防破碎，都需要特殊保护，但是这些物品不具有特殊性质，一旦保护不当，不至于造成人身伤亡或财产（除货物本身）损毁，所以不属危险货物。

四、行包运输合同

办理行包运输，托运人与承运人之间必须签署运输合同。公路行包运输合同是指承运人与托运人、收货人之间明确行包运输权利、义务关系的协议。

行包运输合同自承运人接收行包并填写行包票时成立，至行包运至到站、到达地或托运人指定地点交付收货人止为履行完毕，行包票基本样式如表5-3所示。

行包运输合同的基本凭证是行包票，快运包裹运输合同的基本凭证是中国公路小件货物快运运单。

行包票、快运运单主要应当载明下列内容：

（1）发站和到站，发送地和到达地。

（2）托运人、收货人的姓名、地址、联系电话、邮政编码。

（3）行包的品名、包装、件数、重量。

（4）运费、快运包干费。

（5）声明价格。

（6）承运日期、运到期限、承运站站名、承运快运机构名及经办人员名章。

表5-3　汽车旅客运输行包票

班次号：		班次名称：			发车时间：	
客票票号		到达站			票价	
品名	包装	件数	品名	包装		件数
托运人		地址				
收件人		地址				
合计件数		实际重量			计费重量	
运费		装卸费			服务费	
合计金额						
填票人：				托运日期：	年　月　日	

1. 托运人基本权利和义务

托运人是指委托承运人运输行李或小件货物并与其签有行包运输合同的人。

（1）权利。

1）要求承运人将行包按期、完好地运至目的地。

2）行包灭失、损坏、变质、污染时要求赔偿。

（2）义务。

1）交纳运输费用，完整、准确地填写托运单，遵守国家有关法令及公路规章制度，维护公路运输安全。

2）因自身过错给承运人或其他托运人、收货人造成损失时应负赔偿责任。

2. 承运人的基本权利和义务

（1）权利。

1）按规定收取运输费用，要求托运的物品符合国家政策法令和公路规章制度。对托运的物品进行安全检查，对不符合运输条件的物品拒绝承运。

2）因托运人、收货人的责任给他人或承运人造成损失时向责任人要求赔偿。

（2）义务。

1）为托运人提供方便、快捷的运输条件，将行包安全、及时、准确地运送到目的地。

2）行包从承运后至交付前，发生灭失、损失、变质、污染时，负赔偿责任。

第二节　客运站行包业务运作管理

一、行包托运工作程序

行包托运的程序主要包括：承运、核收、入库、保管、交付、变更。其具体操作如下：

1. 承运

乘客持有客票的，大人免费行李重量为10千克，儿童票5千克。旅客自行保管的零星物品，不计入免费重量内。每张客票只能托运一次。

行包内不得夹带违禁品或漏税货物，如在起运站或到达站遇有关机关查验时，应由托运人或收件人自行料理。不论托运、收件人是否在场，如被查扣，车站概不负责。已收运费概不退还。

旅客另外托运免费托运重量以外的行包或货物，必须办理收件、过磅、计费、开票等作业手续。具体步骤如下：

（1）报价。报价后由托运人填写托运单（见表5-4），字迹必须清楚。对货物自愿投保运输险、保价运输、贵重货物等应在托运单中注明，出示价值凭证，双方验明，签章生效。

表5-4 ××客运站行包快运货物托运单

		201 年 月 日 □公路、□铁路 □航空 NO	
托运人填写	起运站：××客运站		到达站：
	收货人（公司）：		
	联系电话：（必填）		
	联系地址		
	货物名称：	包装：	
	件数：	重量：	
	保险运输（保险额¥ 元）、保价运输（保¥ 元）		
	提货凭证：□身份证□单位证明□传真证明		备注
承运方填写	运费：	保险费：	受理员
	材料费：	保价费：	收费员
	装卸费：		
	合计： 仟佰 拾元 角（小写： 元）		
托运人确认	注意事项：（略）		
	我已清楚以上条款，并同意执行，托运人签名：		
	联系电话（必填）：		
	联系地址		
备注			

（2）安检。办理托运必须接受车站工作人员的安全检查，点验行包与单据内容是否相符，对不符合要求或拒检的物品，车站不予受理托运。

（3）投保。以自愿为原则，保额由顾客自行决定，保单的正本和收据联交托运人。

（4）收款并开具收据或发票。所收款项包括托运费、搬运费、标签费、包装费等，并核对托运单的内容与票款是否相符。

（5）包装并粘贴标签。托运行包应由托运人包装完整、捆扎坚固，适于运输。旅客或托运人托运行包时，应在行包一端附有号码、姓名、住址、发到站名的自备标签（不限规格），也可以直接书写在行李或包裹上面。运输时需要特别注意的物品，托运人应在行包外部明显处标志清楚。行包承运站应在自备标签上注明行包号码，并在行包的适当地方粘贴或拴挂运输机构的规定标签。车站收件时如发现物品已变质或包装方法不适于运输性质和条件时，应向托运人说明，要求改善包装或不予承运。

（6）交接。通知搬运人员根据托运单核收行包并交货，同时，受理人与搬运人员在装车登记表（见表5-5）上确认后签名。

表5-5 装车登记表

序号	托运单号	到达站	件数	开车时间	安检	车牌	运费	装车费	材料费	装卸员	经手人

填写方法：行包受理入库后，由仓管员按实际情况填写，出库时交搬运员签认；搬运员持经车方签名的托运单向仓管员办理销号。

仓管员（签名）：

（7）装车。装车前，驾乘人员按单当面点验行包件数与包装，若无异议，驾乘人员在托运单上签名并保留该单据的第三、四联，第五联由搬运员带回销单。

（8）注销。根据搬运员带回的托运单注销其装车记录，并将托运单第一联交托运人，第二联交财务，第五联自留。

2. 核收、入库

行包原则上应随旅客同车载运。如因班次客车载重量所限，不能全部一次运送时，车站应根据具体情况，将托运的行包改由下一个班次运送，而旅客不得拒绝。行包运送除由旅客自己携带自理并按规定办理外，托运的行包以货运班车运送。但车站认为不妨碍旅客安全和舒适的小量行包，也可由客运班车运送。

班车驶到停车场，驾乘人员马上通知行包中心卸货。搬运员从驾乘人员处取得托运单后，到车上卸货，同时对所卸车的货物进行点验和签收，如无异议，将托运单连同行包安全、稳妥地移交行包受理人，搬运员与受理人在卸车登记表（见表5-6）上签名，办理交接手续，注销卸车登记表上的卸车记录。如果行包件数、包装和标签与行包快件托运单记录不符，须当面向承运驾乘人员提出核对。在行包件数短少、包装损坏、标签丢失等情况下，受理人与驾乘人员必须共同在货损货差登记表内进行登记，然后签收并安排搬运员将行包搬运入库，否则拒绝收货。

表5-6 卸车登记表

序号	起运站	托运单号	件数	承运班车车牌	入库时间	搬运员签名
1						
2						
3						
4						
5						
6						
⋮						

填写方法：搬运员将到站行包卸车后入库，由仓管员填写本单，并交搬运员签名。

仓管员（签名）：

3. 保管

受理人将行包搬运各项事宜（包括到达站点、到达时间、件数、标签号等）记录在案，并将行包入库。

4. 交付

行包运到后，应立即用到达通知书或其他方法（电话、公告）通知收件人。收件人凭行包票提取行包，如票遗失，应向到达站说明登记，经车站确认后，可凭有关证明提取。如行包已被他人持票取走，车站应协助查询，但不负赔偿责任。收件人提取行包时须出示本人身份证或有关证件。受理人在核实收件人提供的身份证明后，按规定收取相应的保管费和卸车费，并填写行包提取交付登记表（见表5-7）。收件人接收行包时，必须当面点验行包的件数及包装，如有疑义应立即向受理人提出。行包离开行包托运中心后，车站对其件数及包装等不负责。

到达站从通知或公告次日起负责免费保管2天，超过2天，核收保管费。行包自到达站发出通知或公告后10天内无人提取时，车站应认真查找使物归原主，超过90天仍无人提取的（鲜活易腐物品及时处理），即按无法交付行包处理。无法交付行包，报经交通主管部门批准后，向当地有关部门作价移交，所得价款，扣除应付的费用，余款立账登记。在180天内仍无人领取时，上缴国库。

表5-7 行包提取交付登记表

序号	托运单号	件数	提取时间	卸车费	提取人签名	身份证号码	经办人签名

填写方法：由经办提取交付的工作人员填写，交行包收件人（提取人）签名。

5. 变更

起运前，旅客要求取消或变更托运，可予办理，并核收手续费。

因班车停开或改道运行，行包运输参照以下方法办理：

（1）班车在始发站停开、晚点或变更车辆类别时须及时公告。旅客因此要求退票，应退还全部票款，不收退票费。旅客要求改乘，由车站负责签证。变更车辆类别，应退还或补收票价差额。

（2）班车中途发生故障，客运经营者应迅速派相同或相近类别车辆接运。接运车辆类别如有变更，票价差额概不退补。

（3）因路线阻滞，班车必须改道行驶时，票价按改道实际里程计收。按改道里程发售客票后，如班车恢复原路线行驶，发车前由始发站将票价差额退还旅客。

（4）旅客要求在中途站停运行包时，一般不予受理。如旅客因急病、伤或临产必须中途终止旅行时，退还所托运行包未运区段运费；如要求运回原起运站或运往其他到达站时，应重新办理托运。途中或车上办理托运的行包要求停运或改运，不退还运费。

二、行包员岗位职责和工作标准

1. 行包员岗位职责

（1）熟记本站营运线路、班次、发车时间、沿途停靠站点、里程，熟练掌握计件物品重量折算方法和行包运费计算方法，负责行包的受理、开票、保管、装卸、交付等工作。

（2）严格执行交通运输部收费规定和票据管理制度、营收报解制度，负责行包票据的领取、使用、登记和保管工作。严格执行行包库房的管理，绝不允许无关人员进入行包库房，以防发生问题。

（3）行包员受理行包托运，要作好安全检查，防止托运的行包内夹有危险品和禁运品。超限量物品，一定要达到包卡相符。堆码要做到整齐，计量要做到准确无误，收费符合规定。

（4）严格执行行包的监装、监卸和交接制度，交接手续要健全清楚。对行包托运行程中的责任事故，迅速作好商务事故记录、商务事故文件，并及时上报处理。

（5）主动为旅客代办包装，并代售有关包装材料，方便旅客需要，并做到收费合理。

（6）要按时填写当班的工作日志和健全原始台账，负责交接好当班工作，对本班未尽事宜，要交下班迅速办理。

2. 行包员的工作标准

（1）行包员在上岗前要准备和查检各种业务用具，校正衡量器，检查搬运器械等设备。

（2）收件、过磅、计费、开票，按顺序进行。

（3）检查旅客托运的物品是否符合有关规定。发现有疑点的行包应及时要求旅客开包，共同进行检查。严防托运行包中夹带危险品、禁运物品和超限量的物品。行包包装应牢固，不得过长、超宽、超高和超重。

（4）对行包要认真进行计量和丈量，并正确核算运杂费和装卸费等费用。做到合理计量，按标准收费，票据清晰准确。

（5）填好标签，并将其拴在行包的两端，便于校对和查找。

（6）做到分包入位，作好一切实际记录。

（7）对受理的行包要按标签、到站、班次、开车时间安排货位，堆放时要将标签朝外，并要做到重不压轻、大不压小。

（8）行包出库装车时，要核对好件数，作好出库记录，与驾乘人员办好交接手续，交代清楚，责任分明。

（9）装车时要按标签上到站的远近，做到先远后近、上圆下方、大件在外、小件在内、软硬搭配的操作方法，轻轻放，装卸时严禁吸烟。

（10）交付行包时要与旅客核对凭证，做到交代无误，同时作好交接记录。对未与旅客同车到达的物件，必须及时卸车，办好入库交接手续，待旅客提取。对逾期提取的行包，按规定加收保管费。

（11）行包正运率应达到99.9%以上，行包赔偿率应在5‰以下，计算公式是：

$$行包正运率 = \frac{正运件数（或重量）}{发运件数（或重量）} \times 100\%$$

$$行包赔偿率 = \frac{行包赔偿金额}{同期行包营运总收入} \times 1000‰$$

（12）交接班清楚，收入日款项填写准确，行包款及其他费用应做到日清日结，票、款、账、物相符，对行包款及其他费收款，要做到不积压、不挪用。

第三节　客运站行包安全运输处理

一、行包安全运输的意义

行包运输是公路客运的重要组成部分，安全、准确、及时、完整地运送行包，直接关系到人民的切身利益，也关系到公路客运站的声誉。因此，一定要做好行包的运送工作，为人民的旅行需要服务，为现代化建设服务。

二、行包安全运输的措施

（1）各级领导要切实加强对行包运输工作的领导，加强安全管理。站、车行李员、搬运员必须严格遵守和执行国家运输政策以及公路有关行包运输的规定，认真贯彻负责运输的原则，牢固树立爱货思想，做到安全、质量良好地完成行包的运输任务。

（2）发生行包运输事故要认真调查分析，及时正确处理，明确责任，制定改进措施。对长期坚持安全生产和防止事故的有功人员，应给予表扬或奖励。对违章作业、工作失职造成事故者，应给予行政处分，并追究其经济甚至法律责任。对频发行包安全事故的客运站和客运企业，要追究领导者的责任。

三、行包运输事故的种类和等级

1. 行包事故的种类

（1）火灾。

（2）被盗（有被盗痕迹的）。

（3）丢失（全部未到或部分短少，无被盗痕迹的）。

（4）损坏（破损、湿损、变形等）。

（5）误交付。

（6）票货分离、票货不符、误装卸或顶件运输。

（7）其他（污染、腐坏等）。

2. 行包事故的等级

行包事故按其性质和损失程度，分为重大事故、大事故和一般事故三个等级以及事故苗子

（1）重大事故。

1）由于承运的行包发生火灾、爆炸造成人员死亡或重伤达3人的。

2）物品损失（包括其他直接损失，以下同）价值超过3万元的。

3）尖端保密物品、放射性物品灭失。

（2）大事故。

1）由于承运的行包发生火灾、爆炸造成人员重伤的。

2）物品损失价值为1万～3万元的。

（3）一般事故。

1）由于承运的行包发生火灾、爆炸的。

2）物品损失价值为200～1万元的。

（4）事故苗子。在运输行包过程中（自承运时起至交付完毕时止）造成轻微损失及一般办理差错为事故苗子。事故苗子包括：

1）损失轻微，其价值不超过200元（含200元）的。

2）被盗在30日内破案并追回原物，损失轻微的。

3）票货分离、票货不符、误装卸及时发现纠正，未造成损失的。

4）误交付及时发现并取回，未造成损失的。

5）未按规定办理交接手续的。

6）违反营业办理限制的。

四、行包事故的立案和调查

1. 行包事故的立案

行包发生下列情况之一者，应立案处理：

（1）行包运输发生火灾、被盗、丢失、损坏、误交付、票货分离、票货不符、误装卸或顶件运输及其他事故时。

（2）行包超过运到期限10日，鲜活包裹超过运到期限没有运到时。

（3）行包超过运到期限没有运到或发生票货分离、票货不符、误装卸时，车站向发站致电查询行包的下落，查询无结果时。

2. 行包事故的调查

事故立案和调查处理由到站办理。行包在发站装运前全部灭失、毁损时由发站办理。

事故立案时，车站应会同有关人员编制行包事故记录一式三份。第一份留站存查，第二份调查用，第三份交旅客或货主作为提出赔偿要求的凭证（经查询找到后交付时应收回）。

行包事故记录是公路内部调查分析责任和处理事故的基本资料，是旅客或货主向托运人或责任方提出赔偿要求的依据。因此，必须严肃认真，详细填写，如实记载事故现状，不得虚构、假想、臆测，用词必须具体、准确、明了，书写应清楚，如有涂改必须由涂改人在改正处盖章，对事故责任无确切依据时不做结论。编制事故记录时应根据事故性质会同有关人员共同编制。例如，丢失、被盗事故应由车站负责人、公安人员、有关行李员及搬运员共同编制。

行包在发站或运输途中，发生行包事故时，有关站、车应编制客运记录一式两份。一份存查，另一份随行包递送到站，作为站、车交接的凭证和到站编制事故记录的依据。如在途中全部丢失、被盗、毁损，则应将客运记录和运送票据寄送到站。

五、货运事故具体处理

根据《汽车货物运输规则》，货运事故是指货物运输过程中发生货物毁损或灭失。货运事故和违约行为发生后，承托双方及有关方应编制货运事故记录。

（1）货物运输途中，发生交通肇事造成货物损坏或灭失，承运人应先行向托运人赔偿，再由其向肇事的责任方追偿。

（2）货运事故处理过程中，收货人不得扣留车辆，承运人不得扣留货物。由于扣留车、货而造成的损失，由扣留方负责赔偿。

（3）货运事故赔偿数额按以下规定办理：

1）货运事故赔偿分限额赔偿和实际损失赔偿两种。法律、行政法规对赔偿责任限额有规定的，依照其规定；尚未规定赔偿责任限额的，按货物的实际损失赔偿。

2）在保价运输中，货物全部灭失，按货物保价声明价格赔偿；货物部分毁损或灭失，按实际损失赔偿；货物实际损失高于声明价格的，按声明价格赔偿；货物能修复的，按修理费加维修取送费赔偿。保险运输按投保人与保险公司商定的协议办理。

3）未办理保价或保险运输的，且在货物运输合同中未约定赔偿责任的，按本条第1）项的规定赔偿。

4）货物损失赔偿费包括货物价格、运费和其他杂费。如有运杂费、包装费以及已付的税费时，应按承运货物的全部或短少部分的比例加算各项费用。

5）货物毁损或灭失的赔偿额，当事人有约定的，按照其约定；没有约定或约定不明确的，可以补充协议；不能达成补充协议的，按照交付或应当交付时货物到达地的市场价格计算。

6）由于承运人责任造成货物灭失或损失，以实物赔偿的，运费和杂费照收；按价赔偿的，退还已收的运费和杂费；被损货物尚能使用的，运费照收。

7）丢失货物赔偿后，又被查回，应送还原主，收回赔偿金或实物；原主不愿接受失物或无法找到原主的，由承运人自行处理。

8）承托双方对货物逾期到达、车辆延滞、装货落空都负有责任时，按各自责任所造成的损失相互赔偿。

（4）货运事故发生后，承运人应及时通知收货人或托运人。收货人、托运人知道发生货运事故后，应在约定的时间内，与承运人签注货运事故记录。收货人、托运人在约定的时间内不与承运人签注货运事故记录的，或者无法找到收货人、托运人的，承运人可邀请两名以上无利害关系的人签注货运事故记录。

货物赔偿时效从收货人、托运人得知货运事故信息或签注货运事故记录的次日起计算。

在约定运达时间的30日后未收到货物，视为灭失，自31日起计算货物赔偿时效。

未按约定的或规定的运输期限内运达交付的货物，为迟延交付。

（5）当事人要求另一方当事人赔偿时，须提出赔偿要求书，并附运单、货运事故记录和货物价格证明等文件。要求退还运杂费的，还应附运杂费收据。另一方当事人应在收到赔偿要求书的次日起，60日内作出答复。

（6）承运人或托运人发生违约行为，应向对方支付违约金。违约金的数额由承托双方约定。

（7）对承运人非故意行为造成货物迟延交付的赔偿金额，不得超过所迟延交付的货物全程运费数额。

（8）货物赔偿费一律以人民币支付。

（9）由托运人直接委托站场经营人装卸货物造成货物损坏的，由站场经营人负责赔偿；由承运人委托站场经营人组织装卸的，承运人应先向托运人赔偿，再向站场经营人追偿。

（10）承运人、托运人、收货人及有关方在履行运输合同或处理货运事故时，发生纠纷、争议，应及时协调解决或向县级以上人民政府交通主管部门申请调解；当事人不愿和解、调解或者和解、调解不成的，可依仲裁协议向仲裁机构申请仲裁；当事人没有订立仲裁协议或仲裁协议无效的，可以向人民法院起诉。

六、运输商务纠纷处理

（1）旅客运输过程中因下列情况造成损失，经营者不负赔偿责任：①被有关部门查获处理的物品；②行包包装完整无异，而内部缺损、变质；③旅客自行看管的物品非经营者责任造成的损失；④不可抗力；⑤夹带危险品或其他政府禁运物品进站、上车、托运的。

（2）因车站或运方责任造成的托运行包灭失、损坏的，按照全部赔偿、部分损失部分赔偿的原则，由责任方按下列规定赔偿：①非保价行包每千克最高赔偿额一般不超过10元，如失主持有证明物品内容和价格的凭证，可按国家定价或比照当地国营商店同类商品价格赔偿；②损坏物品能修复者，按修理费加送修运费赔偿；不能修复，但尚能使用者，按损失程度所减低的价值赔偿；③保价行包灭失，按托运时申明的价格赔偿，部分灭失，按声明价格赔偿灭失部分。

（3）因车站责任造成寄存物品损坏、灭失的，按每千克最多不超过20元的金额赔偿。

（4）旅客在小件物品或行包中藏匿危险品或其他禁运物品进站、上车或办理寄存、托运，按下列规定处理：①未造成危害和损失的，没收其携带的全部危险品和禁运物品并视情节轻重处以30元以下罚款；②已造成危害和损失的，除移交公安、司法机关追究治安、刑事责任外，还应赔偿全部经济损失。

【本章小结】

旅客托运的行李、包裹简称行包。

行包分为普通、轻浮和计件三类：①普通行包是指每千克不超过0.003立方米，每件重量不超过30千克的行包。每位旅客随身托运行包总重不得超过40千克。②轻浮行包是指每千克超过0.003立方米的行包，每位旅客随车托运的总体积不得超过0.120立方米。③计件行包是指按规定以货物件数为托运单位的行包，如未拆散的自行车、残疾人座车、电风扇等。计件行包按照规定的换算重量计费。

旅客运输中禁止运送的物品包括危险品、放射性物品、易腐品、有臭味或者能污染损坏其他行包或车辆设备等物品，沿途需要饲养的动物或灌溉的植物，尸体、尸骨、违禁品、禁运品。

办理行包运输，托运人与承运人之间必须签署运输合同。行包运输合同的基本凭证是行包票。行包票载明托运人、收货人、行包以及运费等信息，签订合同双方拥有一定权利同时也承担相应的义务。

行包托运的程序主要包括：承运、核收、入库、保管、交付、变更。承运的程序包括报价、安检、投保、收款并开具收据或发票、包装并粘贴标签、交接、装车、注销。行包员工作岗位具有岗位职责与工作标准，必须按照岗位职责和工作标准工作。

行包运输事故的种类包括：火灾；被盗；丢失；损坏；误交付；票货分离、票货不符，误装卸或顶件运输；其他。行包事故按其性质和损失程度，分为重大事故、大事故和一般事故三个等级以及事故苗子。事故立案时，车站应会同有关人员编制行包事故记录一式三份。

【复习思考题】

一、单项选择题

1. 旅客随身携带的物品，每一张全价票（含残疾军人票）免费（　　）千克，每一张儿童票免费（　　）千克。超过规定时，其超过部分按行包收费。
   A. 20，15　　　　B. 20，10　　　　C. 15，10　　　　D. 10，5

2. 轻浮行包是指每千克超过（　　）立方米的行包，每位旅客随车托运的总体积不得超过0.120立方米。
   A. 0.002　　　　B. 0.003　　　　C. 0.004　　　　D. 0.005

3. 完整、准确填写托运单，遵守国家有关法令及公路规章制度，维护公路运输安全，是（　　）的义务。
   A. 托运人　　　　B. 承运人　　　　C. 收货人　　　　D. 驾驶人

4. 要求托运的物品符合国家政策法令和公路规章制度，对托运的物品进行安全检查，对不符合运输条件的物品拒绝承运，是（　　）的权利。
   A. 托运人　　　　B. 承运人　　　　C. 收货人　　　　D. 驾驶人

5. 货运事故中，由于承运的行包发生火灾、爆炸造成人员死亡或重伤达3人的属于（　　）。
   A. 重大事故　　　　B. 大事故　　　　C. 一般事故　　　　D. 事故苗子

6. 在货运事故中，物品损失价值为1万～3万元的属于（　　）。
　　A. 重大事故　　　　B. 大事故　　　　C. 一般事故　　　　D. 事故苗子
7. （　　）是公路内部调查分析责任和处理事故的基本资料，是旅客或货主向托运人或责任方提出赔偿要求的依据。
　　A. 行包票　　　　　　　　　　　　　B. 行包事故记录
　　C. 行包收据　　　　　　　　　　　　D. 快运运单
8. 收货人、托运人在约定的时间内不与承运人签注货运事故记录的，或者无法找到收货人、托运人的，承运人可邀请（　　）名以上无利害关系的人签注货运事故记录。
　　A. 1　　　　　　　B. 2　　　　　　　C. 3　　　　　　　D. 4

二、多项选择题

1. 行包分为（　　）三类。
　　A. 普通行包　　　B. 轻浮行包　　　C. 计件行包　　　D. 特殊行包
2. 下列属于危险货物的是（　　）。
　　A. 精密仪器　　　　　　　　　　　　B. 易碎器皿
　　C. 腐蚀性物品　　　　　　　　　　　D. 放射性物品
3. 在运输行包过程中（自承运时起至交付完毕时止）造成轻微损失及一般办理差错为事故苗子。事故苗子包括（　　）。
　　A. 物品损失价值为200～1万元的
　　B. 票货分离、票货不符、误装卸及时发现纠正，未造成损失的
　　C. 未按规定办理交接手续的
　　D. 被盗在30日内破案并追回原物，损失轻微的
4. 旅客运输过程中因下列情况造成损失，经营者不负赔偿责任的是（　　）。
　　A. 被有关部门查获处理的物品
　　B. 行包包装完整无异，而内部缺损、变质
　　C. 旅客自行看管的物品非经营者责任造成的损失
　　D. 不可抗力

三、简答题

1. 简述行包中禁止运送的物品。
2. 简述行包票、快运运单需要载明的内容。
3. 简述行包托运人的基本权利及义务。
4. 简述承运人的基本权利及业务。
5. 简述行包托运的工作程序。

四、论述题

论述行包托运的工作程序及注意问题。

第六章 Chapter 6
公路客运站旅客候车厅管理

【本章要点】

- ◇ 了解公路客运站问讯服务工作内容
- ◇ 了解公路客运站问讯服务工作规范
- ◇ 了解寄存物品服务管理的特点
- ◇ 掌握寄存物品服务管理的程序
- ◇ 掌握寄存物品在保管架上的保管方法
- ◇ 掌握广播工作程序与主要内容
- ◇ 了解客运宣传广播用语

第一节　客运站旅客问讯服务管理

一、问讯服务工作内容

客运站对旅客开展问讯服务的主要内容和做法，是收集、整理旅客旅行中有关的问题，分门别类地把需要的信息汇集起来，以备旅客需求的咨询。目前应具备的问讯项目包括：

（1）乘行信息问讯，包括：①本站通往线路、班车次数、发车和到达车辆的班次、方向、时间、行程、票价、沿途站点、到达终点站时间以及行包托运等项目；②其他交通方式，火车时刻表、航运时刻表和飞机班机时间表及票价等方面的信息；③城市公共交通线路图。

（2）游览景点、古迹、风景区的游览介绍及通行路线，发车和到达的班次、时间、票价、入园票价等信息。

（3）当地一些大、中型的旅社宾馆的地点、房间设施及住宿费用、联系电话、公共交通路线、乘车地点和票价等信息。

（4）大型市场、商店及其经营情况、营业时间，以及乘车路线、票价、终车时间等信息。

（5）大型工厂、企业、重点单位的地点（包括新旧地名、街名）、联系电话、乘车路线和票价等信息。

（6）其他方面需要为旅客问讯服务的项目等。

二、问讯服务工作规范

问讯服务人员要熟悉车站的情况以及班次的开发车时间，及时掌握车站的变化情况，耐心热情地解答问题，并要求熟记本站营运线路、班次、发车时间、沿途主要停靠站点、里程、票价、运行时间等及其他交通工具到开时刻，了解掌握当地风土人情、名胜古迹；负责接待旅客问事，有问必答，百问不烦。

1. 上岗前准备工作

（1）着装整洁，佩戴服务证章，打卡上岗。

（2）参加班前会，掌握当日车次、时间和线路变更等情况。

（3）准备好责任区域服务设施，放好旅客意见簿和工作记录本。

（4）做好其他各项服务准备工作。

2. 服务工作

（1）工作期间，应讲文明礼貌用语，保持规范站姿，与旅客交往做到有礼有节，保持公司的良好形象。

（2）电话铃响必须尽快接起，应说："您好，××站服务总台，请问有什么可以帮助您？"如果接电话迟了，应说："对不起，让您久等了。"

（3）上岗时，应注意大堂旅客动态，当旅客行近服务总台时，应面带微笑，主动说："先生/小姐，您有什么需要帮助？"

（4）接待问讯时，做到有问必答、百问不厌，准确、迅速地为旅客解答疑难问题。

（5）接待外来人员，并引导其到相关部门，或与相关人员及时沟通，要求举止规范，态度和蔼，耐心周到。

（6）接待旅客投诉，帮助旅客解决疑难问题。善于观察旅客心理，热情接待旅客投诉，及时主动为旅客排忧解难。

3．下班前

（1）搞好本区域的清洁卫生。

（2）认真阅读旅客意见簿，及时向值班站长汇报。

（3）认真填写交接班记录。

（4）参加班后会，总结当天工作情况。

三、突发事件处理

1．对待旅客反映问题或投诉，需要做到：

（1）耐心倾听，详细记录。

（2）给旅客合理的解释，必要时诚恳向旅客致歉。

（3）处理不了的旅客投诉，请旅客留下姓名、联系电话和意见内容，找值班站长解决。

2．客运站班次、票价等信息有变化，需要做到：

（1）告之旅客信息变化的具体情况，信息变化给旅客出行带来了不便，向旅客致歉。

（2）告之旅客及时掌握信息变化的途径。

（3）为旅客提供最佳选择，帮助旅客解决实际问题。

（4）解释处理不了的问题，不能拖延旅客，及时找值班站长解决。

第二节　客运站旅客候车服务管理

候车厅是旅客等候上车的场所，是旅客在公路客运站的主要活动地，搞好候车厅的服务工作，使旅客有一个清洁温暖的候车环境，对于提高旅客运输质量有重要作用。

旅客在候车时，需要的服务主要包括寄存物品服务与候车厅服务。

一、寄存物品服务管理

1．寄存物品服务管理的特点

寄存处的设置完全是从方便旅客的角度出发，对旅客随身携带的不需办理托运手续的日常用品、少量食品等予以暂时保管。它与行包的入库保管有许多相同之处，也有自身特点：

（1）大件少、重量轻、易于放置。

（2）存放时间多集中于班车到达后，领取时间多集中在开车前。

（3）寄存时间短。

（4）只收取寄存费，财务手续简单。

（5）只有存、取、保管作业，无装卸作业。

寄存处为旅客寄存物品时，手续简便，旅客随时寄存，随时领取。由于工作时间长，可分班进行。两班之间要搞好交接，以使责任分明，并保持工作的连续性，另外要搞好治安，以防止失窃事故发生。

2. 寄存物品服务管理的岗位职责与程序

（1）寄存员岗位职责。

1）查阅交接班日记，了解上一班工作情况及要求，为旅客实施完整的物品寄存服务项目。

2）负责旅客物品的寄存与保管。

3）协助旅客使用自动电子寄存柜。

4）负责填写、清点寄存票据，收款、缴款。

5）负责核对账目，登记寄存物品数量、货架号等交接班工作。

（2）寄存物品服务管理的程序。

1）简要宣传安全运输规定，违禁物品和贵重物品不予寄存，也不准夹放在其他物品中寄存。

2）向旅客询问寄存物品的主要内容，有疑问时，当面检查。

3）接受寄存后，填写寄存票一式二联或下联，也可用两枚号码相同的金属牌或一分为二的木牌代替。

4）唱收旅客交来款数。

5）将寄存费收据、找补余额和领取凭证交给旅客。

6）在寄存物品明显处或多件物品相连处拴好寄存票存根联（木牌、金属牌）。

7）在保管架上放置妥当。

【实例】某乘客于2014年3月11日交存棉被两床，收费金额为3元，由前台服务员刘娜办理寄存业务，其操作如下：

（1）登记小件寄存登记表，如表6-1所示。

表6-1 小件寄存登记表

2014年3月

日期	存时当班	品名	数量	存时	收费金额	牌号	行李票号	取时	取时当班	备注
3.11	刘娜	棉被	2		3元	18				

（2）撕取与旅客实付金额相符的发票，连同提取单（见图6-1）交给旅客。

```
广州××汽车站有限公司
小件行李保管提取单
号码：18
摆放位置：18
件数：共贰件（大写）
保管日期：2014年3月11日
备注：
                    经手人：刘娜
说明：此单据及发票联是提取行李的凭证，请
妥善保管
```

图6-1　提取单

（3）把标签（见图6-2）粘贴在该旅客寄存的行李物品上，以便核对。

```
号码：18
件数：共贰件
保管日期：2014年3月11日
```

图6-2　标签

（4）交付。旅客须提交提取单和发票提取物品。认真核对无误后，逐件交付。如果旅客丢失寄存牌，请示值班站长并取得同意后，则按《寄存须知》办理。对旅客遗留的行李物品要做好交接登记，超规定时间无人认领的及时移交有关部门处理。

3．寄存物品在保管架上的保管方法

寄存物品在保管架上应有规律地放置，以便在旅客领取时可以迅速找到，节约旅客等候的时间。主要方法有：

（1）按外形分类分区放置，如可将提包、背包、网兜等分别放在不同的区域。

（2）按寄存票尾号分区设置。

（3）大件和小件物品分区设置（但同一寄存人的不要分开）。

（4）团体旅客寄存的物品应单独集中放置。

4．突发事件处理

旅客要寄存贵重或易打易碎的物品，需要做到：

（1）告知旅客因无法确认行包内是否有贵重物品，且贵重物品的价值也无法衡量，如出现问题不好解决，所以贵重物品不予寄存，请旅客谅解。

（2）易打易碎的物品，寄存前因无法检查是否完好，寄存过程中也难免刮碰，请旅客谅解。

（3）如旅客执意要寄存，应妥善保管，但让旅客注明破损自负，请旅客理解。

二、客运站候车厅服务管理

候车厅服务人员不仅要保持候车厅内清洁，宣传交通常识和旅行安全知识，正确回答旅客的询问，而且要根据不同旅客的具体情况，提供良好的服务和帮助，特别要对老弱病残旅客进行重点照顾，使他们感受到亲人般的温暖。因此，候车厅服务人员不仅要树立全心全意为人民服务的思想，而且要掌握一心为旅客服务的本领，除了熟悉本站点外，还应了解当地及附近地区其他交通情况，当地机关、学校、厂矿、企业、招待所、主要旅社和服务性行业情况，以及旅游地、名胜古迹等，才能即时满足旅客的询问，更好地为旅客服务。

1. 候车厅服务工作内容

（1）及时整理候车厅内的各项设施设备，如座椅的整理，时钟、日历的校对，报纸的更换等。

（2）随时进行旅行常识宣传，进行危险、违禁、漏税及其他不能携带上车的物品检查；对于尚未购票的旅客指引他们购票；对不适于带入车厢内的物品，要劝说旅客先办好行包托运手续或作其他处理；随时提醒旅客保管好随身携带的物品等。

（3）安排旅客候车。对于已购车票的旅客，要根据候车区的划分，安排适当的位置休息候车，对于老弱病残孕及婴幼儿要特殊照顾，帮助他们购票、托运、上车。

（4）组织旅客检票上车。按照各班次的开车时间，及时引导旅客到位，组织旅客有秩序地检票乘车，以免错乘、漏乘。

（5）卫生工作。随时打扫候车厅的卫生，动员旅客共同保持候车厅的清洁卫生，使旅客有一个整洁清新的候车环境。

（6）其他服务工作。随时答复旅客提问，帮助旅客解决某些困难，搞好候车厅治安、开水的供应及以做好其他服务项目等。

2. 候车厅服务员岗位规范

（1）准备工作。

1）着装整洁，佩戴服务证章，打卡上岗。

2）参加班前会，掌握当日车次、时间和线路变更等情况。

3）准备好责任区域服务设施。

（2）服务工作。

1）工作期间讲文明礼貌用语，与顾客沟通时做到有礼有节，保持客运站的良好形象。

2）上岗时应面带微笑，当旅客咨询时，应耐心向旅客解释，并用规范姿势指引。

3）密切注意候车厅内的旅客动态，当出现不良行为时，应上前有礼制止，如果有旅客严重影响候车秩序，则可视情况请保卫协助解决。

4）不断巡视候车厅卫生情况，发现顾客有吸烟、躺睡、乱丢垃圾等现象，应及时有礼解释制止；发现鞋、大的旅行箱、尖锐物品等放在座椅上的要及时提醒。

5）注意观察旅客情绪，发现有需要帮助的旅客应主动上前帮助。督促旅客办理行包票，购买儿童票，提示旅客按时检票上车。

6）发现椅凳、地面有杂物及不清洁时，应立即通知保洁人员清理。

7）协助维持候车厅内旅客秩序，发现纠纷、打闹事件应立即通知安保部门处理。

（3）下班前。参加班后会，总结当天工作情况。

3. 候车厅清洁卫生管理

车站是旅客集、散的地方，清洁卫生工作非常重要，它不仅关系到车站的站容、站貌，而且与旅客（也包括工作人员）的身体健康有着直接的关系。因此，清洁卫生工作也是为旅客服务的一个方面，车站必须在抓好其他工作的同时，抓好清洁卫生工作，以此反映服务质量和车站人员的精神面貌。

（1）突出重点、兼顾一般。车站内售票厅、候车厅、行包办理处是旅客主要聚集的地方，应督促服务人员加强清扫，随时保持自己工作范围内的清洁卫生。

（2）划分清扫区域，将责任落实到班组和个人，分片包干，不留"死角"。

（3）制定清扫制度，根据不同区域，可分别采取定期清扫、定时清扫、随脏随扫等办法。

（4）掌握季节特点，及时进行药物消毒，调整有关卫生方面的规定。

（5）加强卫生检查、评比、表彰先进，促进后进班组和个人搞好清洁卫生工作。

（6）搞好宣传工作，取得旅客的积极配合和支持，保持清洁卫生，共同促进爱国卫生运动的开展。

（7）制定有关促进清洁卫生的措施。

4. 常见情况处理

（1）发现旅客货物超重，应礼貌提醒："您好，这些货物是哪位的？您走几个人？每人免费携带10千克，您的货物超重，请到行包办理处办理行包票，谢谢您的合作。"

（2）发现儿童超高，应礼貌提醒："您好，您的孩子购票了吗？超过1.2米的儿童需购买儿童票，谢谢您的合作。"

（3）发现旅客躺在椅子上睡觉，应礼貌提醒："您好，请问您乘几点的车，班车提前十分钟检票，需要检票前叫醒您吗？"

第三节　客运站旅客广播服务管理

一、客运站广播服务的作用

客运站广播服务，同车站和客运班车的乘务人员作为宣传者，按照旅客运送作业的需要所拟定和排列的宣传内容，通过有线广播、扬声器，向旅客宣传旅行常识，旅行中应遵守的事项以及购票、检票、上车或到站下车、办理行包托运等信息。

客运站广播服务的作用，在于内外协调，宣传疏导，配合各项作业程序，疏导旅客有秩序地进行旅行活动，其具体作用表现在：

1. 沟通车站与旅客间的旅行活动信息，沟通班车与旅客间的服务活动信息

旅客是车站、运行班车的主要服务对象，也是客运组织活动的对象。有组织地按照指定地点、规定时间向旅客广播行车班次、开往方向、发车、到达运行时间、购票时间、检票地点、检票时间及上车地点，使旅客心中有数，有次序地按时间进行乘车活动；广播宣传旅客应遵守公共秩序，注意看管好随身携带物品，防止丢失的现象发生。争取在广大旅客的协助下，圆满地完成旅客运送任务。

2. 沟通车站内部各业务岗位和各参营者之间的协调关系

根据站务作业程序和调度有关业务工作部门的通知，广播班车准点和非正点发车时间，参营者车辆停放地点、发车班次、到达车辆班车的进站时间地点以及各班车售票、检票时间，使车站各业务作业人员及时到岗，做好迎送班车及检票待客的准备工作，使站务作业活动达到整体协调，相互衔接。

3. 组织旅客有秩序地乘车

对班次较多、客流量较大的车站，要通过客运站广播疏导旅客按班次划定候车区排队检票，由服务员引导上车。通过客运站广播，能在很大程度上疏解或防止"候车时乱，上车时挤"的现象。

4. 进一步发挥客运站文明窗口的作用

在加强物质文明建设的同时，要通过宣传广播抓好车站的精神文明建设，重点宣传公共卫生常识和公共道德，使广大旅客都能讲究公共卫生，维护公共秩序，发扬精神文明风尚，互相协助，互相照顾，互相谦让，文明礼貌地乘车旅行。

5. 帮助旅客寻人问事，解答咨询，招领和查找失物，更好地为旅客需要服务

广播室是公路客运站进行政治、时事、业务知识宣传和通知有关运输事宜的处所。通过广播，可使旅客了解政治形势和旅行常识，活跃旅行生活，维持车站秩序，指导旅客办理业务手续，安全、及时地乘车。

二、广播员的工作职责与标准

1. 广播员工作职责

（1）围绕旅客运输服务，有计划地宣传车站业务、服务项目、旅客须知和安全、卫生、旅行常识，当好旅客向导。

（2）适时播放通知、公告等有关内容。

（3）保护好设备、器材，保管好各种资料，严格播音室管理，严禁无关人员进入播音室。

（4）建立播音记录，宣传性的播音稿件要由有关领导审阅准播后进行播出，不准任意播送无关的播音节目。

2. 广播员工作标准

（1）播音前要认真检查设备，试播监听，调好音量，准备好播音稿，保证按时播音。

（2）要坚守岗位，集中精力。广播时使用标准普通话，必要时穿插一定的外语播音。

（3）介绍本站本地区情况要准确熟练，播放当日班线车次、售票、发车和到达时间、地点及班次变更情况要准确及时。

（4）根据车站作业程序，适时介绍有关作业内容。

（5）严格播音室内部管理，妥善保管广播器材和资料，建立台账，保持室内肃静整洁。

（6）严格执行交接班制度，认真填写交接班记录，对广播器材、用品资料要交接清楚，实行责任管理。

三、广播工作程序与主要内容

1. 广播工作程序

（1）广播员到岗后，应清扫卫生，查看上班播音日记，有无委托事项，整理播音稿件，安排播音顺序。

（2）检查播音设备。

（3）宣传广播。在广播过程中要做到：按站务作业程序，根据当班服务作业的发车情况，循环播送每一班线车次数、候车购票词、检票发车词、安全行车词；随时向旅客播送班车发车时间和其他站务作业的变更情况，并插播旅客寻人和失物招领等事项。

2. 广播主要工作内容

（1）向旅客介绍售票、托运行包、领取行包、寄存物品、安全乘车等方面的规定和一般常识，以及本站情况和服务项目。

（2）组织广播文艺节目，宣传好人好事。

（3）向旅客介绍本地风景名胜、文化古迹。

（4）通知班次变更及班车到、开情况。

（5）通知在候车厅外或车站附近逗留的旅客及时检票乘车。

（6）代旅客（或接客人）广播找人等事宜。

（7）向本站工作人员通知有关事宜。

四、对广播工作人员的要求

1. 广播工作人员要求

（1）坚守工作岗位，不擅离职守，广播期间不要与人闲谈。

（2）努力掌握本站客运工作的特点及规律，采用不同的广播形式（转播、放录音或自编节目等），提高广播质量和效果。

（3）认真搜集有关资料，并做好整理、加工工作。

（4）爱护广播器材，严格备品整理，保管好唱片、录音带，经常维修、保养、检查线路和播音设备，保证广播时不发生故障。

（5）搞好播音室对外服务工作，接办广播事宜时，无论对站内职工还是对旅客，都要态度热情。

（6）做好播音室的卫生工作。

（7）播音前要认真检查设备，试播监听，调好音量，准备好播音稿，保证按时播音。

（8）介绍本站本地区情况要准确熟练，播放当日班线车次、售票、发车和到达时间、地点及班次变更情况要准确及时；根据车站作业程序，适时介绍有关作业内容。

（9）严格执行交接班制度，认真填写交接班记录，对广播器材、用品资料要交接清楚，实行责任管理。

2. 广播质量要求

（1）广播时做到慢、高、清、吐字清楚。要坚持播音，每次停播后，间歇时间一般不超过15分钟。

（2）播音时，要确保播音效果良好，不出差错，做到播音内容准确。

（3）一天播音完毕关机，并进行清扫，做好机器清洁，罩好布罩，并填好播音日记。

五、客运宣传广播用语

1. 客运宣传广播用语的特点

客运宣传广播用语，除具有语言、行业语言的特点外，还要具有公路客运行业适用的特定环境、条件和人员的特点，主要是体现在它的行业性、主动性、通用性（标准性）、规范性、咨询性和重复性。

（1）行业性。这就是要适用公路客运行业。它的服务对象是旅客，服务车间是车站及客运班车车厢，服务条件是完成旅客位移的营运活动。其语言使用范围和宣传广播的内容，必然受限制而呈现行业性，如候车区域、售票窗口、售票时间、检票地点、时间、上车地点、发车时间等行业语言。

（2）主动性。公路客运服务对象是广大旅客，这些旅客来自四面八方，人地生疏，乘车路线或换乘地点陌生。要主动向旅客宣传旅行常识、乘车路线等，主动解答咨询，作好向导。

（3）通用性（标准性）。旅客中人员结构复杂，天南海北都有，在宣传广播中，要使用让大家都能听懂的通用性标准语言，说普通话。

（4）规范性。由于客运工作的日复一日，年复一年，根据经验的积累和乘客的普遍需求，已形成规范化、标准化的行业服务语言。

（5）咨询性。车站根据日常旅客所咨询的有关旅行中需要知道的问题，如换乘飞机、轮船、火车等其他交通方式的时间、班次、乘坐地点，旅游区的旅游路线、风景古迹情况等问题，汇编成广播词，主动宣传介绍。这体现了客运宣传广播用语的咨询性。

（6）重复性。这是客运作业的一大特点。客运广播要在每一客运班次的始发站与到达站，都不断重复地播放固定的广播词。因为旅客一批批地流动，一批旅客走了，新的一批旅客又来了，要使过往旅客都能及时听到客运信息，在广播信息的向导下进行乘车活动，车站广播人员应不厌其烦地进行循环播音。

2. 客运宣传广播语言运用的原则

（1）标准化的原则。坚持广播用语、用词的准确无误；广播用语要完整，不说半句话，造句不能残缺不全，防止由于缺乏主语或缺乏谓语造成广播词语不全、不完整、有失文明礼貌的现象发生；广播语言要标准化，说普通话。普通话是现代汉语的标准语，它以北京语音为标准音、以北方话为基础方言。随着社会的不断进步，人口流量的不断增大，客运广播掌握和运用普通话使语音规范，不仅适合各地旅客，还能起到推广普通话的作用。

（2）语音清晰的原则。强调语音清晰，要做到语音有节奏感，话不能说得太快。说话速度太快，旅客很难听清。只有速度适中，音节分明才能吐字清楚，使旅客听明白广播事项。广播语言要声音洪亮，因为车站、车厢人员集中，噪声较大，广播声音太小旅客很难听清楚。

（3）简洁、通俗的原则。在服务广播用语中，有一部分属于形势或安全的宣传，还有关于乘车、票务方面的宣传。这些宣传是必要的，但在短的候车或乘车过程中，长篇大论的宣传又不适宜，旅客对此也不感兴趣，也会挤占了必要的业务服务播音时间。因此，客运广播语言力求简洁、明了、画龙点睛。在广播宣传时还要注意语言的通俗化，要注意用词浅显易懂，少用或不用深奥的名词、术语。

（4）情感性原则。所谓情感性原则，是指广播语言的文明性和使用时具有的丰富情感色彩。表现用语的亲切和善，词语温和，充分体现出尊重人、爱护人的精神。

3. 客运广播稿件编写内容

客运广播稿件主要围绕着站务作业程序，在以下范围内编写：

（1）客运作业宣传稿件。它主要根据全日的发车班次、到达班次，编写阶段性的广播词。售票前广播购票时间、购票窗口、遵守秩序等内容；检票上车前要播送检票时间、检票入口和上车地点，按次序排队上车；发车前要广播发车时间、未上车的旅客赶快上车、送站的人赶快下车以及行车中注意安全事项。这样按站务作业程序疏导旅客有秩序地进行购票、行包托运、检票与上车。

（2）广播客运规章制度、旅客须知、行包托运、禁止携带物品、安全、卫生、公共秩序等方面的广播用词。

（3）插播的新闻稿件、广告以及短小精悍的文艺性稿件，以调节旅客候车的气氛。

（4）其他有关业务作业临时变更通知或受旅客委托播送找人寻物，以及失物招领等方面的稿件。

六、常见广播用语

1. 请旅客协助

旅客们，为了您安全、舒适地旅行，请您协助我们做好以下几项工作：

由于客车条件限制，您随身携带的小件物品请不要超过10千克，并能放在自己的座位下或行李架上,以不影响车内安全、卫生为限,请您协助检查一下您的物品,如不符合上述规定,请您抓紧时间到托运处办理托运,以免影响您及时乘车。

带小孩的旅客请注意:您的小孩如果超高而没有买票,请自觉购票,以免上车时补票延误了大家的时间。

旅客们,为了保证您和他人的安全,根据国务院的规定,严禁携带易燃、易爆、有毒等危险品进站上车,如带有火药、汽油、香蕉水、导火线、炸药、枪支弹药、农药、剧毒品、鞭炮、二十盒以上的火柴的旅客,请听到广播后主动向服务员声明,允许您自行处理;如有故意伪装、夹带、隐瞒不报者,一经查出,除物品没收以外,还需要处以罚款,对造成事故、人身伤亡或国家财产遭到损失者,要依法追究刑事责任。

旅客们,候车厅内的桌椅、痰盂、果皮箱等各项设施都是为了方便大家的旅行而设置的,请注意保护,不要损坏。候车厅是旅客临时之家,为了使大家有一个良好的候车环境,除我们搞好卫生工作外,请各位旅客协助做好以下几点:

(1)请将吃剩的果皮、果核和用过的食品包装纸等扔到垃圾箱里。

(2)请不要随地吐痰。

(3)带小孩的旅客,请不要让小孩随地大小便。

(4)饮用水的旅客,请您将喝剩的水倒进水池。

(5)请您不要将脚踩在凳子上。

旅客们,您还有什么要求,请直接和服务员联系,他们会尽力帮助您的。

祝各位旅客旅途愉快,一路平安!

下次旅行再见!

2. 安全提醒

旅客们,您好!欢迎您来(××)汽车站乘车!为了您安全、舒适地旅行,请您不要携带易燃、易爆、有毒物品进站上车,上车后请看管好自己的行李。

旅客们,车站是公共场所,来往的人较多,请在候车厅内提高警惕,妥善保管好自己随身携带的物品,不要委托不认识的人看管,也不要放在离自己太远的地方,以免拿错或丢失。

行车途中要坐稳、扶好,不要与驾驶员闲谈,不要将身体的任何部位伸出窗外,以免发生意外。

驾驶员同志,请您提高警惕,严格遵守交通规则,请及时检查和维修好自己的车辆,将我们的旅客正点安全送达。

(××)汽车站全体工作人员祝各位旅客旅途愉快!祝各位驾驶员同志高高兴兴出车,平平安安回家。

3. 服务介绍

旅客们,早上好!(××)客运站为您服务,现在开始播音。

今天是12月2日,星期四,农历10月21日。我们车站全体工作人员,以优质的服务、完备的车辆设施、合理的运价向您提供安全、迅速、方便、经济、可靠的旅行服务。欢迎您来我站乘车!为了给大家提供方便,现在向您简要介绍一下车站的服务地点和服务项目:

本站的售票厅设在车站的中心,每个售票窗口都可以发售本站发出的各线班次的车票。

本站的行包办理处设在车站的北边,如果您需要托运行包请到行包办理处办理行包托运手续。

本站的候车厅设在车站的中心,买好车票的旅客请到候车厅候车。

本站的问讯处和小件寄存处,设在车站的播音室旁边;公共厕所设在本站的南边。

旅客们,现在向您介绍售票、行包托运以及候车时您要注意的问题:

(1)旅客购票:我站是计算机售票,每个售票窗口都可以发售车站发出的各线班次的车票,购买儿童票的规定是:身高在1.2米至1.5米的儿童,按全票的半价收费;身高超过1.5米的儿童应购全票;每一成人客票可免费随身携带一名身高1.2米以下的儿童,超过时请按实际超过人数购买儿童票,并随成人客票一同购买,以便供给座位。

(2)您购票时,请事先准备好零钱,拿到车票时,请核对一下客票上的到达站、乘车日期、车次、开车时间和找回零钱,如有不符,请当面向售票员核实更正。

(3)行包托运:您的行包如果超过10千克,儿童行包超过5千克,请到行包办理处办理托运手续。托运的行包必须包装完整、捆扎牢固、适宜装卸,每件行包重量不得超过30千克,并不准夹带易燃、易爆、有毒危险物品,以保证行包运输和旅客的安全。

(4)旅客候车:候车厅挂有车次牌,请您按车次依次候车。您如果需要打电话,候车厅为您设有IC磁卡电话;您如果需要广播找人,请到播音室办理。为了方便您的旅行,超市还为您准备了各种烟酒、糖果、食品等。

4. 站务收费

亲爱的旅客:

您好!

下面将为您介绍的是旅客站务收费情况。

客运站为旅客提供补票、退票、送票、行包变更、行包装卸、行包保管、小件物品寄存、站务等服务项目时,可收取相应费用。

(1)补票费。对旅客无票或持无效客票乘车者,均应补收自始发站起至到达站的票价。主动补票者,加收补票手续费1元;经查出补票者,除加收补票手续费外,还应罚以票面金额100%的罚款。补票手续费、罚款收入归客运站。

(2)退票费。客运站办理退票向旅客收取退票费。由于客运站或承运人的责任造成延误发车或脱班,允许旅客退票,并免收退票费,开车后不办理退票。旅客在当次班车开车时间2小时前办理退票,按票面金额10%计收退票费,不足0.50元按0.50元计算;班车开车前2小时以内办理退票,按票面金额20%计收退票费,不足1元按1元计算;票面金额不足退票费的,不办理退票。

（3）小件物品寄存费。客运站对旅客寄存的小件物品，按件按时间计收小件物品寄存费，普通小件物品每日每件次1元；贵重物品及体积超过0.12立方米的物品加倍收费。

（4）旅客站务费。客运站具备站级标准规定的设施、设备，为旅客提供候车、休息、治安保卫、安全检查、信息等基本客运服务并实行计算机售票的，按每人次在客票内向旅客计收旅客站务费0.50元。旅客站务费由车站在售票时，作为票价的一项成本因素与票价一并向旅客计收，车辆在途中售票不得收取。

亲爱的旅客，您要是遇到了什么困难，可以向我们的工作人员进行咨询，我们将竭尽所能地为您解决。您要是有什么意见或要求，可以向我们的工作人员提出，因为您的建议就是我们努力的方向！

祝您旅途愉快，一路平安！

5. 寻人、寻物、失物招领

（1）各位旅客，如果哪位旅客遗失（物品），请您听到广播后马上到（地点）联系认领。

（2）旅客朋友们，现在播报一个寻物启事，如有哪位旅客拾到（物品），请拾到的旅客和本车站的工作人员联系，谢谢！

（3）旅客朋友们，现在播报一个寻人启事，来自（地名）的（姓名）旅客，请您听到广播后马上到（地名），有人找，谢谢！

【本章小结】

公路客运站旅客候车厅管理包括问讯服务管理、寄存物品服务管理、候车厅服务管理、广播服务管理。

问讯服务人员要熟悉车站的情况以及班次的开发车时间，及时掌握车站的情况变化，并要求熟记本站营运线路、班次、发车时间、沿途主要停靠站点、里程、票价、运行时间等及其他交通工具到开时刻。

寄存处的设置完全是从方便旅客的角度出发，对旅客随身携带的不需办理托运手续的日常用品、少量食品等予以暂时保管。寄存物品管理人员具有详细的岗位职责与工作程序。

候车厅服务人员不仅要保持候车厅内清洁，宣传交通常识和旅行安全知识，正确回答旅客的询问，而且要根据不同旅客的具体情况，提供良好的服务和帮助。候车厅服务人员具有详细的岗位职责与工作程序。

客运站广播服务，按照旅客运送作业的需要所拟定和排列的宣传内容，通过有线广播、扬声器，向旅客宣传旅行常识，旅行中应遵守的事项、购票、检票、上车或到站下车、办理行包托运等信息。广播宣传服务人员不但具有岗位职责与工作程序，还需要了解常见的广播宣传用语。

【复习思考题】

一、单项选择题

1. （　　）服务人员要熟悉车站的情况以及班次的开发车时间，及时掌握车站的变化

第六章 公路客运站旅客候车厅管理

情况,耐心热情地解答问题。

  A. 问讯   B. 广播   C. 售票   D. 候车

 2. 寄存处的设置完全是从方便旅客的角度出发,对旅客随身携带的不需办理托运手续的日常用品、少量食品等予以暂时保管。下列所述各项中,不属于寄存品的特点的是（ ）。

  A. 大件少、重量轻、易于放置   B. 寄存时间短

  C. 只收取寄存费,财务手续简单   D. 包括存、取、保管与装卸作业

 3. 下列各项中,不是寄存物品在保管架上的保管方法的是（ ）。

  A. 按外形分类分区放置

  B. 按寄存票尾号分区设置

  C. 大件和小件物品分区设置

  D. 团体旅客寄存的物品也可按上述方法放置

 4. 客运站广播服务,同车站和客运班车的（ ）作为宣传者,通过有线广播、扬声器,向旅客宣传旅行常识,旅行中应遵守的事项、购票、检票、上车或到站下车、办理行包托运等信息。

  A. 驾驶员   B. 乘务人员   C. 检票员   D. 行包员

 5. 客运广播要在每一客运班次的始发站与到达站,都不断重复地播放固定的广播词。这符合广播宣传用语的（ ）特点。

  A. 通用性   B. 重复性   C. 标准性   D. 咨询性

 6. 旅客中人员结构复杂,天南海北都有,在宣传广播中,要使用让大家都能听懂的标准语言,说普通话。这符合广播宣传用语的（ ）特点。

  A. 通用性   B. 重复性   C. 通用性   D. 咨询性

二、多项选择题

 1. 旅客在客运站遇到问题时,可以向问讯处工作人员咨询或者投诉,问讯处工作人员需要（ ）。

  A. 耐心倾听,详细记录

  B. 给旅客合理的解释,必要时诚恳向旅客致歉

  C. 多个旅客问讯时,一个一个解答

  D. 处理不了的旅客投诉,要旅客留下姓名、联系电话和意见内容,找值班站长解决

 2. 旅客在候车时,需要的服务主要包括（ ）。

  A. 售票服务   B. 咨询服务

  C. 寄存物品服务   D. 候车服务

 3. 寄存员岗位职责包括（ ）。

  A. 负责旅客物品的寄存与保管

  B. 协助旅客使用自动电子寄存柜

C. 负责填写、清点寄存票据，收款、缴款
D. 负责核对账目，登记寄存物品数量、货架号等交接班工作

4. 客运站候车厅服务工作包括（　　）。
　　A. 清洁卫生　　　　　　　　　　B. 整理设施
　　C. 回答旅客随时问讯　　　　　　D. 提醒建议

5. 客运站广播服务人员的主要工作内容包括（　　）。
　　A. 组织广播文艺节目，宣传好人好事
　　B. 向旅客介绍本地风景名胜、文化古迹
　　C. 通知班次变更及班车到、开情况
　　D. 代旅客（或接客人）广播找人等事宜

三、简答题
1. 简述寄存物品在保管架上的保管方法。
2. 简述客运宣传广播用语的特点。
3. 简述候车厅服务工作内容。
4. 简述客运广播稿件的编写内容。

四、论述题
论述寄存物品服务管理的程序。

第七章
Chapter 7
公路客运站旅客心理服务管理

【本章要点】

- ◆ 了解旅客各个阶段的心理需求
- ◆ 了解不同旅客的个性心理
- ◆ 掌握对不同旅客应提供不同的服务
- ◆ 了解服务意识着手点
- ◆ 了解客运服务的不正确态度
- ◆ 了解客运服务的正确态度
- ◆ 掌握正确处理旅客投诉的技巧
- ◆ 掌握客运站服务技能技巧

第一节 旅客心理需求概述

一、旅客的心理需求

为了提高公路客运服务质量,客运服务人员除了加强自身心理品质修养、讲究仪表和语言艺术外,还应认真研究旅客的心理需求及规律,坚持"人民公路为人民"的宗旨,全心全意、文明礼貌、热情周到地为旅客服务。

(一)旅客的一般心理需求

不同旅客的心理需求是有差异的,但按照人类需求发展的规律性和层次性,可以把旅客的需求分成三大类:天然性需求、社会性需求和精神性需求。

1. 天然性需求

作为旅客,他有天然性需求(主要包括生理需求和安全需求)。这是因为出门在外,首先必须保证肌体的生存和健康,才能顺利进行各种活动以达到预定目的。在长途旅行中,旅客的饮食需求如果得不到满足,将是无法忍受的。故旅客不仅要求车站、客车提供充足的食品和饮料,而且要求候车厅、车场和车厢内环境舒适,使休息得到一定的保障,不然就会产生不良情绪,如烦闷、焦躁不安等,从而对公路客运产生不满。

旅客的安全需求是多方面的,主要是保证人身和财产安全。

2. 社会性需求

社会性需求主要表现在需要进行社会交往,需要得到他人,特别是客运职工的尊重和理解。人人都有进行社会交往的需求,旅客也不例外,尽管他们在外的时间长短不一,但由于远离家乡和亲人,难免会有寂寞和孤独感,所以希望与接触到的人建立和谐友好的人际关系,交流感情,减轻同亲人分离的痛苦或是某种焦虑。

尊重的需求包括自我尊重和得到他人的尊重,旅客特别希望听到对他们的尊称,希望得到热情而有礼貌的服务,满足自己的意愿和要求,尤其是有生理缺陷或有过错的旅客,更希望得到客运职工的尊重。

3. 精神性需求

旅客的精神性需求主要有追新猎奇的需求、对艺术的需求及对美好事物的追求。追新猎奇的需求是指增加见闻,扩充知识面;对艺术的需求是指喜欢欣赏有风格的事物;对美好事物的追求,既包括对优秀歌曲、文娱节目的追求,也包括对客运服务人员优质服务及好人好事的追求。这些都会使他们产生美的感受。

(二)旅客旅行需求的表现

1. 安全心理

旅客乘车旅行最根本的需求就是安全的需求,它包括人身安全和财产安全两个方面。每一位旅客都希望车站有良好的治安秩序,倘若治安不好,会使旅客提心吊胆。为保证旅行安全，旅客常综合考察自然环境状况、社会治安情况和运输工具的安全性等内容，再作出是否旅行的决定。

当亲友出门旅行时，我们祝福他们"一路平安"，这代表了出门旅行者最普通、最基本的共性心理要求。既然是"一路平安"，就是指旅客从离开家门，一直到目的地，包括旅行的全过程都平平安安。

在旅客运输服务过程中，努力实现旅客旅行安全心理要求，这是所有客运服务人员的首要工作。要求公路运输部门加强社会、公路沿线、车站和客车的治安管理，从技术装备上提高运输载体的安全性，从安全管理上提高客运服务人员对不安全因素的预测和及时处理的能力。

2. 顺畅心理

送亲友出门旅行时，除了祝福他"一路平安"外，常说的另一句话就是"诸事顺利"，讲的是旅行中的顺利、愉快问题，这也是出门旅行者的一个共性心理要求。

旅客到车站购票，能够顺利地买到自己需要的车票；上车时，人虽然多，但能够顺利地找到座位；在用餐时间，车站或客车上能够提供经济、卫生、可口的食品；食用自带食品时，车站或客车能够随时提供开水；客车在运行途中，因某些原因，如公路线路施工、意外运行事故等而耽搁，在这种情况下，能保证客车正点到达终点；准备换车时，有充裕的时间赶上接续换乘的客车等。这些都是旅客出门旅行的顺畅心理要求。

要满足每位旅客的顺畅心理要求，做到时时顺畅、事事顺畅是不现实的。但是，从旅客运输服务管理角度，应尽最大的努力满足旅客的需求。在为满足旅客需求而做工作的同时，还要做好宣传工作。对旅客要有良好的服务态度，遇到不能满足旅客需求的事情，要耐心解释，使旅客明白为什么需求没有得到满足。在旅客旅行的过程中，由于运输部门的原因而发生的延误，影响到旅客旅行的顺利进行，旅客有权了解发生的原因，运输服务人员必须把事情的真相通告给旅客，让旅客心里有数，使其能够对自己下步的行为预先进行计划。

3. 快捷心理

随着社会的发展，人们的时间观念发生了重大的变化，"快捷"成为旅客一个主要要求。缩短旅行时间，迅速到达目的地，可以节约时间，同时减少旅行疲劳。

4. 方便心理

方便的需求表现在购票、进出站、上下车以及中转乘车等方面的便捷性。"方便"要求减少旅行中的各种中间环节，达到"快捷"的目的。旅客出门旅行，希望处处能够方便，这是一种很普遍的共性心理。

为了适应旅客的方便心理，需要采取一些措施，如：售票处多开售票窗口，减少旅客排队等候时间；延长售票时间，使旅客随时都能购票；妥善设置候车厅、检票口、站内通道引导牌等，减少旅客进站上车的走行距离；客车上保证开水及时供应等。满足旅客的方便心理要求，其要点是使旅客感到处处、事事、时时方便，节省时间，能够使事情顺利办成。

5. 经济心理

经济心理表现在旅行需求的满足程度与所付出的费用和时间相比较，希望在一定的需求满足程度之下，所付出的费用和时间最少。但旅客在乘车旅行中对经济性的考虑，一般是将两个因素结合在一起：①花钱的多少；②由谁出钱，是自己还是报销。

6. 舒适心理

随着经济的发展，人们生活水平的提高，旅客把对旅行舒适性的要求提到重要日程，对乘车环境、文化娱乐、饮食、休息睡眠等内容的要求相应提高。这种需求的强度和水平受多种因素影响，特别是旅行时间的长短往往是起决定作用的因素。

7. 安静心理

旅客出门旅行，离开家或工作场所，来到站、车与其他旅客一起共同旅行，一直处于动荡状态中。在嘈杂的环境中，尽量保持安宁，减少喧哗，动中求静，这是人之常情，是大多数旅客的共同心理需求，尤其是在人较多的候车厅和车厢内，要求更为迫切。

要保持旅客旅行中的安静环境：一方面，旅客本身要约束自己，不要大声说话、喝酒猜拳、来回走动等；另一方面，客运服务人员有责任加强对乘车环境的管理，积极地组织诱导和制止不利于安静的事件，避免旅客大声喧哗、吵闹，更要避免与旅客发生口角、争吵，影响旅客休息。

心情安静与否，在一定程度上取决于人对环境的感受。一个井然有序的环境，可以使人心平气和，心情平静。因此，要求客运服务人员加强对环境有序性的管理，这种有序性包括两个方面：①物的有序性（如行李架上物品摆放有序）；②人的有序性。另外，保持站、车公共场所的清洁卫生也是有序性的一种表现。清洁、卫生的环境使人心情愉快，心情平静；脏、乱、异味弥漫空间的旅行环境，会使人心里烦躁，心情郁闷，而不能平静。

8. 尊重的心理

受尊重是人的正常需要。每一位旅客都希望自己的人格、习俗、信仰、愿望受到客运服务人员的尊重，能看到热情的笑脸，听到友善的话语，体验到公路客运站这个临时大家庭的温暖。一旦人格受到屈辱，自尊心受到伤害，便会产生反感，甚至可能导致双方的冲突。

【小案例】一位旅客经常来站乘车，而且每次都用电话订票，她有晕车的不良反应，每次订票都要订1号座位，如果没有1号座位了，她就等下一个班次。一次她来电话订票，接电话的订票员听到她的声音就叫出了她的名字，她非常高兴，感觉非常受尊重和重视。

（三）旅客旅行各阶段心理需求的表现

在旅客旅行过程中，不同阶段存在不同的心理活动和需求内容。为此，需要对每一阶段的心事活动进行分析，实施有针对性的服务，以保证旅客的要求得到满足。旅客乘车旅行的心理活动过程可划分为以下八个阶段：

（1）旅客动机的产生。任何一种旅行都有它的动机，主要表现在出差、旅游或探亲等方面。在作出旅行决定时，旅客常常对旅行的各种情况进行综合分析，存在一定程度的旅行顾虑。

（2）旅行交通工具的选择。当旅客决定旅行后，就会考虑旅行交通工具的选择。旅行交通工具有汽车、火车、飞机、轮船等。对旅行交通工具的选择受旅行动机、旅行者身份、旅行时间、旅行费用以及旅行交通工具的安全性、舒适性、方便性、服务质量等方面的影响。

（3）购票。购票心理主要表现在两个方面：

1）购票前的心理，反映在对乘车线路、车次及始发终到时间、购票时间、购票地点、购票手续、车票紧张情况等旅行信息的了解方面。

2）购票时的心理，反映在对旅行信息的进一步了解和掌握上。希望售票窗口按时售票，有良好的秩序，排队不需要太长时间，售票员服务热情，售票准确无误，能够买到符合个人要求的乘车日期、车次、到站、座别的车票；希望有预售、送票等多种服务项目。

（4）去车站。考虑从住地到达车站所需要的时间，以及市内交通工具的选择。旅客常常担心赶不上车，所以总要提前一段时间到达车站。

（5）进入车站及上车。进入车站后，旅客需要舒适、安全的候车环境，需要客运站提供便利的候车服务，有效率地处理候车厅出现的问题，保证旅客能够按时上车。

（6）车上旅行。在车上，旅客的需求表现在物品及人身安全、环境舒适、饮食方便、旅行中的消遣、对目的地基本情况的预先了解等。对长距离旅行的旅客来讲，这些需求表现得更为明显。

（7）到站下车及出站。旅客到达目的地车站后，常要考虑托运物品的提取、城市交通工具的选择、饮食、旅馆等方面；希望能够有秩序、迅速出站；有亲友接站的旅客，希望能够很快见到迎接的亲友。

（8）继续乘车旅行。如果旅客在到站作短暂的停留之后继续乘车旅行，需要解决中转签字或重新购票，以及在停留地的住宿、饮食等方面的问题。

（四）旅客旅行心理需求的规律性表现

旅客旅行需求，无论是在总体的表现，还是在各阶段的表现，都呈现一定的规律性，概括为以下三点：

1. 需求的档次性

随着需求的满足，需求的档次在提高。对于旅客来讲，在把乘车旅行的需求转变为行动前，总是先把需求水平定在一定的程度基础上。这样在其行动时就会出现两种情况：

1）需求水平定得太高，旅行条件不允许，需求不能得到满足。如果出现这种情况，旅客的旅行受挫折，旅客可能会产生两种反应：①中止旅行；②将需求水平降低，然后再看旅行条件是否允许。

2）旅行条件能够满足需求水平。这样旅客旅行的行为能够进行下去。但旅行能够进行下去的同时，旅客的下一步需求水平也会相应提高。因此，需求的满足，经历了由简单到复杂、低级到高级、物质到精神的发展过程，相互联系又呈现阶梯式上升。

2. 需求的强度性

旅行需求的强度受多种因素影响和制约，尤其是在旅行的目的、距离、时间以及服务人员的服务态度和质量等方面。

3. 需求的主次性

在旅客旅行过程中，心理活动反映出的需求不是单一的，而是有许多种。各种需求之间又不是并列、不分主次的关系。在旅行的每阶段总有一种或两种需求处于主导地位，其他需求处于从属地位。例如：乘车前，购票需求是第一位的，车票买不到，其他旅行的所有需求都不能成为现实；买到车票后，有关乘车安全、生理等方面的需求则占据主导地位。

所以，要掌握旅客心理活动规律性变化，为深入、细致地做好服务工作创造条件。

人们在旅行过程中的共性心理，是大多数旅客在旅行时普遍的、通常的心理要求。但对于每个旅客来说，由于自身条件、旅行条件、个人性格、爱好、观念的不同，又必然会有不同的心理要求，这是旅客旅行的个性心理需求。例如学生的旅行心理，有的学生是好动不好静，也有的学生却是好静不好动。可见在旅客的共性心理需求中包含着个性心理需求，普遍规律中蕴藏着特殊性。

旅客在旅行过程中，当旅行条件发生变化时，心理要求也会随着变化。旅行者的心理活动除受自身条件制约外，还受客观事物多变的影响。所以，旅客的个性心理与共性心理相比较，是十分复杂的。

客运服务人员在服务工作中，既要掌握旅客旅行的共性心理，又要探索和理解旅客的个性心理，才能避免服务工作的片面性和盲目性，才能做到更加主动、更有针对性地实现文明服务、礼貌待客。

二、不同旅客个性心理与服务

由于广大旅客的个性心理复杂多变，形形色色，包罗万象，客运服务人员要全部了解、掌握是极其困难的，而且也无这种必要。但应该注意综合一些具有较普遍、较典型、有代表性的个性心理，以便在日常服务中能够了解旅客的心理，提供有针对性的服务。

社会上的每个人都有可能成为旅客运输业的服务对象，从乘车旅行的角度，适当将市场细分，从研究每一类旅客的心理需求来了解这一类旅客旅行的个性心理需求，是有效解决问题的出发点。

下面用五种分类标准对旅客进行分类，分析每一类旅客的旅行心理。从某种意义上讲，这种通过分类获得的某一类旅客的心理，对全体旅客来讲，它属于个性心理；但对该类旅客讲，它属于共性心理。

1. 根据旅客气质划分

旅客的气质在整个旅行活动过程中会通过他们的言行表现出来。深入、细致地观察旅客的言行，可以了解旅客的气质类型，从而可以有针对性地提供服务。

（1）急躁型旅客。急躁型相当于胆汁质型。急躁型旅客对人热情、感情外露、说话直率而快、言谈中表现自信。这种类型的旅客容易激动，通常喜欢与人争论问题，而且力求争赢。

他们对服务的评价易走极端。他们在旅行中常常显得粗心,经常丢东西。在服务工作中,对急躁型旅客,言谈注意谦让,不要激怒他们,不要计较他们有时不顾后果的冲动言语,一旦出现矛盾,应当尽量回避;随时提醒他们别乱扔、乱放和丢失东西。

(2)活泼型旅客。活泼型相当于多血质型。活泼型旅客表现活泼好动,他们反应快,理解力强,显得聪明伶俐。他们动作敏捷、灵活、多变。旅行中他们对人热情大方,喜欢与人交往和聊天,喜欢打听各种新闻。他们情感外露,并且变化多端,经常处于愉快的心境之中。在服务工作中,对活泼型旅客,同他们交往,尽量满足他们爱交往、爱讲话的特点。旅行中服务人员应主动向他们介绍车站设施及娱乐场所,以及各地风光和特产,以满足他们喜欢活动的心理。

(3)稳重型旅客。稳重型相当于黏液质型。稳重型旅客平时表现安静,喜欢清静的环境。他们很少主动与人交往,交谈起来很少滔滔不绝和大声说笑,情感很少外露,使人猜不透他们想什么或需要什么。但稳重型旅客自制能力很强,做事总是不慌不忙,力求稳妥,生活有固定的规律,很少打扰他人。他们反应慢,希望他人讲话慢些或重复几次,自己讲话也慢条斯理,显得深思熟虑。他们的注意力比较稳定,对新环境不易适应,但一旦适应了又对乘坐过的客车或打过交道的服务人员产生留恋之感。在服务工作中,对稳重型旅客介绍或交代事情时,应当注意讲话的速度,重点适当重复一下。一般情况不要过多地与他们交谈。如有交谈,尽量简单明了,不要滔滔不绝,以免他们反感。

(4)忧郁型旅客。忧郁型相当于抑郁质型。忧郁型旅客感情很少向外流露,心里有事一般不愿对他人讲,宁愿自己想。旅行中表现为性情孤僻、不合群、沉默寡言,不喜欢在公共场合与人交往和聊天。这类旅客对事情体验深刻,自尊心强,很敏感,好猜疑,想象丰富。他们在遇到困难或挫折时,会表现得非常痛苦,如丢失东西、身体有病或与人发生纠纷后会长时间不能平静。他们行动迟缓、反应慢。在服务工作中,对忧郁型旅客应当十分尊重,对他们讲话要清楚明了,和蔼可亲;尽量少在他们面前谈话,绝对不要与他们开玩笑,以免产生误会和猜疑;当他们遗失物品、生病时,应当特别关心和给予帮助,想办法安慰他们,使之感到温暖。

2. 根据旅客职业划分

(1)工人。工人组织性、纪律性较强,在旅行时对旅行条件一般要求不高,比较重视旅行费用的高低。私人旅行希望少花钱,公出旅行希望能获得旅行补贴。因此,能有个座、吃上饭、喝上水就行,没有座位也能克服。工人旅客在旅行中一般都能自觉地遵守公路的有关规定,维护站、车秩序,并能积极协助和支持客运服务人员工作。

(2)农民。我国农民人口占社会总人口的一半以上。随着经济的发展,农村改革与农民生活水平的提高,以及思想观念的变化,农民乘车旅行的次数和人数在增多。农民出门乘车旅行比较突出的特点主要表现在以下三个方面:

1)出门携带品多。

2）强调乘车的经济性，尽量减少旅途费用。

3）根据其旅行的特点，突出的个性心理活动是个"怕"字，怕买不到车票、怕上不了车、怕坐过站。想问，但犹豫不决不敢问。有些农民旅客因语言问题听不懂站、车广播，听不清广播术语，不明白广播的内容。所以，客运服务人员应多掌握和体贴农民旅客的个性心理，主动、热情地为他们服务。

（3）军人。一般来讲，现役军人具有较强的纪律性、自觉性和组织性，能够主动维护站、车秩序，支持服务人员的工作。军人旅客的旅行中顺畅心理表现得很明显，一旦发生问题，不希望在大庭广众之下处理；单独旅行希望能买到预想的车票，能有个候车的地方；较注重文化生活，希望能听到新闻广播，看到书报；携带枪支、文件的军人干部，希望在站、车上不发生意外。

（4）干部。干部大多具有一定的旅行知识，他们突出地表现出方便和顺畅的心理需求。希望买到预想的车票，担心客车晚点，打乱旅行计划；喜欢有个整洁、卫生的乘车旅行环境，吃到经济可口的饭菜等。他们很注意客运服务人员的服务态度、服务作风、服务水平，十分关心旅客运输工作，常愿意提出意见和建议。

（5）学生。学生旅客主要指的是大、中专学生。学生处于青少年时期，精力充沛，思想活跃。在乘车旅行中，乘车心切，急于想到目的地，总是尽量减少在车站的滞留及等待乘车的时间，买到车票有座即可。学生旅行中的心理行为表现在喜欢聚集成群，好奇、好动；喜欢说笑、娱乐、热闹；爱看书、串座；到站喜欢下车散步、买东西；夜间乘车横躺竖卧；饮食不讲究，经济实惠即可。客运服务人员对他们的行为应礼貌地多给予提示，以免影响他人，或给他们自己增添麻烦。

（6）自由职业者。随着经济的发展，行业不断增多，为人们提供了多种可选择的职业。在旅客运输中，自由职业者人数不断增加，这部分旅客给运输服务业提出了新的要求。自由职业者大体上可分为以下三种：

1）经济条件优越、旅行常识比较丰富的自由职业旅客。由于经济条件优越，个人经历和阅历比较丰富，在与他人交往中常以自我为中心，随心所欲，讲究行为的长远效果。这部分旅客的乘车旅行共同的个性心理是追求旅行的舒适性，不注重旅行费用。这部分旅客一般喜欢与同行的其他旅客聊天，或与客运服务人员聊天，联络感情。

2）从事长途商业贩运的自由职业者。这部分旅客流动性较大，结构复杂。在一般情况下，他们携带的物品或资金较多，其共同的旅行心理是既怕有人找他们的麻烦，又想在旅行中取巧，获得一定的利益。例如，有些人携带超重物品、违禁物品，企图在车票上做文章，花钱雇人捎送物品，与客运服务人员联络感情，替他们办事情等。因为一些做法属于违章行为，他们怕被察觉，在旅途中常担惊受怕，心事重重。对待这部分旅客中有取巧行为或违法行为活动的，要按法律和规章制度严格处理；对大多数正常经营的长途商业贩运的自由职业者，应该热情、礼貌地为他们服务。

3）去外埠做工的自由职业者。这部分旅客大多数属于青年农民。其中有的外出多年，有一定的旅行常识；有的初次离家外出，缺乏旅行常识。他们在乘车旅行的过程中，比较突出的心理活动表现在要求旅行的顺畅上。一般不计较旅行的条件，只要能够买到车票、乘上车、顺利到达目的地即可，其他都是次要的问题，少许困难自己可以克服。客运服务人员对这部分旅客，应该体谅他们的旅行心理，从购票、候车、乘车、出站等方面提供使其满意的服务，不能因为他们不提或少提要求，而忽略了对他们需要的满足。

（7）除上述职业以外的旅客。除上述按职业进行划分而谈到的旅客种类外，还有其他种类的旅客，如港澳台同胞、海外侨胞、外宾、城市居民、无职业者等各阶层人士。每一类旅客在乘车旅行中有一些共同的个性心理需要。通过分析这些共同的需要，可以有针对性地为他们提供服务，从而提高服务水平，创造好的经济效益和社会效益。

3. 根据旅行目的划分

旅客出门旅行，虽然有些人职业相同，但因旅行目的的不同，其心理状态也会存在差异。同时，虽然职业不同，但旅行目的相同，也会有相同的心理活动表现。

（1）出公差。出公差旅客共同的个性心理要求是旅行条件能好些，乘坐较快、较好的客车；换乘车次受出差的目的制约，时间性强，怕晚点；饮食要求经济实惠；在旅途中喜欢站车清洁、有序；爱看书、听广播，几个人聊天；比较关心旅客运输服务工作的改进和工作人员服务态度等方面的变化。

（2）旅游。随着人民生活水平的提高，以出门旅游为目的的旅客将越来越多。他们的共同的个性心理是盼望顺畅、便利，能够玩得愉快、高兴。但长途和短途旅游的旅客又有不同的心理状态。

1）长途旅游的旅客。因旅行距离长，对旅行条件要求较高，希望能够购买到预想的车次、车票种类，在站、车上休息好，希望能够多看到、听到沿途的风光和介绍，了解旅游景点的信息等。

2）短途旅游的旅客。多数利用双休日、节假日到近郊名胜、海滨、集市等去做一两天的短距离旅游，所以时间观念强，乘车要求条件不高，只要能够上车，车内拥挤一些也可以，希望夕发朝至、朝发夕归，不超过计划旅行时间安排。

（3）探亲访友。这部分旅客从事各种职业，在全部旅客中占有一定的比例，尤其是在重要节日或较长时间假日期间，这类旅客人数较多。探亲访友旅客共同的个性心理表现在旅客出门最基本的安全、顺畅、方便、安静等方面。

（4）治病就医。乘车到外地就医，患者和陪同的家属心情都很沉重，一般有以下三种情况：

1）重病患者。因存在生命危险，希望旅客运输部门给予方便、照顾；病人不离开担架，且担架放置平衡，陪护人员能够在病人身边，随时照顾病人；到站后能够迅速出站，前往医院等。

2）病情不严重者。病情不严重者，有的有人陪同，有的无人陪同，一般能够自己照顾自己，但存在行动困难，希望得到照顾，能有一个坐、卧的地方，有餐、茶供应，万一病情严重，希望能够得到站、车的应急处理。

3）行动不便的残疾人。残疾病人外出，往往希望在进出站、上下车时能够得到牵引扶持，在车站内、客车上能坐、卧，在饮食方面能够获得多方照顾。

（5）通勤通学。这部分旅客，每天要两次乘坐交通工具，乘车经验丰富，对车站、客车到开时间非常了解，时间观念强，往往按点上车，到站又急于下车；有些人常自认为情况熟、环境熟，有"应变"能力，图方便、好侥幸，忽略站、车的规定，于是违章违纪。客运服务人员要理解他们长期通勤通学、早出晚归的困难，对他们积极诱导，多同情、少强制，多服务、少指责，尽量为他们创造一些方便的旅行条件。旅客运输部门还可以和厂矿、学校签订协议，共同对通勤、通学人员的乘车问题进行管理，一起维护站、车秩序。

（6）旅行结婚。随着经济的发展和人民生活水平的提高，生活观念也发生了变化，越来越多的青年人喜欢采取旅行结婚的方式。结婚是一件愉快、高兴的事，常常图吉利、求顺畅、讲阔气。在旅行中，一般追求安静、舒适的乘车环境，不希望有他人干扰或影响他们正常、安静的旅行生活。对此实行礼貌、适当的服务显得很必要，而对他们过分的亲昵动作，有碍观瞻时，客运服务人员要正确理解，婉言相劝，不要进行不礼貌的干涉。

（7）其他。除上述旅行目的以外，还有疗养、参加体育活动、奔丧等多种旅行目的。其共性的心理和相近目的的旅行者大致相同。

4. 根据旅行行程划分

旅客因旅行行程不同，存在心理需求的差异。前面对长、短途旅客的心理状态进行了分析，下面从公路运输部门按照旅行行程对旅客的分类分析旅客所具有的个性心理。

（1）长途旅客。长途旅客是指乘车时间在12小时以上的旅客。长途旅客一般要求能够买到直通车票、卧铺票，希望用餐、饮水供应方便，喜欢看书报、聊天或进行一些娱乐活动消磨乘车时间，以解除长途旅行中的疲劳和寂寞。

（2）短途旅客。因乘车距离较近，旅行条件较差也能够克服。短途旅客大部分在中间站上、下车，进出站的共同心理是图方便，需要服务人员从加强旅客进出站组织、引导等方面入手，加强管理工作。

（3）市郊旅客。市郊旅客是来往于城市近郊或邻近城镇之间的旅客，通勤通学是市郊旅客中的一种。这部分旅客乘坐客车，就如同乘坐市内其他交通工具一样，希望随时买票，随时上车。他们来去匆匆，没有什么要求。客运服务人员提供服务时，说话礼貌就可以使他们满意。

5. 根据旅行中的旅行情况划分

（1）没有买到车票，却又想乘车的旅客。这些旅客想方设法争取上车。客运服务人员应理解他们的心情，了解这些旅客急于上车的原因，如确有急事，应采取灵活机动的方法，允许上车后补票。

（2）上错车、坐过站、下错车、中途漏乘等旅客。旅客在旅行中发生这方面的失误，旅客本身有一定的责任。但也反映了旅客运输服务中出现的一些问题，服务做得不周到、不细致。在发生此类情况后，旅客心情焦虑、慌乱，希望客运服务人员帮助妥善安排。客运服务人员应一面安慰，稳定其情绪；一面积极想办法帮助解决，防止发生其他意外。

（3）携带危险品进站上车的旅客。携带危险品进站上车，有以下两种情形：

1）不知自己所携带物品为危险品，误带上车，看到、听到严禁旅客携带危险品进站上车的宣传后，犹豫不决，不知如何处理。

2）旅客有意将危险品携带上车，他们担心被查出，对客运服务人员有害怕心理。

客运服务人员对那些在乘车时表现犹豫、徘徊、坐立不安的旅客，应主动观察和询问，既可以查出危险品，防止意外事件发生，又可以了解到其他情况，提供适当的服务。

（4）丢失财物的旅客。旅客丢失财物后，表现出着急、焦虑、埋怨、后悔、心情沉重、不知所措等心理活动和行为。客运服务人员要对丢失财物的旅客进行安慰，注意旅客的动态，防止发生意外；同时积极配合公安人员寻找、破案。

（5）对旅行条件不满意、不如意的旅客。在旅客旅行过程中，总会出现一些对旅行条件不满意的事情，如未购买到预想的车票、未购买到卧铺车票、托运行包受到限制、用餐时对饮食或服务不满意等。在这种情况下，旅客常表现出埋怨、气愤、不满情绪。对此，客运服务人员一方面检查自己工作中存在的问题，采取适当的方法改进；另一方面应耐心解释，争取旅客的谅解。

（6）遇到意外事件的旅客。遇到意外事件可能由两方面原因造成：①旅客原因造成的意外事件；②旅客运输服务部门的原因造成的意外事件。对旅客运输服务部门造成的意外事件，如发生客车事故，会影响旅客正常旅行，甚至威胁到旅行安全。这时，旅客焦虑不安、心情烦躁，希望运输部门尽快排除险情，恢复客车运行。客运服务人员应沉着、冷静，稳定旅客情绪，积极妥善处理。

（7）临时患病的旅客。旅行中生急病或女旅客突然分娩，本身痛苦、着急、忧虑，急盼工作人员帮助，这时客运服务人员要为之寻医送药，妥善处置，有条件时允许在较大车站下车送医院处置。

第二节　客运服务人员服务态度管理

一、服务意识着手点

1. 建立一流服务的意识

一流服务是塑造客运站形象、提高客运站知名度的重要法宝。从心理学角度来说，服务质量与"满意"一词有关，只有当享用服务的人完全满意时，服务才算彻底，因此，车站一流服务的目标就应定位在"让每一位旅客都满意"上。

2. 强化服务意识

服务意识作为一线服务人员的素质之一，是极为重要的。客运站的旅客来自全国各地，车站在一定意义上代表着所在城市的文明形象，而作为客运站的一线服务人员，则代表着客运站的形象，因而要全面理解和强化服务意识的概念。

服务意识主要包括以下几个方面的基本内容：

（1）服务角色意识。作为一线服务人员，应具有明确的服务角色意识，在岗期间要迅速进入服务角色。服务人员一定要以旅客的感受、旅客的心情、旅客的需求向旅客提供主动、热情、快捷、富有感情的服务。而作为客运站的管理人员，则应明白自己的多重角色：一方面车方也是客运站的服务对象，客运站有义务为他们提供办理便捷手续的渠道，提供洗车、食宿或其他便利的服务；另一方面也担当着监管的角色工作，以确保车流、客流的有序进行；此外，管理人员还担负着繁杂的人员、服务的管理工作。所以，对客运站人员而言，清楚自己的角色，就清楚自己应该做什么，怎么做。

（2）旅客意识。作为客运站的工作人员，要理解和懂得旅客的真正含义，否则，客运站提供的服务就不会到位，旅客也不会满意。旅客是客运站利润的来源，有了旅客的再次惠顾，才会有客运站稳定的经济效益。客运站的员工须时时牢记，是客运站依靠旅客，而不是旅客依赖客运站。为此，客运站的员工要时时为旅客着想，这是服务工作中应具备的基本意识，为此，应做好以下几点工作：

1）旅客总是"对"的，把"理"让给旅客。旅客并不总是对的，有时客运站的服务工作并没有错，但作为一种优质服务，宁愿把委屈留给自己，也要把愉快留给旅客，客运站可以通过出色的服务让旅客自己感觉到错误，感到理亏。把"理"让给旅客，以体现客运站的服务质量。

2）确立良好的服务态度。要达到一流的服务水准离不开良好的服务态度，服务态度对做好服务工作具有重要的心理功能。如何表现良好的服务态度？首先，客运站一线员工必须端正心态，自我尊重。自我尊重是做好服务工作重要的心理条件，不要把服务工作看成是低人一等的、不光彩的工作，而是要正确对待自己的服务工作，把它当成社会分工，和其他工作是平等的。其次是自我提高，提高文化素质、职业道德修养和心理素质的忍耐力、克制力。最后是完善服务行为，即表情愉快，发自内心地微笑，仪表仪容端庄，语言表达能力良好，态度热情、友好等。

3）正确处理旅客的投诉。当旅客的需求得不到满足时，他们就会找地方倾诉和发泄，因而产生投诉。旅客的投诉对客运站具有重要的意义，在某种意义上是对客运站优质服务的褒贬，是对客运站工作的监督和反馈，也是客运站提高服务的动力。因此，必须重视和处理好投诉。首先要加强对旅客群体、个体的心理研究。对客运站而言，旅客的心理一般是要求尊重、要求安全、快捷地获取必要的信息。投诉主要存在三种心理：求尊重、求发泄、求补偿。研究这些心理对解决客运站服务工作中的不足和满足旅客的要求有极大的帮助。其次是要认真处理好每一次的投诉。旅客的投诉若在站内得不到满意的解决，就必然会带出站去，从而扩大影响，这对于客运站工作的开展是不利的，因而要让旅客把不满留在站内，把满意带走。对旅客的投诉：①耐心倾听，弄清真相；②诚恳道歉；③区别情况恰当处理。对于一些不能现场处理的投诉，要让旅客知道事情的进展，以表示客运站对他们的重视程度。

（3）客运站声誉意识。服务人员向旅客、客运站提供的一切服务、程序等都应以客运站的声誉为准则,任何有损客运站声誉的服务均应判为低劣服务,并应为此负责。对客运站而言,一切的服务行为、管理措施、决策措施,甚至员工个人的日常行为也都应以车站的声誉为准则,以维护车站的声誉为己任,从而充分创造客运站的无形价值。

(4)团体协作意识。作为服务工作,必须强调团体协作意识,只有整体服务水平的提高,一流服务才得以体现,单个优质服务代表不了整个客运站的服务,而整体服务水平的提高离不开团体协作服务意识的加强。服务工作的岗位和责任虽然分工明确,但作为一个整体,必须时时视旅客的需求为自己工作和服务的目标,而不是呆板地待在自己的岗位上。有的员工认为,只要干好自己的岗位的事,他人与自己无关,反正责任不在自己。这种看似工作努力的态度实质是狭隘的个人主义、保守和不思进取主义,是缺乏团队意识的表现,看见他人工作中有过失,失误而不去纠正、弥补,是一种错误的工作态度。对旅客而言,他绝不会把这些错误、失误看成是个人的责任,而是推到整个客运站头上,是集体责任。所以在日常工作中,一旦发现服务工作在某一环节出现疏忽,便应积极、主动地补救,以满足旅客的需求,对于一线的服务人员,强化这种团体协作意识的教育已显得很重要了。

二、客运服务态度

(一)不正确的服务态度

站务人员是客运站运营的第一线人员,直接与旅客发生接触,站务人员的态度、语言、举止的优劣,对衡量客运站服务质量的好坏起着举足轻重的作用。站务人员应认真学习,杜绝忌用的态度和用语,为旅客提供规范、优质的服务。

1. 不热情的态度

不热情的态度其外在表现可以被描述为冷淡与冷漠,它源自人们对某个人或某件事缺乏兴趣。它表现为经常对工作感到厌烦,缺乏兴趣,对旅客视而不见,对旅客的要求漠不关心,好像这些工作与自己无关。

不热情态度的产生有客观原因,例如长期重复工作造成的麻木和厌倦,或者工作和生活中的烦恼都可能直接导致站务人员对旅客的忽视和冷淡。但是,这都不能作为冷落旅客的理由。在车站的环境中,站务人员的角色是服务者,旅客则是享受者。站务人员的不热情态度无疑会使旅客享受的服务大打折扣,这对付费乘车的旅客显然是不公平的。工作兴趣的磨灭在于自身调节能力和发现能力的低下,而旅客没有义务承担这份责任。

2. 不耐烦的态度

不耐烦是最为常见的一种态度。

不耐烦的情况,几乎每个人都曾经历过。当繁杂的程序或需求即将打破习惯性的行为模式时,不耐烦的态度便会产生。在站务人员中,不耐烦的态度常常被忽视,因为它对旅客的伤害并不是十分直接,而是具有一定的隐蔽性。但是,站务人员不耐烦的服务却往往直接导致服务工作的失败。在不耐烦情绪的支配下,站务人员可能误解旅客的要求,语言和举止也会因不耐烦而变得急躁、粗鲁。当旅客感受到站务人员的这种情绪时,他的反应不是对站务人员个人感到不满，而是对站务人员代表的客运站提供的服务感到不满。这对公路客运企业的影响不容忽视。

3. 不主动的态度

主动态度下的工作状态是积极的、向上的，它会不断追求工作的圆满；而不主动态度下的工作态度是消极的、平庸的，它只求工作完成，并不指望质量提高。在不主动的态度下，对旅客的问讯会爱理不理，对旅客的困难会视而不见、麻木不仁，对所有的旅客采取一成不变的机械式服务，对于旅客的多样化、个性化要求不予考虑，不能使旅客感到服务的真诚、温暖和个人关怀。

不主动态度的最大危害是旅客满意度的下滑。旅客的满意是一种综合的感觉，往往不是通过一两个工种的努力就能够实现的，它要求公路客运站各部门、各环节、各岗位的共同配合，从安全、设备、服务等各方面都达到旅客的心理期望值。高水平的服务不仅能让旅客感到满足，甚至可能弥补设备等缺陷给旅客带来的不便，从而大大提高旅客满意度。

4. 不负责的态度

不负责的态度表现在对于旅客提出的要求，习惯于逃避或推卸责任。例如，对旅客说："这事不归我们负责，找某部门去。"有的还会拿出企业烦琐的规定或制度来为难旅客，说什么："公司就这么规定，我也没办法。""这是上级规定的，有意见找领导去。"对旅客的问题不是积极、主动地给予解决，而是听任旅客去找多个部门四处反映。旅客常常是跑来跑去搞得疲惫不堪，问题仍得不到完满的解决。

站务人员不负责的态度具有很大的危害性。它将导致人们不能认真对待岗位。在一个客运站中，最需要被激发的就是站务人员的责任感。在责任感增强的氛围中，制度才会淡化，站务人员才能自觉地从企业角度思考问题，而工作对他也不再有分内分外的界限，只要是企业需要的，站务人员就拥护，企业反对的，站务人员就鄙弃。拥有一批责任感强的站务人员，公路客运站服务水平的提高将是一个主动的过程。

5. 不尊重的态度

不尊重他人主要源自个人过于良好的自我感觉。当站务人员自认为旅客乘坐客车是有求于他时，不尊重态度便会产生。对旅客的要求不予理睬或不耐烦，便显出对旅客的厌烦态度，而且脸上流露出一种冷漠的表情，或者以高人一等的态度对待旅客，好像只有自己聪明，旅客什么都不懂，对旅客指责教训。

公路客运站的企业性质决定了它每天要接触到许多的旅客。由于生活环境、文化层次、收入水平等方面的差距造成旅客在行为方式、性格脾气上存在种种的不同。对此，站务人员要理解和认可，不能用自己的标准去衡量。站务人员作为服务者，没有权利去评价旅客间的差别，更不能因这种差别的存在而不尊重旅客。

6. 不友善的态度

服务接待工作的特点使其对站务人员亲和力的要求很高。一个亲切、温和、善解人意的站务人员可以给旅客非常美好的感受，而站务人员的友善态度也是旅客信赖客运站的一个前

第七章　公路客运站旅客心理服务管理

提条件。在实际工作中,站务人员的不友善态度十分常见,它集中表现在接待过程中蛮横、生硬及对旅客需求粗暴践踏方面。

站务人员通过不友善的服务,得到了某种发泄,获得了心理平衡,但失去的却更多。对于不友善的态度,旅客是有条件、有能力进行规避的,也就是拒绝继续接受这个企业的服务。

7. 不公平的态度

不公平的态度是在接待旅客过程中最为恶劣的一种态度。在这种态度支配下,人们处理事情不能做到合情合理,最典型的表现就是故意设置障碍刁难旅客,其实质是拒绝为旅客提供服务。

这种恶劣的态度也许能给站务人员带来一些一时的快感,但对于旅客来讲是十分不公平的。本来通过一个环节就可以实现的需求,却因为站务人员心态的不端正,需要旅客在若干个环节周旋,为此付出高于预期若干倍的时间或精力。面对站务人员的这种态度,旅客是很容易被激怒的,它相对于其他问题所引发的后果更严重,矛盾更激烈,纠纷更不易解决。

(二)正确的服务态度

1. 端正心态,避免消极待客情绪,消除对旅客的成见

如果对旅客抱有成见,或因旅客的成见而影响了自己的服务质量,应当尽量调整自己的心态,把注意力放在了解和理解旅客的需求上去,并集中考虑如何去满足旅客的需求,把双方的消极态度转变为共同的合作。

2. 学会倾听,让旅客发泄

可以先让旅客发泄不满,站务人员应当理解并倾听旅客诉说不满。只有认真听取顾客的抱怨,才能找出实质性的原因。一般的"难对付"的旅客多数是发泄性的,情绪不稳定,一旦发生争论,只会更加火上加油,适得其反。所以处理上要遵循的原则是:开始时必须耐心地倾听旅客的抱怨,避免与其发生争辩,先听他讲,待旅客把他的抱怨和不满都讲出来后,再妥当地进行处理。

3. 对旅客表示理解与同情,想方设法地平息旅客的抱怨

由于旅客的抱怨多数属于发泄性质,只要得到同情和理解,消除了怨气,就容易解决问题。因此在面对这样的旅客时,一定要设法搞清楚他的怨气从何而来,以便对症下药。要站在旅客的立场上理解旅客的处境,真诚地对他的遭遇表示同情和抱歉,并采取积极的合作态度,有效地平息旅客的抱怨。

4. 妥善用语,积极地解决问题,找出双方同意的解决方案

光说不练无济于事。例如,说"对不起,这是我们的过失",不如说"我能理解给您带来的麻烦与不便,您看我们能为您做些什么呢?"并认真、仔细地弄清楚事实原委,找出事情的起因,采取有效措施,从根本上解决问题。不能单纯地表示同情和理解,要迅速地给出解决的方案;与旅客一起商议,共同制定解决问题的具体方法。

5. 个体差异,服务技巧区别对待

在接待旅客,提供特殊服务或处理纠纷时,要根据旅客性格表现的不同,注意区别对待

而做到说话有针对性。例如：

（1）老好人性格的旅客，说话温和，站务人员忌高声快语。

（2）猜疑性格的旅客，不容易相信人，站务人员忌说话没有根据，模棱两可。

（3）傲慢性格的旅客，容易瞧不起人，站务人员说话忌自负傲慢，用词不恭。

（4）腼腆性格的旅客，表现内向，站务人员忌随便开玩笑。

（5）急躁性格的旅客，常有怨言，不稳重，站务人员说话忌像对方那样急躁，否则容易冲突。

（6）沉默寡言性格的旅客，站务人员忌不理不睬，冷落对方。

（7）散漫性格的旅客，站务人员忌任其自然，而要用关怀口气提醒。

（8）古怪性格的旅客，吹毛求疵，板着面孔，站务人员忌说话失分寸，以免陷入争吵。

6. 个体不同，服务态度一视同仁

一视同仁，就是对人同样看待，无亲疏远近薄厚之分。

旅客的个体情况不同，站务人员的服务方式应当有所区别，但是不管是哪一位旅客，都是公路客运站的旅客，所以站务人员的服务从认识和态度上应做到一视同仁。例如：

（1）对待男女旅客应当一视同仁，切忌对异性特别热情。

（2）对待年轻和年老旅客一视同仁，切忌瞧不起长者。

（3）对待穿着和长相漂亮与不漂亮的旅客应当一视同仁，切忌对漂亮者特别有好感。

（4）对待残疾与健康的旅客一视同仁，切忌憎厌残疾旅客，而应给予特殊照顾。

（5）对待朋友熟人与一般旅客一视同仁，切忌冷淡一般旅客。

（6）对待讲理和不讲理的旅客一视同仁，切忌欺软怕硬或态度粗暴。

三、优质服务内容

1. 真诚

客运站以旅客为服务中心，以满足旅客的出行需求为首要任务，在服务中要体现"真诚"二字，要与旅客进行感情交流，避免那种生硬的机械服务、任务服务。这实际上是服务过程中的服务态度问题。服务必须是发自内心的，对旅客热情、关心旅客、处处为旅客着想。

2. 效率

客运站服务质量中最容易被旅客投诉的就是服务人员的慢节奏服务。售票的速度、行包托运的处理，这都是旅客关注的问题。效率服务就是快而准的服务，它可以避免旅客对服务的心理烦躁。

3. 随时

客运站服务要让旅客满意，必须做好服务的准备工作，随时为旅客提供服务。随时做好服务的准备工作包括两个方面的内容：①做好站务人员心理方面的准备；②做好设备方面的准备。

4. 礼貌

旅客在接受服务项目时是以站务人员的服务态度来衡量客运站服务的，所以礼貌服务是客运站搞好优质服务的重要一环。

5. 可见

客运站服务体现了运输服务的无形性。客运站服务的特征决定了部分服务是由设备设施提供的。站务员要向旅客提供整洁、舒适优美的站容站貌，让旅客满意。

6. 全员

客运站服务是全方位的，它存在于客运站运营生产的各个环节。为此，站务人员在为旅客提供服务的同时，要向其宣传、介绍客运常识。只有树立全员服务意识，才能体现优质服务。

第三节 客运服务工作技能技巧管理

一、旅客投诉问题处理

1. 旅客投诉的原因

旅客投诉的原因可以分为客观原因和主观原因。客观原因一般是指非客运站原因。譬如，旅客在明知客车延时或停发是因自然灾害造成的，同样会产生急、烦、发火等心理变化，并会在语言上、行为上有所表现。另外，由于焦急等待，会在心理上产生时间上的错觉等。

在全部投诉中，更多的是主观原因引起的投诉，主要集中在服务质量、服务态度、服务方式、服务技巧等方面。譬如，服务人员不尊重旅客，对旅客不主动、不热情，用语言冲撞旅客，服务不周到，卫生工作马虎等。

2. 旅客投诉的心理

（1）求尊重心理。在候车过程中，旅客感到自己未被尊重，这是投诉最主要的原因。

（2）求宣泄心理。当旅客购买了客运产品后，如果他认为有挫折感，就会产生"购买后的抱怨"心理，这种抱怨发展到一定程度就会产生投诉活动。旅客利用投诉的机会把自己的烦恼、怨气、怒气发泄出来，以维持其心理上的平衡。

（3）求补偿心理。旅客希望自己在精神上和物质上的损失能得到补偿。

（4）求公平心理。根据"公平"理论，旅客花了钱而没有获得相应的利益，如价格不合理、服务设施不完善、服务不到位等，就会寻找一种公平的机会来满足自己的心理。

3. 旅客投诉处理技巧

（1）态度真诚地接待旅客。为了了解旅客所提出的问题，必须认真听取旅客的叙述，使旅客感到接待者十分重视他的问题。接待者要注视旅客，不时点头示意，让旅客明白"车站的接待者在认真听取我的意见"，而且听取旅客意见的接待者要不时地说："我理解，我明白，一定认真处理这件事情。"

为了使旅客能逐渐消气息怒，接待者可以用自己的语言重复旅客的投诉或抱怨内容，若遇上非常认真的投诉旅客，在听取旅客意见时，还应作一些记录，以示对旅客的尊重及对反映问题的重视。

（2）对旅客表示同情和歉意。首先要让旅客了解，客运站非常关心他的情况以及那些服务是否令人满意。如果旅客在谈问题时表现得十分认真，应不时地表示对旅客的同情，如：

"我们非常遗憾,非常抱歉地听到此事,我们理解你现在心情……"。

(3)根据旅客要求决定采取措施。接待者要完全理解和明白旅客为什么抱怨和投诉;同时当决定要采取行动纠正错误时,接待者一定要让旅客知道并同意企业打算采取的处理决定及具体措施内容。

如果旅客不知道或不同意这一处理决定,就不要盲目采取行动。首先,要十分有礼貌地告知旅客将要采取的措施,并尽可能让旅客同意,这样才有可能使旅客的抱怨变为满意,并使旅客产生感激的心情。例如,可以按下列的方式征求旅客对所采取改正措施的同意:

"×先生,我将这样去做,您看是否合适?"

"×女士,我将这样去安排,您是否满意?"

(4)感激旅客的批评指教。接待者应经常感谢那些对客运站服务水平或服务水准提出批评和指导意见的旅客,因为这些批评和指导意见或投诉会协助企业提高管理水平和服务质量。

假若旅客遇到不满意的服务,他不向车站反映,也不作任何投诉,但是他作为客运站的被服务者,将经历讲给其他旅客或朋友听,这样就会极大地影响客运站的声誉和形象。当车站遇到旅客的批评、抱怨甚至投诉的时候,不仅要欢迎,而且要感谢。

(5)快速采取行动,补偿旅客投诉损失。当旅客完全同意接待者所采取的改进措施时,要立即予以实施,一定不要拖延时间。耽误时间只能进一步引起旅客不满,此时此刻,高效率就是对旅客的最大尊重,否则就是对旅客的漠视。

(6)落实、监督、检查补偿旅客投诉的具体措施。处理旅客投诉并获得良好效果,其中最重要的一环便是落实、监督、检查已经采取的纠正措施。首先,要确保改进措施的进展情况;再者,要使服务水准及服务设施均处在最佳状态;最后,再用电话问明旅客的满意程度。对待投诉旅客的最高恭维,莫过于对他的关心。许多对客运站怀有感激之情的旅客,往往是那些因投诉问题得到妥善处理而感到满意的旅客。

二、客运站服务技能技巧

客运站服务技能技巧包括在客运站各个服务环节的技能技巧。

1. 售票服务技能技巧

(1)售票时,应做到热情周到。对说话啰唆、耽搁时间的旅客,不要表现出厌恶情绪。

(2)如果旅客听不清服务人员的讲话,服务人员应加大一点音量,稍加解释。当服务人员不太明白旅客的话时,可以把纸笔递给他,让他把站名及时间要求写在上面,以免误售、误购。

(3)客流量较大、票额紧张、某班次车票已售完时,可以向旅客推荐其他班次,如"对不起,这个班次已经售完,但半小时后还有班次,您需要吗?"

2. 问讯服务技能技巧

(1)当旅客来到服务人员面前,服务人员应面带微笑地正视他,并彬彬有礼地问上一句"您需要帮助吗?"这样,很快就会消除旅客的焦虑和不安的情绪,双方可在融洽的氛围中交流。

（2）解答旅客问讯，不知道的事或拿不准的事不要信口开河，敷衍应付旅客。应把旅客带到问讯处或有关岗位去咨询，直到旅客满意为止，力求做到问讯工作的善始善终。

（3）面对旅客的询问，应双眼正视旅客全神贯注地倾听，注意不要随便打断对方的问话，要让对方把话讲完。需要插话时，应当在对方讲话告一段落再进行。不要直接否定对方的讲话，更不要"抬杠"。没有听清旅客的问话时应说："对不起，请您再说一遍，好吗？"

（4）如果有众多旅客询问时，要从容不迫地一一作答，不能只顾一位，冷落了其他人。凡是答应旅客随后再作答复的事，一定要守信用，适时作出答复。

3. "三品"检查服务技能技巧

（1）检查前，应主动说"谢谢您的合作"，并主动伸手帮旅客把包放到检测仪上或抬到桌上进行例行检查。如果旅客较多，应手脚利索地协助旅客进行检查，同时提醒后一个旅客作好准备，以加快速度。

（2）检查中，对旅客携带的物品有疑问时，最好不要当着其他旅客的面检查包内的违禁品，应把包拿到一边，协助公安执勤人员开包检查。发现了违禁品，应保持平和的心态，向旅客详细指出哪些物品属于违禁品，严禁带进站、带上车，同时没收违禁品。若未发现违禁品，应当立即先向乘客道歉，以示诚意。

（3）检查过后，应向旅客表示感谢："对不起，给您添麻烦了，祝您旅途愉快，再见。"

4. 候车厅服务技能技巧

（1）在候车厅内，通过布置通俗、醒目的"禁烟"标志、保持卫生的宣传栏，提醒旅客注意。在劝阻旅客吸烟时，应和颜悦色地说："对不起，先生，我们这是无烟候车厅，请您到吸烟室去，好吗？"然后再告诉他吸烟室在什么地方，那么这位旅客会很自觉地把烟熄灭。

（2）清扫卫生时要注意干净利索，不要盲目图快，更不能毛手毛脚，以致灰尘四起。扫地需要旅客配合，可以轻轻地说："对不起，先生，请您抬一下脚。"扫地结束后，要感谢旅客的配合，及时说一声"谢谢"。切忌用训斥、命令、过激的语言。

5. 检票服务技能技巧

（1）检票时，要注意微笑面对旅客，说话语气要平和，吐字要清楚，态度要和蔼。例如，面带微笑地向旅客点点头，说一声"您好！"

（2）检票后，应主动把车票递到旅客手中，不要等旅客到你手中来取。交还车票时可说"祝您旅途愉快！"或者说"请您走好，再见"等。

（3）如果发现有个别旅客扰乱秩序，应该用和蔼的语气劝阻他："对不起，这位先生（女士），请您按先后顺序检票。"切忌大声呼喊训斥或推搡旅客，这会引起周围旅客对服务人员的反感。服务人员可以用手或身体非常文雅地挡在他的前边，态度严肃、语气坚定地说："对不起，这位先生（女士），请问您的车票呢？"或者说："对不起，先生（女士），您需要凭票上车。"

（4）当看到不是本班次的旅客来检票时，可对旅客说："对不起，先生（女士），现在检票的是××点到××的班车，而您的车票是到××的，请您到××检票口检票。"

（5）遇到小孩超过免费身高却没有票时，首先确定孩子确实超高，然后询问旅客："您好，先生（女士），请问您的孩子多高了？"如果家长不愿意说，你可以向旅客展示一旁的身高线，和小孩的身高相比，和旅客说："您看，您的孩子已经超过了免费身高，应该购买半价票了。"

6. 行包托运服务技能技巧

（1）在托运厅应有专人接待、指导旅客（货主）办理相关手续，并注意观察旅客（货主）刚进入托运厅的神态和举止。如果旅客（货主）走进后，只是略微辨别一下方向径直走向承运窗口，说明他对托运程序比较了解，服务人员只需稍作引导便可；如果表现出东张西望、犹豫不决的样子，则很可能是不经常出门或未办理托运的人，这时，服务人员应主动招呼，问明事由，及时地引导与讲解。

（2）对年纪大的、不识字的旅客（货主），可帮他填写托运单或包装货物，办理好托运手续。如果是残疾旅客，应热情帮助他们办理一切相关托运手续，减轻他们的负担。

（3）检查行包包装时态度友好，认真仔细。对于某些容易碎裂、变形、损坏的物品，还要向旅客（货主）详细说明包装的规格、要求，让旅客（货主）自觉配合服务人员的工作。

（4）对夹带违禁品的旅客（货主），不能一概大帽子压人，令他们难堪。要根据当时的情况灵活对待，情节严重的，可以通知公安人员前来处理。

（5）承运后的行包，在装卸过程中应轻拿轻放，始终把行包当作自己的物品小心关照，并快速、完好地把行包送到目的地。

（6）对到达的行包，应及时催领。用电话催领时，首先通报自己的身份，再用热情大方、规范准确的语言通知旅客（收货人），如"您好！我是××站行李房，请问××先生（女士）吗？您的包裹已运到，请尽快到××站行李房领取。"

（7）对长期未被领取的行包，应妥善保管好，并根据旅客（货主）在行包票上留下的姓名、地址积极、主动地查找，想方设法把行包及时送交到主人手中。

三、客运服务工作处理

1. 常见客运服务工作的处理

（1）客车误班或失班耽误时间，引起旅客不满时，应如何处理？

1）客车误班或失班耽误旅客的出行，服务人员应站在旅客立场上，体谅旅客此时的心情，加强工作责任心，耐心做好解释工作。

2）要对旅客有歉意，站务人员要代表客运站向广大旅客致歉。

3）用补过的心态对待旅客，主动、迅速地为要退票的旅客办理退票手续，为赶时间的旅客安排其他班车，并提供耐心、热情、周到的服务来进行弥补，尽量取得广大旅客的配合和谅解。

（2）在站内拾到旅客遗失物品时，应如何处理？

要主动如数上交到车站站长室，两人以上当面清点并按规定填写遗失物品登记簿，妥善保管，同时通过广播积极寻找失主做好招领工作。失主认领物品，需出示身份证等有效证件，并由失主在登记簿上予以签收。

（3）遇到蛮不讲理、纠缠不清的旅客时，应如何处理？

态度和气，又要坚持原则，绝不讲粗话、脏话、有伤旅客自尊心的话。如旅客纠缠影响岗位工作，可向旅客声明："请不要影响工作。"还可请公安协助处理。

（4）旅客受伤，应如何处理？

发生旅客受伤的事件应当依法办理，对旅客进行安抚，进行适当的补偿。

（5）售票员需关窗离岗时，应如何处理？

应与排队旅客打招呼，可说："对不起，请后面旅客到邻窗购买。"并提前将暂停牌放在窗口醒目位置，为目前排队的旅客服务完毕后再关窗。

（6）有旅客插队时，售票员应如何处理？

应向旅客招呼"对不起，请依次排队！"同时加快售票速度。

（7）旅客携带品不符合客运规定时，应如何处理？

1）可对旅客进行劝阻："对不起，您的携带物品不符合客运规定，请您想其他办法处理。"

2）如旅客的携带品中有危险品，须坚决劝阻，对拒不听劝的，移交公安部门处理。

（8）旅客丢失物品，应如何处理？

1）首先应及时向站长与公安人员通报，配合询问当事人是否确定物品在站内丢失。

2）先了解丢失物品的基本特征，然后广播寻物启事并配合当事人寻找丢失物品。

3）记录丢失物品的名称、型号、形状、颜色、大小，包括当事人的姓名、联系地址、电话等详细信息，便于旅客离开后寻找到丢失物品归还给旅客。

2. 服务用语使用不当案例处理

案例（1）

事件：售票员售票后，当旅客询问16号座位是否是最后一排时，售票员回答："16号怎么能是最后一排呢？"

解析：售票员回答不当，一是使用反问类服务忌语，二是伤害旅客自尊心。

可采取措施：直接回答旅客不是最后一排，并告诉旅客16号座位是第几排。

案例（2）

事件：旅客由于退票手续费的问题无理取闹，服务人员说："你再这样，我就报警了。"

解析：服务人员回答不当，一是使用蛮横类服务忌语，二是有损旅客人格。

可采取措施：注意交流时的态度、用语，可向旅客说明客运站规定，展示旅客须知，表明服务人员是按规定办事，尽量做到不急不躁。

案例（3）

事件：旅客购票时要挑座位，售票员告之不能挑座位，旅客说："给你钱能挑吧！"售票员说："这钱不给我，给汽车公司。"

解析：售票员回答不当，一是使用推托类服务忌语，二是说话生硬唐突。

可采取措施：向旅客解释票号是系统自动生成的，人工无法改变，建议旅客如有需要可上车后与其他旅客沟通交换。

案例（4）

事件：旅客购票时拿了一堆零钱，售票员不愿意收，对旅客说："我这台计算机坏了，到其他窗口买吧！"

解析：售票员欺骗糊弄旅客。

可采取措施：不能欺骗旅客，只要旅客付费，售票员就应该提供相应服务。

案例（5）

事件：旅客由于补办货票不满意，随口说检票员态度不好，检票员听到后说："我要不让你办货票我态度就好了呗。"

解析：检票员回答不当，一是使用反问类服务忌语，二是讽刺挖苦旅客。

可采取措施：对于旅客的随口而并不是针对性的指责，检票员可以忽视指责，态度良好地工作，不可针锋相对，引发矛盾。

【本章小结】

旅客旅行需求的表现包括安全心理、顺畅心理、快捷心理、方便心理、经济心理、舒适心理、安静心理、尊重心理。旅客在乘车旅行的不同阶段具有不同的心理需求，不同气质、不同职业、不同目的、不同行程的旅客都有不同的心理需求。

客运服务人员需要强化服务意识，确立良好的服务态度，正确处理旅客的投诉。

客运服务中不正确的服务态度包括不热情、不耐烦、不主动、不负责、不尊重、不友善、不公平。正确的服务态度包括：端正心态，避免消极待客情绪，消除对旅客的成见；学会倾听，让旅客发泄；对旅客表示理解与同情，想方设法地平息旅客的抱怨；妥善用语，积极地解决问题，找出双方同意的解决方案；个体差异，服务技巧区别对待；个体不同，服务态度一视同仁。

客运服务工作需要一定的工作技巧。对于旅客投诉，首先分析投诉原因，了解旅客投诉的心理，运用服务技巧巧妙处理乘客投诉。对不同的服务环节，掌握服务技能与技巧可以很好地处理客运服务工作。

【复习思考题】

一、单项选择题

1. 旅客希望与接触到的人建立和谐友好的人际关系，交流感情，减轻同亲人分离的痛苦或是某种焦虑，这是旅行中的（　　）需求。

　　A. 天然性　　　　B. 社会性　　　　C. 精神性　　　　D. 偶然性

2. 旅客的（　　）需求主要有追新猎奇的需求、对艺术的需求及对美好事物的追求。

A. 天然性　　　　B. 社会性　　　　C. 精神性　　　　D. 艺术性

　3. 在服务工作中，对（　　）旅客，言谈注意谦让，不要激怒他们，不要计较他们有时不顾后果的冲动言语，一旦出现矛盾，应当尽量回避。

　　A. 活泼型　　　　B. 急躁型　　　　C. 忧郁型　　　　D. 稳重型

　4. 在服务工作中，对（　　）旅客应当十分尊重，对他们讲话要清楚明了，和蔼可亲。尽量少在他们面前谈话，绝对不要与他们开玩笑，以免产生误会和猜疑。

　　A. 活泼型　　　　B. 急躁型　　　　C. 忧郁型　　　　D. 稳重型

　5. （　　）的有些旅客常自认为情况熟、环境熟，有"应变"能力，图方便、好侥幸，忽略站、车的规定，于是违章违纪。

　　A. 公差　　　　　B. 旅游　　　　　C. 通勤通学　　　D. 治病就医

　6. （　　）其外在表现可以被描述为冷淡与冷漠，表现为经常对工作感到厌烦，缺乏兴趣，对旅客视而不见，对旅客的要求漠不关心，好像这些工作与自己无关。

　　A. 不热情的态度　　　　　　　　　B. 不耐烦的态度
　　C. 不主动的态度　　　　　　　　　D. 不负责的态度

　7. （　　）表现在对于旅客提出的要求，习惯于逃避或推卸责任。

　　A. 不热情的态度　　　　　　　　　B. 不耐烦的态度
　　C. 不主动的态度　　　　　　　　　D. 不负责的态度

　8. 对于一般的"难对付"的旅客，因为他多数是发泄性的，情绪不稳定，所以面对他们首先需要做到的是（　　）。

　　A. 倾听　　　　　B. 解释　　　　　C. 道歉　　　　　D. 争论

二、多项选择题

　1. 不同旅客的心理需求是有差异的，但按照人类需求发展的规律性和层次性，可以把旅客的需求分成三大类：（　　）。

　　A. 天然性需求　　　　　　　　　　B. 社会性需求
　　C. 精神性需求　　　　　　　　　　D. 艺术性需求

　2. 旅客旅行需求的表现包括（　　）。

　　A. 安全心理　　　B. 顺畅心理　　　C. 快捷心理　　　D. 方便心理

　3. 对于旅客的询问，下列回答属于不负责的态度的是（　　）。

　　A. 这事不归我们负责，找某部门去
　　B. 公司就这么规定，我也没办法
　　C. 这是上级规定的，有意见找领导去
　　D. 怎么这么多事情啊，有完没完了

　4. 旅客投诉的心理包括（　　）。

　　A. 求尊重心理　　　　　　　　　　B. 求宣泄心理

C. 求补偿心理　　　　　　　　　D. 求公平心理

5. 旅客投诉处理流程包括（　　　）。
   A. 接待，倾听事件始末
   B. 道歉，表示同情与歉意
   C. 征求，征求旅客意见决定采取措施
   D. 行动，补偿旅客投诉损失

三、简答题

1. 简述客运服务中不正确的态度。
2. 简述客运服务中正确的态度。
3. 旅客投诉的心理包括哪些？
4. 简述不同气质旅客的特点及服务管理。

四、论述题

论述旅客投诉的处理技巧。

第八章
Chapter 8
公路客运站班线管理

【本章要点】

- ✧ 了解客运班车线路分类
- ✧ 了解客运班线经营规定
- ✧ 掌握班车进站申办要求及办理程序
- ✧ 了解班车站务收费内容及标准
- ✧ 掌握车辆进出站及营运人员要求
- ✧ 掌握车辆调度行业术语
- ✧ 掌握调度员要求、工作内容与职责
- ✧ 掌握客运组织工作及车辆运行作业计划的编制

第一节　班车进站经营概述

一、道路客运班线概述

1. 客运班线分类

道路客运经营是指用客车运送旅客、为社会公众提供服务、具有商业性质的道路客运活动，包括班车（加班车）客运、包车客运、旅游客运等。

（1）班车客运是指营运客车在城乡道路上按照固定的线路、时间、站点、班次运行的一种客运方式。加班车客运是班车客运的一种补充形式，是在客运班车不能满足需要或者无法正常运营时，临时增加或者调配客车按客运班车的线路、站点运行的方式。

（2）包车客运是指以运送团体旅客为目的，将客车包租给用户安排使用，提供驾驶劳务，按照约定的起始地、目的地和路线行驶，按行驶里程或者包用时间计费并统一支付费用的一种客运方式。

（3）旅游客运是指以运送旅游观光的旅客为目的，在旅游景区内运营或者其线路至少有一端在旅游景区（点）的一种客运方式。旅游客运按照营运方式分为定线旅游客运和非定线旅游客运。定线旅游客运按照班车客运管理，非定线旅游客运按照包车客运管理。

班车客运的线路根据经营区域和营运线路长度分为以下四种类型：

一类客运班线：地区所在地与地区所在地之间的客运班线或者营运线路长度在800公里以上的客运班线。

二类客运班线：地区所在地与县之间的客运班线。

三类客运班线：非毗邻县之间的客运班线。

四类客运班线：毗邻县之间的客运班线或者县境内的客运班线。

2. 客运班线经营规定

申请道路客运班线经营，应当提供下列材料：

（1）道路旅客运输班线经营申请表。

（2）可行性报告，包括申请客运班线客流状况调查、运营方案、效益分析以及可能对其他相关经营者产生的影响等。

（3）进站方案。已与起讫点客运站和停靠站签订进站意向书（见表8-1）的，应当提供进站意向书。

（4）运输服务质量承诺书。

第八章　公路客运站班线管理

表8-1　公路客运站进站意向书

甲方：
乙方：

客运站站级		地　　址		主管部门	
负　责　人		联系电话		邮政编码	
乙方所属公司			地　　址		
车牌照号		联系电话		邮　　编	
经营线路		营运证号		车　　型	
双方意向					

甲方（签字）　　　　　　　　乙方（签字）
　（盖章）　　　　　　　　　　（盖章）
　年　月　日　　　　　　　　　年　月　日

道路客运班线属于国家所有的公共资源。班线客运经营者取得经营许可后，应当向公众提供连续运输服务，不得擅自暂停、终止或者转让班线运输。

客运班车应当按照许可的线路、班次、站点运行，在规定的途经站点进站上下旅客，无正当理由不得改变行驶线路，不得站外上客或者沿途揽客。

客运班线经营者在经营期限内暂停、终止班线经营，应当提前30日向原许可机关申请；经营期限届满，需要延续客运班线经营的，应当在届满前60日提出申请。

客运经营者终止经营，应当在终止经营后10日内，将相关的道路运输经营许可证和道路运输证、客运标志牌交回原发放机关。

二、班车进站经营办理

1. 申办进站经营的要求

申办进站经营需备资料包括：进站申请报告、线路牌、营运证、行驶证。

（1）进站申请报告二份（一份送客运站，另一份送运输管理局）。

1）申请报告内容包括：进站车号、运行线路、线路牌号、客运类别、营运证号、申请进入客运站始发（或配客）。另须根据班车原进站情况在报告内加入文字说明。

① 该班车当前在市内有无进站经营，如有，请说明所进入始发（或配客）的站场名称。

② 该班车办理进站是否取消原进入始发（或配客）的站场，如取消，请说明取消进入始发（或配客）的站场名称。

③ 过境配客班车的报告须注明配载的站点方向。

2）申请报告保证提供的所有营运证件及其复印件真实有效，无伪造欺骗行为。

3）须加盖企业公章。

（2）线路牌。

1）提供有效和清晰的线路牌（正、反面）的复印件一式二份。审核线路牌附卡核定站点是否与站场名称相符。申请进站的班车线路牌附卡核定站点与站场名称不一致的业务，必须先变更线路牌核定站点，再申请办理进站证。可按以下程序办理线路牌附卡变更：

① 不相符的，企业须办理线路牌变更手续，该站在进站意向书上加盖同意进站意见。

② 企业按规定程序办理线路牌附卡变更后，该站再凭新线路牌附卡及进站申请到运输管理局办理进站证。

2）过境配客班车的线路牌附卡上的"主要停靠站点"一栏，加注停靠站点"××客运站"。

3）线路牌（正、反面）的复印件须加盖企业公章并注明"与原件一致"。

4）审核原件与提供的复印件是否一致。

（3）营运证。

1）提供有效和清晰的营运证正面和有效的审验记录的复印件一式二份。

2）营运证复印件须加盖企业公章并注明"与原件一致"。

3）审核原件与提供的复印件是否一致。

（4）行驶证。

1）提供有效和清晰的行驶证（正证、副证）和有效的检验记录的复印件一式二份。

2）行驶证复印件须加盖企业公章并注明"与原件一致"。

3）审核原件与提供的复印件是否一致。

2. 申办进站经营办理程序

（1）运输企业或车方持上述资料到客运站经营发展部前台递交申请。

（2）前台业务人员审查资料后，经该站批准同意接纳受理，申请方留下联络方式，站内为车方代办进站证业务，市运输管理局核准同意约需9个工作日。

（3）运输企业或车方接到通知后，凭有效线路牌原件到客运站经营发展部前台领取进站证，并商议开班事宜。

（4）双方协商，签订协议书。协议书需要明确的内容包括：

1）双方对旅客和社会的共同责任和义务。

2）运营线路、运营车辆（等级、座位数）、途经站点、客票价格、发班时刻等具体事宜。

3）客运站对进站经营者的服务内容、对站内经营行为和服务行为的要求与监督，对进站经营者误班、脱班、停班的管理及措施，对客运车辆卫生管理的制度及措施。

4）进站经营者对经营行为和服务行为的承诺内容（应含不私自揽客、货和运输的应急保障措施等）及接受客运站监督的意愿。

5）客运站按照行业相关规定制定对经营者的收费标准、结算方式与结算周期等。

三、班车站务收费

班车站务收费包括：客运代理费；客车发班费；行包运输代理费；车辆清洗费；清洁费；车辆停放费；延误发班费；脱班费；车辆安全检查服务费。

1. 客运代理费

客运站为承运人代办客源组织、售票、检票、发车、运费结算等客运业务，按客运运费的一定比例，向承运人计收客运代理费。

客运代理费费率按不同站场设施、服务内容和吸引旅客能力等具体条件确定，最高不超过以下标准：一级车站10%，二级车站8%，三级车站和三级以下车站6%。站级标准执行交通运输部统一规定。客运代理费也可以按上述规定费率采取定额收费办法计收。其额度由客运站与承运人在班车进站协议中确定。

2. 客车发班费

只为承运人提供统一安排班次、发车车位和候车厅，不代办售票、检票等服务，客运站可收取最高不超过客运运费6%的客车发班费。

3. 行包运输代理费

客运站代承运人受理行包托运业务，可按行包运输收入的一定比例向承运人计收行包运输代理费。

4. 车辆清洗费、清洁费

客运站应承运人要求提供车辆外部清洗服务和内部清洁服务的，客运站可按每辆次向承运人计收车辆清洗费和内部清洁费。

5. 车辆停放费

客运站停车场主要是为承运人和旅客服务的，原则上不得停放外来车辆。承运人在客运站内停放车辆（应班车除外），委托客运站负责看管，客运站可根据不同车型按辆次、时间向承运人计收车辆停放费。

6. 延误发班费、脱班费

承运人未按约定时间提供车辆而发生延误发班或脱班，客运站可向承运人收取班车延误发班费或脱班费。因客运站的责任造成延误发车或脱班的，客运站应向承运人支付延误发班费或脱班费。

7. 车辆安全检查服务费

始发客运站应组织专门人员对进站营运车辆提供安全检查，作好安检记录，对每趟出站班车须出示安检凭证，客运站签证出站。完成此项工作的客运站每月可向承运人计收一定数额的安全检查服务费。

客运站根据承运人要求，为进站车辆提供安全检查和紧固机件等服务，可按每辆次向承运人计收车辆安全服务费。车辆如需修理，客运站按实际发生费用计收车辆修理费。

第二节　车　场　管　理

一、**车辆管理**

1. 车容要求

（1）车身外部应无脏物、无严重锈斑和脱漆；标志、号牌明显；车顶完好，不漏雨水；

天窗开闭灵活、可靠;行李架、舱完整牢固;门窗开闭自如、锁止可靠,玻璃齐全明净。

(2)车厢顶棚、地板、侧围板、座椅清洁无脏物;座椅合乎规范、齐全牢靠、座号清楚;地板密封防尘、安全可靠;标语清晰醒目。

2. 车辆进出站要求

公路客运站经营者应当对进出公路客运站的人员、车辆进行严格检查,确保"三不进站"和"五不出站"。

(1)三不进站:①危险品不进站;②无关人员不进站;③无关车辆不进站。

(2)五不出站:①超载客车不出站;②安全例检不合格客车不出站;③驾驶员资格不符合要求不出站;④客车证件不齐全不出站;⑤"出站登记表"未经审核签字不出站。

(3)客运站经营者有下列情形之一的,由县级以上道路运输管理机构责令改正,处1万元以上3万元以下的罚款:①允许无经营许可证件的车辆进站从事经营活动的;②允许超载车辆出站的;③允许未经安全检查或者安全检查不合格的车辆发车的;④无正当理由拒绝客运车辆进站从事经营活动的。

客运车辆管理流程可总结为图8-1。

二、客运营运人员管理

1. 客运营运人员从业要求

从事客运经营的驾驶员,应当符合下列条件:

(1)取得相应的机动车驾驶证。

(2)年龄不超过60周岁。

(3)三年内无重大以上交通责任事故记录。

(4)经市级以上道路运输管理机构对有关客运法规、机动车维修和旅客急救基本知识的考试合格而取得相应从业资格证。

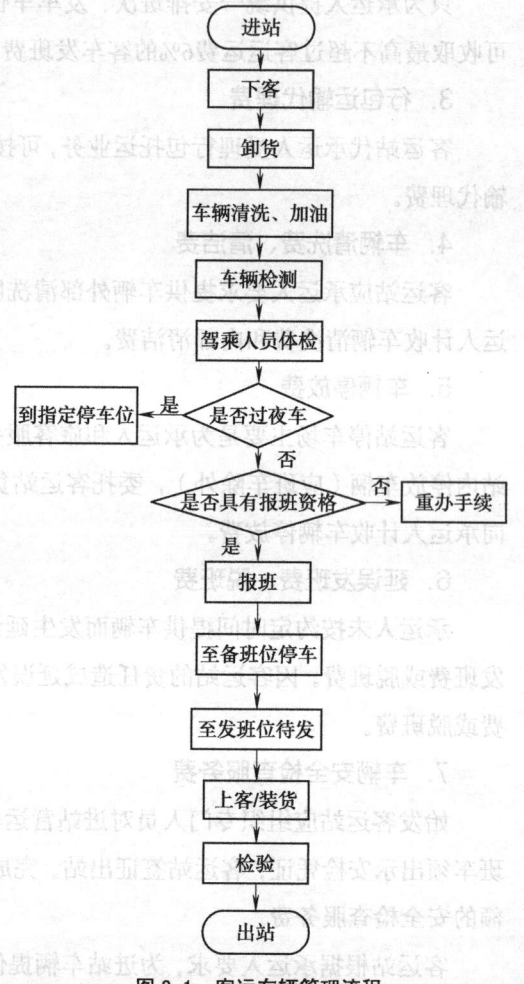

图8-1 客运车辆管理流程

2. 客运营运人员安全要求

营运客车驾驶员必须持有相应准驾车类的驾驶证及营业资格证,乘务人员应具备一定业务知识。驾乘、站务人员须遵守下列规定:

(1)严格遵守交通规则和操作规程,精心保养车辆,出车前、行车中、收车后,应认真作好车辆的安全检查。

(2)客车驾驶员应合理安排作息时间,保证充足睡眠,行车途中思想集中,每天驾驶时间不得过长,确保行车安全。

(3)遵守运输纪律,执行运行计划,服从调度和现场指挥,正点运行。

(4)客车行经险桥、渡口、危险地段和加油前,要组织旅客下车;事后以及中途就餐、停歇后均须核实人数,方能开车。途中遇非常情况或发生事故,应尽快呼救,抢救伤员,保护现场,必要时组织旅客疏散。

(5)讲究职业道德,文明服务,礼貌待客,重点照顾有困难的旅客。

(6)站务人员应具备一定业务知识,讲究职业道德,上岗时着制服,衣帽整洁,佩戴服务标记,认真履行岗位职责,遵章守纪,待客热情,态度和蔼,服务周到,经常对旅客进行客运安全、卫生宣传。

3. 客运班车驾驶员行为规范

"一立":牢固树立"安全第一,预防为主"思想。

"二严":严守交通规则,严守操作规程。

"三勤、三会、反三超":勤检查、勤调整、勤保养;会使用消防器材、会报火警、会处理火灾事故;反超速、反超载、反超时驾驶。

"四无":无旅客投诉、无用户举报、无新闻媒体曝光、无行车责任事故。

"五文明":车容车况文明、举止言谈文明、仪容仪表文明、生产经营文明、安全行车文明。

"六慢":情况不明时慢;视野不良时慢;起步、会车、停车时慢;通过交叉路口时慢;通过窄路、桥梁、弯道险坡时慢;通过车站及繁华地段时慢。

"七不准":不准在站内争抢客源、强行拉客;不准在城区及站外兜圈揽客;不准无故绕道而行;不准粗暴待客、倒客、甩客、卖客、宰客;不准欺行霸市;不准窜线经营;不准擅自提价或压价。

"八掌握":掌握车辆技术状况;掌握"三品"检查情况;掌握行驶道路情况;掌握气候变化情况;掌握地区风土人情;掌握站内站外客流集散情况;掌握车马行人和儿童动态;掌握本车厢内乘客情况。

"十不开":受赞扬不开英雄车;受批评不开赌气车;遇坑洼不开颠簸车;在途中不开衙门车;道路熟不开麻痹车;身疲惫不开打盹车;任务重不开急躁车;夜里不开高速车;外包不开自由车;有故障不开凑合车。

三、行业术语掌握

(1)失班:在规定的发班时刻不及时报班,又没有书面或电话申请车站停班的正班车。

(2)停班:由于特殊原因不能应班,能及时向车站申请报停,并得到本站同意的班车。

(3)误班:未能及时报班,延误了正常发班时刻配客,但还能前来向车站报到的班车。

(4)加班:由于客源的增加,运力不足,经本站同意增加的运力。

(5)客流:客源的流时、流向、流量。

(6)卡位：班车由车站指定其配客的具体位置。

(7)社会车辆：未与本站签订进站经营合同的社会营运车辆。

(8)班次：由客运站为进站经营班车按其发班时刻给予的编号。

(9)配载率：座位利用率，即班车配载旅客的人数占座数的比例。

(10)发车正班率：报告期实际发送的正班发车次数占报告期计划发送的正班发车次数的比例。

(11)营运班车：已办理从事营业性公路运输及运输服务手续的车辆。

(12)运力：经营各线路运输旅客的能力。

(13)线路：班车经省交通厅核发的有效营运线路牌指定的合法营运线路。

(14)车辆停放费：车方在客运站停车场停放车辆，委托车站负责看管，车站应收取的费用。

(15)班车运行计划：指车辆签订进站经营合同后，车站为其编制的正班车发班时刻、停靠卡位。

(16)营运里程：班车按规定线路行驶于两地之间的运输距离。

(17)发车正点率：报告期正点发车次数占报告期总发车次数的比例。

(18)发车晚点率：报告期晚点发车次数占报告期总发车次数的比例。

第三节　客运站车辆调度管理

一、汽车客运调度组织形式

调度工作是公路汽车运输企业生产管理活动中一个非常重要的组成部分。运输生产活动是围绕着车辆运行进行的，运输生产任务是通过车辆运行完成的。为了实现运输生产的目的，一系列的日常运输生产的组织工作将是必不可少的，其中最为核心的部分就是车辆的调度工作。

总之，车辆运行调度工作是车辆运行组织工作的中心，它在运输过程中起着组织、指挥、协调、监督和检查等作用。车辆运行调度的基本任务是：通过运输企业建立的各级调度机构，及时、全面地了解运输生产进程，并进行不间断的组织指挥和监督检查，正确处理生产中出现的各种矛盾，随时克服薄弱环节，使各生产环节和各种作业协调进行，在保证运输质量的前提下，争取完成和超额完成运输任务。

1. 汽车营运调度的组织形式

汽车运输企业的调度体制，根据集中领导、统一指挥、分级管理、逐级负责的原则，一般实行企业、场站、车队三级调度二级平衡制。

(1)公路汽车运输企业为一级平衡与调度单位，在企业经理领导下，设置总调度室。

(2)企业下属场站为二级平衡与调度单位，下设调度室或调度组。

（3）车队为三级调度单位，下设调度组或调度员。

对于客量集中的车站、码头，可派驻固定或流动的现场调度员，负责现场指挥调度。

各级调度机构负有直接组织和指挥运输生产，执行检查、调节、控制生产的责任。必须按照业务分工要求，相应配备若干不同职务的专职调度人员，分管各项具体的调度工作。如分设计划调度员、值班调度员、调度统计员及现场调度员等。

2. 汽车营运调度工作制度

各级调度机构应建立和健全相应的调度工作制度，主要有平衡会议制度、调度值班制度、调度报告制度、调度会议制度和通信联系制度等。

（1）平衡会议制度。为了正确执行调度工作任务，充分发挥调度功能和调度工作的作用，不断提高调度工作质量，更好完成运输计划，需要建立平衡会议制度。一级调度机构应按月定期召开平衡会议，一方面检查当月运输计划完成情况；另一方面进行下月运力运量平衡，安排客运任务，统筹调配运力，下达运输计划和会议决议，使企业各部门、各环节相互配合，协调一致，共同保证运输生产计划的完成和超额完成。

（2）调度值班制度。为了保持调度工作的连续性，不间断地监督计划行车，处理车辆运行中出现的问题，各级调度机构要建立24小时昼夜值班制度。值班调度员应将当班了解的情况、发生的问题、处理经过及待办事项，详细记入调度日志，并做好交接班工作。

（3）调度报告制度。下级调度机构要按规定时间向上级调度机构报告调度工作情况和调度任务完成进度和需要解决的问题等。对安全和服务质量方面的重大问题，应及时用电话报告，以便迅速处理。除日常报告外，要进行调度工作月、季、年度总结，分析情况，改进措施，通报有关方面。

（4）调度会议制度。调度会议是一种发扬民主、集思广益、共同研究、交流经验、相互协调统一的会议形式。一级调度部门要定期召开调度和业务工作会议，集中解决关键性问题。二级调度、三级调度机构，都要建立日常的碰头会议制度，沟通有关方面，及时解决调度工作上存在的问题。

（5）通信联系制度。各地应根据需要，建立纵向与横向的调度通信联系制度，组成信息网络，全面掌握客源变化、车辆动态、线路通阻和运行计划完成情况，充分发挥监督、预防、协调、控制等调度功能。

3. 对调度员的要求

各级调度员的基本职责，除应掌握基本的调度原理和调度技能外，还必须充分掌握一些与车辆运行直接有关的情况，才能适应和胜任调度工作。

（1）熟悉车辆的技术性能和技术状况，如车型、车种、性能（吨位、容积、座位、车身高度、自重等）、拖挂能力、技术装备、保修计划、自编号与牌照号码等。

（2）掌握营运范围内的地理概况、道路条件、桥渡分布、通过能力、站点配置、现场条件、客流通过量等。

（3）掌握客运市场情况，本地区各公路客运经营者的经营情况、设备条件、经营能力及经营范围等。

（4）了解驾驶员的技术和思想情况、个性、特长、嗜好、本人健康和家庭情况及乘务人员的服务标准和服务素质等。

客运班车的正点发车和正点到达，对保证旅客按计划运行，保证车站作业和运行组织工作顺利进行，并最终实现安全正点运输，有重要意义。在旅客运输全过程中，必须以安全正点为中心，合理组织各个方面的工作，明确各自的职责，全面提高旅客运输服务质量。

二、客运调度员的工作内容与职责

1. 客运调度员的工作内容

客运调度员的工作主要包括以下内容：

（1）认真贯彻执行国家和地方交通运输主管部门有关公路运输的方针、政策、法规和法令性运输计划，作好运力与运量的平衡，合理安排运输，协调行车秩序。

（2）编好车辆运行作业计划，协调企业内部各部门、各环节，围绕运行作业计划，事先作好合理安排，挖掘企业的运输潜力。

（3）掌握、执行运行作业计划，发布调度命令，对车辆运行实行不断的组织、指挥和监督，随时检查客运进度和生产进度，保证全面完成运输计划。

（4）经过调查分析掌握旅客流向、流量变化及待运情况，了解客运现场情况、道路通过能力和道路通阻情况、修路、春季道路翻浆等情况，注意天气预报，根据车辆工作条件的变化，适时调整作业计划。

（5）掌握各种车辆的技术性能，合理分配调度车辆，并办理一切行车手续。

（6）经常注意车辆的维修，执行"强制维护、视情修理"制度，及时调车维修，维护车辆技术状况的完好。

（7）加强现场管理，掌握车辆动态，随时收集运行信息。发现问题，及时与有关方面联系得到适当处理，并采取预防措施，消除薄弱环节，避免发生运行中断。

（8）运用科学调度方法，研究存在的问题，总结交流经验，改进调度工作，提高调度工作质量。

（9）坚持调度工作原则。车辆运行作业计划在执行过程中，难免会遇到一些事前预料不到的问题，通常要影响车辆运行作业计划的正常执行。例如驾驶员无故缺勤、迟到、中途借故停车、擅自变更计划或行车肇事等，由于维修超时、返工，运行中发生非驾驶员责任的技术故障，由于调度工作作业计划编制不当，交代任务不清，信息反馈不灵，随意抽调线路车辆，由于道路条件发生变化等因素而打乱了行车计划时，调度员对于被打乱的车辆运行作业计划，应采取有效措施，加以调节。一般可依据下列的原则进行：

1) 宁打乱少数计划，不打乱多数计划。

2) 宁打乱局部计划，不打乱整个计划。

3）宁打乱当日计划，不打乱日后计划。

4）宁打乱次要环节，不打乱主要环节。

5）宁打乱短途计划，不打乱长途计划。

6）宁打乱缓运物资计划，不打乱急运物资计划。

7）宁打乱小客位车计划，不打乱大客位车计划。

8）宁打乱货车运行作业计划，不打乱客车运行作业计划。

9）宁使本企业经济效益受影响，不使社会经济效益受影响。

在调整和校正运输计划时，应力求缩短运输生产中断时间，争取尽快恢复正常的计划运行；对于因计划被打乱后造成的损失，应尽力设法得到补偿。

2. 调度工作职责

调度工作职责主要包括以下几个方面：

（1）检查运输生产前的各项准备工作，协助和配合有关部门安排好旅客按班次、时间及时安全地乘车。

（2）检查车辆运行作业计划的执行情况，发现问题及时处理，努力缩短运输生产中断时间，确保正常班次的运行，尽量做到不掉班、不缺班、不误时，保证运输生产的顺利进行。

（3）根据车辆运行状态和技术状况，科学、合理地调配车辆，不断提高车辆运用水平。

（4）根据营运范围内各条线路上路桥和渡口道阻情况，及时发现问题并调整行驶路线，必要时修改运行作业计划。

（5）合理调配劳动力，加强劳动组织工作，运用行为科学理论的有关部分来指导生产，充分调动广大职工群众的积极性和创造性。

（6）保证客运安全正点，是搞好客运服务质量的中心问题，也是调度工作人员的重要职责。在旅客运输全过程中，合理地组织好各个方面的工作，明确各自的职责，提高旅客运输质量。

1）客运的服务对象是旅客，客运的安全工作是关系到人民的生命财产不受损失的头等大事。必须保证客运工作的绝对安全，特别是驾驶员，要树立为人民服务的思想和公德意识，"宁停三分，不抢一秒"，对工作极端负责任，对技术精益求精，避免在运行中发生事故。

2）客运班车的正点出发和正点到达，具有相当重要的意义。这不仅保证旅客按计划旅行，也能保证车站作业和运行组织顺利地进行。维修人员和站务人员要为此作出努力，也要求驾驶员在运行中尽一切努力做到正点出发，按站停靠，按时到达。如在车辆运行中已经误点，切不可为抢点而高速行驶，以防发生事故。

三、客运组织工作

公路旅客运输的关键是客运车辆运行的组织和调度工作，包括的主要内容是确定客运班次、编排循环代号（行车路牌）、编制单车运行作业计划和进行调度工作，保证安全正点运行。

1. 确定客运班次

所谓客运班次，主要包括行车路线、发车时间、起讫站名、途经站及停靠点等。

安排客运班次，为旅客安排旅行提供了依据。旅客可根据自己的旅行需要，按照车站公布的客运班次，确定自己的乘车路线和乘坐班次，确定购买车票。安排客运班次也是车站完成旅客运输任务和公路运输企业据以安排运输生产计划的一项重要的基础工作。

科学、合理地安排客运班次，可使旅客往返乘车方便，省时省车省钱，使客车运行不超载，不空驶，确保公路运输企业和生产计划的完成，并可以提高车辆生产效率及经济效益。因此，科学、合理地确定客运班次有重要的意义。

安排客运班次，必须是在深入进行客流调查，掌握各条线路、各个区段、区间的旅客流量、流向、流时及其变化规律的基础上，研究编排的。具体考虑以下因素：

（1）在确定编排客运班次时，要考虑客流变化规律，满足始发站和中途站的旅客乘车需求。根据始发站和中途站的客流量及其规律，确定直达班次和区间班次。要为中途旅客留有余量，为长途旅客减少换乘麻烦。

（2）对城郊客运班次，要考虑农村人早进城晚归乡的习惯，以及经由其他线路，换乘其他交通方式旅客的旅行衔接，减少中途滞留时间等因素，合理地安排客运班次时间，满足早进城、晚归乡和中转换车等旅客的需求，方便旅行。

（3）遇节假日或其他特殊情况时，要根据客流预测，组织安排加班车、预备车，临时增加客运班次，提供包车，从而疏导客流，解决燃眉之急。

（4）安排长途客运班次，要考虑车辆运行时间长短、中间休息、旅客食宿地点、驾驶员作息时间和有关站务作业的适应条件的安排。

以上各项，不能尽善尽美，只能从具体情况出发，分清主次，统筹兼顾。客运班次经确定后由车站公布执行。一经公布，就要保证班次的稳定性和严肃性，除因季节性调整行车时刻外，平时无特殊情况应尽量避免临时变动，更不能任意停开班次、减少或变动行车时间。

2. 编排循环代号

所谓循环代号，就是路牌。经考虑上述诸多因素后而确定的行车客运班次，必须保证实施。因此就要求全部参加营运的车辆和全部的客运班次相对应，进行科学、合理的长短途搭配和周转时间的搭配。例如运行几百公里的班次，一辆客车每天只能安排一个班次；运行几十公里的区间客运班次，或旅客早进城晚归乡的客运班次，一辆客车每天要安排几个班次，又要考虑在时间周转上的交叉合理。这样就编排出许多个每天不同线路、不同方向、不同班次数量的班车循环代号（要做到不漏班次和车辆运行中所需的时间交叉合理，并留有间歇、吃饭和车辆维护等时间的余地），然后把这些编制好的循环代号作为调度命令下达给每个单车。一个代号就是一辆客车在一天内的具体运行任务，运行指定的一个或几个班次。全部循环代号包括全部客运班次。有了循环代号，对编制单车运行作业计划和具体调度工作提供了依据和方便条件。

编排循环代号，不仅要合理分配运行任务，使各个代号的当日行程大致相等，代号与代号要首尾相接，便于循环，使各单车均衡完成生产任务，调剂劳逸，而且还要根据季节的不同和节假日，如春运期间的客流变化不同和客运班次的增减、临时加车等编制出两套以上的循环代号。要组织一定的预备车辆和预备乘务人员等，以便适应变化的需要。

循环代号的内容主要包括代号名称、各班次的起讫站名、开到时间、距离、车日行程、午餐点及夜宿点等。

与路牌相对应，编制的客车运行周期循环表如表8-2所示。

表8-2 客车运行周期循环表

序号（路牌）	车次	起点	止站	开车时间	到达时间	距离/公里	车日行程/公里	午餐点	夜宿点
3052	1967	重庆	成都	15：45	19：45	360	720		

编制客车运行周期循环表，首先要确定客车运行周期循环。客车运行周期循环的方式主要有：大循环、小循环与定车定线三种形式。

（1）大循环运行：将全部序号统一编成一个周期，全部车辆按确定的顺序，循环始终的运行方式。这种循环方式适用于各线路道路条件相近、车型基本相同的情况。它的优点是：每辆客车的任务基本相等，车日行程接近，驾驶员的工作量比较平均。缺点是：循环周期长，驾乘人员频繁更换运行线路，不利于掌握客流及道路变换等情况，影响为旅客服务的效果，此外，一旦某局部计划被打乱，会影响整个计划的进行。

（2）小循环运行：把全部序号分成几个周期将车辆划分几个小组分别循环的运行方式。一般在营运区域内各线路道路条件、车型等情况不同时采用。这种循环的优点是：有利于驾乘人员对运行范围的线路和客流变化等情况的了解和掌握，有利于安全运行、良好服务；缺点是：有时客车效率不如大循环。

（3）定车定线运行：将某一车型固定于某条线路运行的方式。一般在营运区域内道路条件复杂或拥有较多车型时采用。其优点是：有利于驾乘人员对运行线路客流变化等情况比较详细的了解、掌握，有利于搞好优质服务；缺点是：客车不能套班使用，对提高运用效率有一定影响。

编制客车运行周期循环表需满足以下条件：

（1）保证全部客运班次均有车辆参运。
（2）充分发挥每辆客车的运输效率，使其各项效率指标尽可能相近。
（3）循环周期不宜过长，以便于安排车辆的保修作业以及驾乘人员的食宿和公休。
（4）确保行车安全正点。

3. 编制单车运行作业计划和进行调度工作

循环代号编定以后，布置各单车按循环代号运行。客运调度室要根据循环代号、现有车辆及运用情况，如车辆型号、技术性能、额定座位、完好率、工作率、平均车日行程、实载率、车座产量等，预计保留一定数量的机动运力，以备补充掉班车辆和加班车、包车及其他临时用车。做到统筹兼顾，平衡编制各单车运行作业计划。

一般编制月度计划、日旬计划、班次计划。但在执行计划时，会遇到各种不同因素的影响和干扰，还必须通过调度员采取灵活措施，消除打乱计划的因素，保证运行作业计划的执行。

客运调度室是代表企业执行生产指挥的职能机构，各级调度员有权在计划范围内调度车辆运行，在特殊情况下实施计划外调度，以保证完整的运行组织工作不受干扰。

客运调度工作是运输企业日常生产活动的中心环节。客运调度工作的任务是通过代表企业执行生产指挥的职能机构，及时、全面地了解运输生产进程，并进行不间断的组织指挥和监督检查，正确协调和处理运输生产中出现的各种矛盾，保证运行组织工作顺利进行。

客车运行调度工作的主要内容如下：①作好运力和运量的平衡；②检查客车运行作业计划的执行情况，合理调配车辆，保证运输生产的顺利进行；③根据旅客流量、流向、流时及其变化规律，及时组织、调整运力，切实保证车辆运用效率得以充分发挥；④参与班次时刻表和客车运行作业计划的编制，组织客车按计划运行；⑤掌握营运区域内的路桥和渡口通阻等情况，适当调整计划，调整车辆，减少客车运行的盲目性及由此而造成的浪费现象；⑥加强对客车活动的指挥，建立健全客运调度值班制度，搞好日常调度工作；⑦认真执行客车保修计划，保证客运安全正点；⑧做好资料统计和整理工作，确保客车运行的原始记录资料种类完备、内容填写齐全、数字准确无误。

四、客运车辆运行作业计划的编制

1. 车辆运行作业计划的种类

车辆运行作业计划有不同的形式，根据其间隔里程的长短，大致分以下几种：

（1）长期运行作业计划。长期运行作业计划适应于比较固定的行驶线路、起讫地点和客货流量、流向等经常性的运输任务。其计划周期半月、一月不等，这种形式的运行作业计划编制的工作量不太大，但效果较好。一般客运班车、零担货物运送班车都采取这种长期运行作业计划的计划形式。

（2）短期运行作业计划。短期运行作业计划，即三天、五天或十天不等的短期安排。它适应性较强，在起讫站点多、流向较为复杂，编制月度计划没有一定基础的情况下，可根据其短期内容、客货源落实的情况，采取短期运行作业计划，比较稳妥。但计划编制的工作量较大，并对调度工作也要有较高的要求。

（3）日运行作业计划。日运行作业计划就是在前一天下午要编制好第二天的运行作业安排，使次日的工作主动而不乱。日运行作业计划是其他运行作业计划的一种补充形式。它多适用于客货多变、临时性的运输任务。它需要天天编制，计划编制频繁，工作量大，但事实上也是一种普遍采用的计划工作形式。

（4）运次运行作业计划。运次运行作业计划往往适用于临时性或季节性较强、起讫站点比较固定的客货运输。根据运距长短、道路情况、装卸条件等，确定车辆每日（班）应完成的运次和运输量。这种计划要根据客货源多少，选择不同的计划周期，一般以日度较多。这种计划编制比较容易，车辆调度也很为方便。

第八章　公路客运站班线管理

上述这四种运行作业计划的形式基本上能够适应各种不同客货源的要求，使运输企业的营运车辆都能按计划运行，以提高运输效率，但在编制短期或日运行作业计划时，应考虑长期客货源的基本流向，如短期或日计划与月计划的流向发生相向共驶时，应采取积极措施加以弥补或交叉共驶，以免浪费运力。

2. 编制运行作业计划的影响因素

编制运行作业计划，必须进行深入的客流调查。在掌握各线路、各区段客流量、流向、流时及其变化规律的基础上统筹安排，具体地说应考虑以下因素：

（1）根据旅客流向及其变化规律，确定班次的始发站、终点站和中途经停站，并兼顾始发站和中途经停站旅客的需要。运班的布局和班次、班期要保证必要的接续，以满足旅客换乘的需要。

（2）根据平均客流量的大小确定班次的频率。班次的频率必须考虑运输通道的能力及运力约束。节假日客流量增加较大时可增加加班班次或组织包车服务等。

（3）班期的安排要适应客流季节、节假日波动的需要，尽量减少临时加开、取消班期，以保证旅客出行、运输组织的计划性。

（4）开辟直达运班客流条件的应尽可能安排直达运班，最好不要中途截断分成几个区间运班，以减少旅客不必要的中转换乘。

（5）在确定运班时，首先安排直达运班，再考虑经停运班，并将两者的总供给与客流的总需求协调起来，保证运输需求的全面满足。

（6）公路客车档次必须根据旅客运输的需要、车站条件、运距长短、经济效益等因素确定。

（7）在确定班次之间的间隔时，除了考虑需求方面的因素外，同时必须考虑车的周转与合理使用。

（8）运行作业计划的编制必须综合平衡运输需求与运能运力，才能保证既适应客运需要，又尽可能高效利用运能运力，特别是在运能运力不能充分满足运输需求的情况下，运班的安排更应从全局出发，合理布局。运行作业计划的综合平衡通常包括运力使用的平衡、运输通道运能使用的平衡以及车站工作量的平衡。

3. 编制运行作业计划的原则

（1）新的运行作业计划要在深入分析历史统计资料、摸清客流增长变化趋势、广泛征求系统内外各单位意见的基础上，通过对上期计划增减运班、班次，调整客车档次来产生。对于原有班期、时刻、运班号，除非绝对必要，不宜轻易更动，以保持连续性，便于社会上掌握利用，也有利于运输内部各部门的工作。

（2）新辟运班，应经过调查研究，进行业务预测，并提出采用客车档次、班次、运价、经济效益和开通时间的初步建议，经过讨论批准后才能列入运行作业计划。

（3）运班变动包括延伸、绕道、减少经停站，需根据站间运量分析及流向资料的调查研究，涉及两个以上管理机构的运班，各管理机构要协商同意才能变动。

（4）为调控客运市场、调整运力布局，在营运线路管理方面，运输行业管理部门要进行统一管理、统筹安排，使各种运输方式及不同经营者处于一种公平、有序竞争的地位，防止恶性竞争浪费社会资源。

4. 客车运行作业计划编制的依据

在编制车辆运行作业计划前，要深入调查、收集和研究有关客货运输资料，编制的主要依据是：

（1）企业的月度客货运任务及车辆运用效率指标及有关资料。

（2）月度客货源调查的资料、下达的客货运输任务，以及经核准的运输合同。

（3）现有车辆的技术状况及维修作业计划。

（4）车辆运行作业的状态，特别是期末的动态，以保证作业的衔接性。

（5）计划期的气象情况，气象的变化对运输生产预计的影响。在风、雪、雨等恶劣气候下要考虑适当降低计划的安排量，在雨季最好是准备晴、雨天两手运输计划。

（6）车辆运行班期（次）时刻表。

（7）车辆运行的主要技术参数，如：站距长短，即沿线办理运输业务的两个相邻站点之间的距离；车辆平均技术速度，即车辆实际行驶时的平均速度；作业时间定额，即由企业规定完成旅客上下或货物装卸所需要的时间定额。

根据以上资料数据，分析研究主、客观的具体情况，考虑各线路、单车实行的承包经营等具体情况进行编制。

5. 客车运行作业计划编制步骤

（1）确定已知数据资料。这些数据资料主要包括：营运线路图、各线路客运量、车载行程、车站作业时间、营运车辆类型、车辆数及车辆额定载客量、工作率、营运速度、保修计划定额等。

（2）计算开行的客运班次数（b），公式如下：

$$b = \frac{该月份某线路日均客流量}{每车座位数 \times 实载率}$$

（3）确定班次时刻和路牌，如表8-3所示。

表8-3 客运班次时刻表及路牌

路 牌	班 次	起 点	终 点	发车时间	终到时间
1	101	0	A	6:30	15:30
⋮	⋮	⋮	⋮	⋮	⋮
10	202	B	0	7:00	12:00
⋮	⋮	⋮	⋮	⋮	⋮
21	403	0	D	13:00	18:10

（4）编制月度客车运行作业计划表。表8-4所示是城间客车运行作业一般编制的月度计划。经报批的客车运行作业计划应及时向驾驶员公布，使他们了解运行作业计划，并及早作好有关准备。

第八章　公路客运站班线管理

表8-4　城间客车运行作业一般编制的月度计划

车号	日历出车班次							
	1	2	3	…	27	28	29	30
101	1	2	3	…	2	1	1	保养
⋮	⋮	⋮	⋮	⋮	⋮	⋮	⋮	⋮
404	3	2	4	…	维修		2	2
⋮	⋮	⋮	⋮	⋮	⋮	⋮	⋮	⋮

【本章小结】

道路客运经营是指用客车运送旅客、为社会公众提供服务、具有商业性质的道路客运活动，包括班车（加班车）客运、包车客运、旅游客运等。班车客运的线路根据经营区域和营运线路长度分为一类客运班线、二类客运班线、三类客运班线、四类客运班线。

申请客运班线经营需备资料：道路旅客运输班线经营申请表、可行性报告、进站方案、运输服务质量承诺书。

申请进站经营需备资料：进站申请报告、线路牌、营运证、行驶证。

班车站务收费包括：客运代理费；客车发班费；行包运输代理费；车辆清洗费、清洁费；车辆停放费；延误发班费、脱班费；车辆安全检查服务费。

公路客运站经营者应当对进出公路客运站的人员、车辆进行严格检查，确保"三不进站"和"五不出站"。客运站对营运人员有营运与安全要求。

客运站车辆调度员需要掌握一些行业术语，了解车辆、路线、驾驶员以及客运市场情况，需要按照工作职责与内容工作。

公路旅客运输的关键是客运车辆运行的组织和调度工作，包括的主要内容是确定客运班次、编排循环代号、编制单车运行作业计划和进行调度工作，保证安全正点运行。

【复习思考题】

一、单项选择题

1. （　　）是指营运客车在城乡道路上按照固定的线路、时间、站点、班次运行的一种客运方式。

　　A. 班车客运　　　　　　　　　　B. 包车客运
　　C. 旅游客运　　　　　　　　　　D. 出租车客运

2. 客运站为承运人代办客源组织、售票、检票、发车、运费结算等客运业务，按客运运费的一定比例，向承运人计收（　　）。

　　A. 客运代理费　　　　　　　　　B. 客车发班费
　　C. 车辆清洗费、清洁费　　　　　D. 延误发班费、脱班费

3. （　　）是指在规定的发班时刻不及时报班，又没有书面或电话申请车站停班的正班车。

　　A. 失班　　　　B. 误班　　　　C. 停班　　　　D. 加班

4. （　　）是指班车未能及时报班，延误了正常发班时刻配客，但还能前来向车站报到的班车。
   A. 失班　　　　　　　　B. 误班　　　　　　　　C. 停班　　　　　　　　D. 加班
5. （　　）适应于比较固定的行驶线路、起讫地点和客货流量、流向等经常性的运输任务。
   A. 长期运行作业计划　　　　　　　　B. 短期运行作业计划
   C. 日运行作业计划　　　　　　　　　D. 运次运行作业计划
6. （　　）往往适用于临时性或季节性较强、起讫站点比较固定的客货运输。
   A. 长期运行作业计划　　　　　　　　B. 短期运行作业计划
   C. 日运行作业计划　　　　　　　　　D. 运次运行作业计划

二、多项选择题
1. 班车客运的线路根据经营区域和营运线路长度分为（　　）。
   A. 一类客运班线　　　　　　　　　　B. 二类客运班线
   C. 三类客运班线　　　　　　　　　　D. 四类客运班线
2. 班车申办进站经营需准备以下资料（　　）。
   A. 进站申请报告　　B. 线路牌　　C. 营运证　　D. 行驶证
3. 公路客运站经营者应当对进出公路客运站的人员、车辆进行严格检查，确保"三不进站"和"五不出站"。其中，"三不进站"包括（　　）。
   A. 危险品不进站　　　　　　　　　　B. 无关人员不进站
   C. 旅客不进站　　　　　　　　　　　D. 无关车辆不进站
4. 公路客运站经营者应当对进出公路客运站的人员、车辆进行严格检查，确保"三不进站"和"五不出站"。其中，"五不出站"包括（　　）。
   A. 超载客车不出站　　　　　　　　　B. 安全例检不合格客车不出站
   C. 驾驶员资格不符合要求不出站　　　D. 客车证件不齐全不出站
   E. 旅客不满载不出站
5. 车辆运行作业计划有不同的形式，根据其间隔里程的长短，大致分为（　　）。
   A. 长期运行作业计划　　　　　　　　B. 短期运行作业计划
   C. 日运行作业计划　　　　　　　　　D. 时运行作业计划

三、简答题
1. 简述客运班车申办进站经营办理程序。
2. 简答"三不进站"和"五不出站"的内容。
3. 客运站对调度员的要求包括哪些？
4. 简述客运组织工作程序。
5. 简述客车运行作业计划编制的依据。

四、论述题
论述编制运行作业计划的影响因素。

第九章 Chapter 9

公路客运站培训管理

【本章要点】

- ◇ 了解培训的意义
- ◇ 掌握培训工作的流程
- ◇ 了解培训内容设计与方法设计
- ◇ 了解客运站培训制度与内容
- ◇ 了解客运站岗位培训内容
- ◇ 掌握客运站礼仪培训内容
- ◇ 掌握客运站消防安全培训知识与管理

第一节 客运站培训管理概述

一、培训的意义

培训是指企业通过各种方式使员工具备完成现在或者将来工作所需要的知识、技能并改变他们的工作态度,以改善员工在现有或将来职位上的工作业绩,并最终实现企业整体绩效提升的一种计划性和连续性的活动。

1. 培训促进员工掌握客运服务专业技能

客运服务的许多工作对专业技能具有明确的要求,培训可以帮助员工适应技术的发展,掌握专业的技能,如计算机技术、全球定位(GPS)技术等。员工培训的一个主要方面就是岗位培训,其中岗位规范、专业知识和专业能力的要求被视为岗位培训的重要目标。岗位人员上岗后也需要不断进步、提高,参加更高层次的技术升级和职务晋升等方面的培训,使各自的专业知识、技术能力达到岗位规范的高一层标准,以适应未来岗位的需要。

2. 培训可以减少劳动损耗,降低成本

培训是客运站减少损耗、降低成本的重要途径。对员工进行有计划的、有针对性的培训教育,可以提高员工工作效率,减少工作压力,增强服务意识。

3. 培训能够培育和形成共同的价值观、增强凝聚力

一个客运站人才队伍建设一般有两种:一种是靠引进,另一种就是靠自己培养。所以客运站应不断地进行职工培训,向职工灌输客运站的价值观,培训良好的行为规范,使职工能够自觉地按惯例工作,从而形成良好、融洽的工作氛围。通过培训,可以增强员工对组织的认同感,增强员工与员工、员工与管理人员之间的凝聚力及团队精神。

二、培训工作的流程

培训工作主要包括三个阶段:培训需求分析、培训设计与实施、培训评估。培训工作流程如图9-1所示。

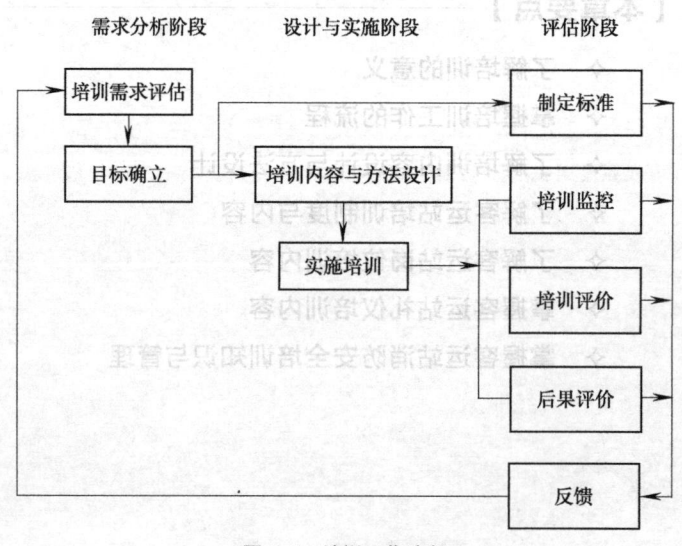

图 9-1 培训工作流程

第九章 公路客运站培训管理

1. 培训需求分析

在培训活动中,培训的组织者与参与者应该是服务和被服务的关系,组织者应该把参与者视为自己的顾客,而培训课程是组织者所提供的产品。

麦吉和塞耶早在1961年就提出了培训需求分析的三步体系,如表9-1所示。

表9-1 培训需求分析的三步体系

分 析	目 的	方 法
组织分析	决定组织中哪里需要培训	★根据组织长期目标、短期目标、经营计划判定知识和技术需求 ★将组织效率和工作质量与期望水平进行比较 ★制订人事接替计划,对现有雇员的知识/技术进行审查 ★评价培训的组织环境
任务分析	决定培训内容应该是什么	★对于个人工作,分析其业绩评价标准,要完成的任务和成功地完成任务所必需的知识、技术、行为和态度
人员分析	决定谁应该接受培训和他们需要什么样的培训	★通过业绩评估分析造成业绩差距的原因 ★收集和分析关键事件 ★对员工及其上级进行培训需求调查

培训需求决定了,就应据此决定培训目标,培训目标可以指导培训内容、培训方法和评价方法的开发。培训目标的陈述有:知识目标(培训后受训者知道什么)、行为目标(他们将在工作中做什么)、结果目标(通过培训应得到一个什么样的结果)。

2. 培训设计与实施

培训设计主要有两方面的任务:培训内容设计和培训方法设计。

(1)培训内容设计。培训内容的选择要有层次性。战略人力资源的员工培训内容包括三个层次,即知识培训、技能培训和素质培训,究竟该选择哪个层次的培训内容,应根据各个培训内容层次的特点和培训需求分析来选择。

1)知识培训。这是组织培训中的第一层次。员工只要听一次讲座,或者看一本书,就可能获得相应的知识。知识培训有利于理解概念,增强对新环境的适应能力,客运站知识培训包括客运管理业务知识、信息管理知识、安全知识等。

2)技能培训。这是组织培训中的第二个层次。这里所谓技能,就是指能使某些事情发生的操作能力。技能一旦学会,一般不容易忘记,如驾驶汽车、操作计算机、车辆检测技术等。客运站技能培训包括业务能力、管理技能和操作技能培训等。

3)素质培训。这是组织培训的最高层次。此处"素质"是指个体能否正确地思维。素质高的员工应该有正确的价值观,有积极的态度,有良好的思维习惯,有较高的目标。

三个层次的培训内容,究竟选择哪个层次的培训内容,是由不同受训者的具体情况决定的。一般来说,管理者偏向于知识培训与素质培训,而一般职员则倾向于知识培训和技能培训,它最终是由受训者的"职能"与预期的"职务"之间的差异所决定的。

(2)培训方法设计。在确定培训内容的同时,就要选择适当的培训方法。不同的内容往

1）课题式培训。根据业务工作需要向员工布置课题，为了完成课题，员工们必须进行学习，因此在完成课题的同时，员工也完成了一次业务进修。这种带着实际问题的学习方式，是一种经济实惠、更加有效的培训方式。

　　2）开放式培训。这种培训方法给员工以较大的自由，学习者可以自由地选择学习的时间，学习内容根据工作需要可以是业务理论，也可以是技术能力方面的知识，或者是他们感兴趣的、对他们的工作有帮助的知识。他们可以到图书馆里去自修，也可以请资深者帮忙。组织者也可以要求学习者在一段时间内阅读一些与他们工作相关的书籍，然后在集体研讨培训会上讲演。

　　3）轮岗式培训。这是指在部门之间经常轮换工作岗位，在做好工作的同时也收到了轮岗培训的效果。这种培训方式适用于大多数机构。一般可以规定一两年内某些岗位就可以轮换一次。轮岗式培训有利于培训出全能型人才。

　　4）研讨式培训。这是指在对员工进行表达与演讲培训时，出一个题目，让员工准备5分钟后上台演讲，并且把它录下来，然后放给大家看，让大家点评什么地方做得好，什么地方做得不好。这种研讨式培训各抒己见，集思广益，共同提高，因而效果很好。

3. 培训评估

　　培训评估是指对培训项目、培训过程和效果进行评价。培训评估明确培训项目选择的优劣，了解培训预期目标的实现程度，为后期培训计划、培训项目的制订与实施等提供有益的帮助。可以从以下四个层次对培训进行评估：

　　（1）反映。这即受训者对培训的印象如何。

　　（2）学习效果。这即受训者对培训内容的掌握程度。

　　（3）行为。这即受训者接受培训后在工作行为上的变化。

　　（4）结果。这即培训带来的组织相关产出的变化。

三、客运站培训制度建立

1. 建立培训责任制度

（1）明确客运站领导的责任。首先，客运站有关负责人有责任根据客运站中长期发展目标及方向，制订员工的中长期培训规划；其次，要根据客运站当前及今后一段时间的工作实际需要，制订有针对性的培训计划，客运站领导对培训措施从制订、实施到落实的全过程负有领导责任、指导义务。

（2）明确客运站管理人员的责任。这里涉及专门的管理考核人员、部门负责人以及基层单位的负责人。要形成一个有效的管理网络，其中的每个管理人员，都负有维护管理系统正常运转的责任，都负有对客运站培训计划的贯彻义务、执行义务。

（3）明确全体员工的培训责任。每名员工都有接受客运站培训的义务，从根本上讲，这是客运站生存、发展的需要，也是员工个人生存、发展的需要。现代客运站的发展，实质上

第九章 公路客运站培训管理

就是人的发展。客运站如果没有健全完善的培训制度，缺少系统有效的培训计划，员工就无法了解客运站所面临的发展环境、机遇与挑战，也就无法理解客运站所选择的发展方向、改革的措施及目标，更无法认识到自身的不足及所需，最终也谈不上工作效率的提高、人员素质的提升和客运站良性的发展。

2. 建立能够促进员工主动申请、积极参与培训的制度

客运站要通过制度的形式，确定培训是客运站员工的一项义务，同时也是一项权利。客运站应鼓励每个班组及员工根据自身发展目标、结合工作实际需要，申请一定事项的培训，由客运站统筹组织安排。这样做既可以使客运站了解并掌握员工队伍的实际工作状态及需要，及时发现问题予以积极解决，同时也可以有目的、有计划地制订并实施客运站的培训计划，以此促进客运站与员工的理解与互动，协调客运站与个人的发展。

3. 建立客运站急需人才培训制度

客运站可以通过多种有效的方式，在现有人员队伍中进行客运站急需人才的技能培训。在培训过程中，可以发现客运站急需的人才，既能对客运站及员工个人发展产生良好的促进作用，同时也是提高员工工作效率、实现充分竞争的有效手段。

4. 建立有效的培训考核制度

要坚持一级对一级负责的原则，做到层层把关、层层落实。哪个环节出问题，就要考核相应的负责人；每个部门，甚至每个职工都要有自己的培训计划，培训计划要有现实性、延续性、递进性，考核人员要定期进行实施情况检查；要坚持工作与培训并重、效果与效益挂钩原则。每个客运站员工都要遵守客运站的培训制度，积极接受客运站培训。每一次培训都要有严格的管理考核，内容包括职工培训态度、培训成绩、后续表现等方面。客运站发展靠人才，人才来源靠培养。客运站培训就是要为员工创造广泛的学习机会，使员工通过系统的培训、开发，提高自身素质和技能，通过直接或间接的方式，创造工作绩效，提高企业的竞争力。

四、客运站培训内容

1. 客运站岗位培训

客运站主要的业务是向旅客与参营者提供服务，所以客运站的岗位培训主要包括旅客服务岗位培训与参营者服务岗位培训。

2. 客运站礼仪培训

客运站属于服务企业，它为消费者提供的产品就是服务。客运站的服务对象即旅客，良好的服务意识与服务礼仪可以增强旅客的舒适感，提高企业声誉与竞争力。

3. 客运站消防安全培训

客运站人员密集，一旦发生火灾，旅客的生命、财产安全将受到严重威胁甚至损害，客运站必须制定消防安全制度，并进行消防安全培训与演习，一旦发生火灾，将损害降到最低。

第二节　客运站岗位培训

一、旅客服务岗位

（一）旅客服务的内容

公路客运站是运输企业的基层生产服务机构，担负着接送旅客和组织客车运行的工作，它通过一系列的站务作业，为旅客服务。其基本服务内容是客运售票、托运和交付行包、接待旅客候车服务、组织旅客乘车及发车、接待客车的到达等，并发挥其集散旅客、保障运输、传递信息和后勤补给等作用。

客运站为到站的旅客提供的服务主要有以下内容：

（1）客运售票。通过售票工作把广大旅客按方向和车次有条不紊地组织起来，纳入客运行车计划的轨道。

（2）行包托运和提取。依据旅客旅行中的需求，办理旅客随身携带的被褥、衣服、日常用品、零星土产品和职业上需要的小工具、少量的书报杂志以及随车同行的行包托运和到达提取等业务。

（3）候车厅的服务。要提供旅客候车场所的坐椅、饮用水，解答旅客有关旅行方面的询问，协助旅客办理有关旅行事务，引导旅客检票上车，及时通知和宣传有关运乘事项等。

（4）组织乘车和发车。按发车班次时间提前组织旅客检票进站。按先后次序或票号次序组织旅客上车。经过安检和其他必要的检查，按发车时间，发出发车信号，确保班车正点出站。

（二）旅客服务的程序

旅客从进入客运站到上车出站，一般要经过售票厅、托运厅、候车厅、检票、站台等多道工序。相应的，客运站要设置相应的岗位为旅客服务，服务程序如下：

（1）发售客票。售票是公路运输为旅客提供旅行服务的开始，也是为旅客服务工作的第一步，是给旅客旅行开始的第一印象，必须做好，售票工作的基本要求是：准确、迅速、方便。其中最重要的就是准确。

（2）安全检查。检查旅客有没有携带"三品"上车。

（3）提供咨询和方便。设置问讯处，接受旅客的咨询、指引旅客乘车。

（4）行包承运。旅客买完票之后，关心的是行包的运送问题，行包房设在售票厅旁边，以便旅客托运行包。而行包的托运工作就由行包岗的工作人员完成。

（5）候车服务。良好的候车厅服务工作能保证客运工作有秩序、有节奏地进行。候车厅服务人员应随时提高警惕，有效地防止和打击偷窃和捣乱活动，确保旅客的安全。

（6）检票服务。乘客上车前必须进行检票，检票员必须引导乘客按顺序乘车。

（7）发车。经过安检和其他必要的检查，按发车时间，发出发车信号，确保班车正点出站。

第九章　公路客运站培训管理

（三）旅客服务部的职能和岗位职责

1. 旅客服务部的主要职能

旅客服务是客运站一项重要的工作，服务质量的好与坏，直接关系着企业形象及经济效益。规模较大的客运站一般专门设置旅客服务部，负责客运服务和管理现场生产。

旅客服务部的主要职能包括：

（1）依据营销部签订的各种营运合约组织生产并协助签约。

（2）负责站内的客户服务工作，对票务、站务、服务、广播等实行程序化管理。

（3）规范管理本部门的台账。

（4）负责处理现场与车主、驾驶员及旅客产生的各种问题。

（5）提供有关服务质量台账，协助营销部进行业务统计。

（6）为营销部门提供站内客源动态等市场信息。

（7）做好站内的宣传服务工作。

（8）与营销部形成相互支援的关系。

（9）负责客运生产经营其他方面的工作。

旅客服务由旅客服务部经理直接领导，下设经理助理、值班站长、票务班长、服务班班长等职位。

2. 旅客服务部的岗位设置及其职责

（1）旅客服务部经理。

1）直接上级：主管客运工作的副总经理。

2）直接下级：旅客服务部经理助理、值班站长、票务班长、服务班班长等。

3）本职工作：负责管理公司客运服务及现场生产事务。

4）直接责任：

① 参与制订公司年度预算和季度调整计划。

② 制订旅客服务部年度工作目标、季度目标和月度目标、工作计划，经批准执行。

③ 审阅旅客服务部及其相关文件，组织制、修订旅客服务部的工作规范和相关的规章制度的实施规定，经批准后组织施行。

④ 制订旅客服务部的年度、月度培训计划，报批后协助行政人事部实施。

⑤ 定期召开工作例会，及时、准确地传达上级指示。

⑥ 加强与相关部门的横向联系和协调工作。

⑦ 指导、监督、检查所属下级的各项工作，掌握工作情况和相关数据，并对其工作作出评定。

⑧ 收集分析客流信息，及时组织临时加班。

⑨ 填写直接下级过失单和奖励单，根据权限按照程序执行。

⑩ 培养和发现人才，负责本部属人员任用的提名，根据工作需要按照程序申请招聘，调配本部门人员。

5）领导责任：

① 对公司生产任务的完成负责。

② 对所属下级的服务质量、纪律行为、工作规范、整体精神面貌负责。

③ 对旅客服务部给公司造成的影响负责。

④ 对旅客服务部主管的工作规范的正确执行负责。

⑤ 对旅客服务部负责监督检查的规章制度、实施细则的执行情况负责。

⑥ 对旅客服务部管辖的设备设施的正确使用负责。

⑦ 对旅客服务部所掌管的公司秘密负责。

⑧ 对现场生产所发生的问题处理是否得当负责。

⑨ 对班组建设、人员调配、岗位设置合理性和科学性负责。

6）主要权限：

① 对属下员工的工作争议有裁决权。

② 有对所属员工和各项业务工作的管理权。

③ 有对直接下级岗位调配的建议权、任用的提名权和奖惩的建议权。

④ 对所属下级的工作有监督、检查权。

⑤ 对所属下级的管理水平、业务水平和业绩有考核权。

7）管辖范围：

① 旅客服务部所属员工。

② 旅客服务部办公场所及卫生责任区。

③ 旅客服务部办公用具、设施、设备等。

（2）经理助理

1）直接上级：旅客服务部经理。

2）本职工作：负责协助旅客服务部经理管理公司客运服务及现场生产事务。

3）工作责任：

① 协助部门经理开展各项工作，代理行使经理职权。

② 及时发现问题，向部门经理提出工作建议。

③ 整理和统计服务质量指标，完成上级交办的其他工作。

（3）值班站长

1）直接上级：旅客服务部经理

2）本职工作：组织当班服务及处理现场内外事务。

3）工作责任：

① 代表部门经理组织现场生产。

② 组织召开当日班长会和督促各班组召开班前会和班后会，处理及安排旅客服务部当班工作，向旅客服务部经理汇报当班情况和有关数据。

③ 掌握各岗位人员的工作情况，协调各岗位之间的配合，指挥现场工作。

④ 经常检查站内各项服务设施及设备齐备、有效情况。

⑤ 详细记录值班日志，监督和考核各岗位执行服务规范和标准情况，及时处理旅客和车方的投诉，做好交接班工作。

⑥ 掌握当日班车计划、客流及线路通阻及天气等情况，及时调整班车运行计划，解决当班发生的各种问题。

⑦ 完成上级交办的其他工作。

4）领导责任：

① 对值班时各客运岗位纪律、工作秩序、整体精神面貌负责。

② 对当班期旅客服务部生产任务完成负责。

③ 对当班期各岗位给公司造成的影响负责。

④ 对站内各项服务设施正确使用负责。

5）主要权限：

① 对各客运岗位的纪律行为有批评权和奖惩的建议权。

② 对客运岗位工作情况有检查、督促权。

③ 在权限范围内有对现场事务的处理权。

（4）票务班班长

1）直接上级：值班站长。

2）直接下级：票务员。

3）本职工作：管理票务班工作。

4）工作责任：

① 负责票务班的考勤登记工作。

② 负责召开班前班后会，编排班员工作岗位，检查仪容仪表。

③ 负责检查督促班员的工作规范情况，及时纠正违章现象。

④ 掌握售票现场情况，及时向值班站长提供客源流量、流向及加（减）班信息。

⑤ 搜集旅客对班线的要求及票价的意见，并及时向上级反映。

⑥ 负责对新班员的上岗辅导、培训工作。

⑦ 协助做好票务员的日常业务培训考核工作。

⑧ 负责检查售票设施、设备的有效情况。

⑨ 处理售票现场一般性的事故和客户投诉。

⑩ 做好与其他班组、部门的协调沟通工作和本班工作计划。

（5）服务班班长

1）直接上级：值班站长。

2）直接下级：问讯服务员、候车厅服务员、寄存服务员。

3）本职工作：管理服务班工作。

4）工作责任：

① 负责服务班的考勤登记工作。

② 负责召开班前班后会，编排班员工作岗位，检查仪容仪表。

③ 负责检查督促班员的工作规范情况，及时纠正违章现象。

④ 搜集旅客咨询的班线情况，及时将需求班线信息向上级反映。

⑤ 处理服务现场一般性的事故和客户投诉。

⑥ 负责对新班员的上岗辅导、培训及协助做好本班员的日常业务培训、考核工作。

⑦ 负责检查服务台的设施、设备的有效情况。

⑧ 做好与其他班组、部门的协调沟通工作和本班工作计划。

⑨ 负责班内通信器材的领用、保管及检查督促班内环境卫生。

（6）票务员

1）直接上级：票务班班长。

2）本职工作：售票，提高班车配载率和里程利用率。

3）工作责任：

① 严格执行公司票价政策，执行票据管理规定，按班车配载规则配载。

② 严格按工作规范售票，准确听取旅客要求。

③ 有问必答，百问不厌，对重点旅客重点照顾，导引旅客选择班车，尽量满足旅客乘车要求。

④ 掌握售票现场情况，及时向值班站长提供加（减）班和票价调整的第一手信息。

⑤ 认真填写售票记录，准确反映售票情况，做好交接班工作。

⑥ 爱护售票工具，保持工作场所卫生。

（7）检票员

1）直接上级：票务班班长。

2）本职工作：验票、导引旅客登车。

3）工作责任：

① 注意班车到位情况，认真做好检票准备工作。

② 维持好检票秩序，照顾重点旅客优先上车。

③ 检票时，按岗位服务规范检票，及时引导旅客上车，防止旅客错乘、漏乘、无票乘车或持无效票乘车。

④ 正点签发结算单、路单，杜绝责任晚点。

⑤ 保存好单据存根，严禁无关人员翻阅有关单据。

⑥ 爱护检票设备，严禁将检票机交给其他人操作。

⑦ 保持工作场所卫生。

（8）问讯服务员。

1）直接上级：服务班班长。

2）本职工作：为旅客提供各种咨询及指引服务。

3）工作责任：

① 掌握公司来往公交车路线、途径站点、地铁站点及中转公交线，导引旅客来公司或进入市区。

② 做好特殊旅客咨询服务工作。

③ 提供符合本岗位特点的多种服务项目，方便旅客。

④ 严格交接制度，做好交接班工作。

⑤ 维持工作场所卫生。

（9）候车厅服务员。

1）直接上级：服务班班长。

2）本职工作：管理候车室的清洁卫生，维护候车室秩序。

3）工作责任：

① 负责管理候车厅和售票厅的清洁卫生工作，制止在候车厅和售票厅吸烟，保持站容整洁。

② 维护候车厅秩序，主动向有需要的旅客及时解疑和提供帮助。

③ 为旅客运送较重的行李物品。

④ 维持旅客进站秩序，导引旅客按区候车。

⑤ 观察旅客情况，查看携带物品，协助堵截"三品"进站。

⑥ 阻止流动摊贩和闲杂人员进入候车厅。

二、参营者服务岗位

（一）参营者服务的内容

1. 车辆、车场管理

车辆、车场管理包括车辆清洗、安检、维修管理，车辆的进出站管理，车辆调度管理。

2. 营收报解管理

客运站根据行车路单与参营单位结算票款，参营单位支付各种代理费用。

（二）参营者服务岗位职责

1. 车辆调度员

（1）直接上级：调度班班长。

（2）本职工作：负责车辆的调度管理。

（3）工作责任：

1）负责检查车辆运行作业计划的执行情况。

2）根据车辆运行状态和技术状况，科学、合理地调配车辆，不断提高车辆运用水平。

3）根据营运范围内各条线路上路桥和渡口道阻情况，及时发现问题并调整行驶路线，必要时修改运行作业计划。

4）合理调配劳动力，加强劳动组织工作。

2．车辆安检员

（1）直接上级：调度班班长。

（2）本职工作：负责车辆的安全检查与维修。

（3）工作责任：

1）听取驾驶员对车辆使用和日常维护的汇报。

2）检查车辆消防器材配备情况。

3）检查车辆转向、制动和灯光等装置是否有效。

4）查看运输证和车辆二级强制维护记录。

3．车场管理员

（1）直接上级：调度班班长。

（2）本职工作：负责车辆的卡位及进出站管理。

（3）工作责任：

1）指挥进场车辆按发车顺序停放在指定位置。

2）检查车辆进出站时，载客、卸货及行车情况。

3）督促驾乘人员做好出车前例检工作。

4．对外结算员

（1）直接上级：结算室主任。

（2）本职工作：负责与参营单位结算票款及代理费用。

（3）工作责任：

1）依据车方的有效结算凭证，负责为车方提供结算服务，并对应结、实结的差额情况进行记录。

2）负责审核站务人员填写的结算凭证，并填写审核记录。

3）负责按审核后的双方确认的数据填制车主结算单，打印输出，并交车主签字。

4）审查车方的结算对账单是否符合结算要求，若不符合予以退回。

第三节　客运站礼仪培训

一、礼

礼是敬意的通称，是人们处理人际关系并约束自己行为以示尊重他人的准则。

礼分为礼貌、礼仪和礼节。

（1）礼貌。礼貌是人际交往中，通过语言、动作和自身仪表向交往对象表示恭敬和友好的行为规范。

例如：穿戴整齐得体；听人说话时，表情专注；迎接客人时，笑脸相迎。

（2）礼节。礼节是人们在交往交际场合，相互表示尊重、友好的惯用形式。例如点头致意礼和握手礼。

（3）礼仪。礼仪是礼貌、礼节的统称，是指在人际交往中，自始至终地以一定的、约定俗成的程序、方式来表现律己的行为。例如剪彩仪式、奠基仪式和接待仪式。

二、客运服务礼仪

客运服务礼仪是指在客运服务工作中形成的得到共同认可的礼貌、礼节和礼仪，它属于职业礼仪的范畴，是礼仪在服务行业的具体运用。

讲究客运服务礼仪，可以增进各地区人民的相互了解和友好关系；可以表现出客运服务人员良好的风度、修养，树立文明窗口形象；能够满足旅客心理需求，使他们高兴而来，尽兴而归；直接影响车站的声誉和经济效益。

（一）仪表

仪表即人的外表，包括容貌、服饰、姿态、个人卫生等方面，是一个人精神面貌的外观体现。

仪表美往往是一个人外在形象和内在素质的综合体现，包括了两个方面的内容，仪表美是自然美和修饰美的和谐统一。

自然美是指人的容貌、体形、姿态等协调优美，表现为体格健美，身体健康，身体各部分比例协调，五官端正等，这是仪表美的基本条件。要保持仪表美，后天的修饰也是不可少的。例如，一个人天生丽质，但是由于穿衣过于随意，蓬头垢面，她给人留下的印象是不修边幅，不美观。

仪表美应符合以下行业规范：

（1）容貌端庄。

（2）服饰庄重。

（3）打扮得体。

（4）训练有素。

（5）态度和蔼。

（6）举止大方。

（7）整洁挺括。

（8）淡妆素抹。

（9）言行得当。

（10）待人诚恳。

（二）仪容

仪容是指人的容貌，是仪表的重要组成部分。在人际交往中，一个人的仪容往往是其身体上最受对方注意的部位。客运服务人员应充分关注自己的仪容，自觉维护和修饰形象，把最好的一面展现在旅客面前。这也是优质服务的基本要求。

1. 头发的修饰与卫生

（1）头发修整：服务人员的发型选择应与自己的职业、年龄、脸型、身材、性别相称。例如：椭圆脸型的女士，可选择任何发式；圆脸型的女士应将头发梳高，并设法遮住两颊，增加脸部视觉长度；长脸面部瘦削，应适当遮住额部。长脸形的男士，不宜留太短的头发。矮胖瘦小的人头发不宜长。

在客运工作中，对女员工发型的要求是：不留披肩长发，头发不遮脸，刘海不遮眉，长发应扎起来。对男员工发型的要求是：前不垂额、遮眉，后不触领，不留鬓角，不留长发或扎小辫子。

客运服务人员的发型应美观大方、精神饱满、富有时代感，但不能过于新潮、怪异，更不应该染发或剃光头。

（2）头发的清洁美化。客运服务人员平时应勤洗头，一般两天应洗头一次，保持头发清洁，避免头发有异味和头屑。每天应适时梳理头发，避免头发凌乱，有损形象。在工作中，服务人员最好不佩戴花哨的发饰；如果需要把长发扎起来，只宜选择颜色较深、大方美观的发夹。

2. 面部的修饰与卫生

（1）保持面部清洁。应该注意每天早晨、中午、晚上洗脸，洗去脸上的油脂、灰尘，保持面部清洁，使自己容光焕发，清新自然。

（2）注意面部修饰。女服务人员应化素雅的淡妆，保持良好的精神状态，不要浓妆艳抹，也不要使用颜色怪异和气味浓烈的化妆品。男服务员应该将胡须剃净，保持面容整洁。

（3）注意口腔卫生。讲究礼仪必须保持口腔清洁。应该养成每天早、晚刷牙的良好习惯，清除残留物，保持口腔清新。班前忌喝酒、忌吃大葱、韭菜、臭豆腐等气味浓烈的食物，以免口腔产生异味，影响对客人的服务。必要时，可嚼口香糖或含茶以清除口腔异味。

（4）注意手部卫生。手的清洁能反映一个人的卫生习惯，平时应勤洗手，保持双手清洁。养成经常修剪指甲的良好习惯，不留长指甲，以免藏污垢；上班时不应涂有色指甲油。

（5）注意身体卫生。为保持身体卫生，应勤洗澡，勤换衣服，班前忌剧烈运动。如果天气炎热，应提前到岗，避免匆匆上岗，带给旅客一身汗味。另外，服务人员工作时最好不用香水，尤其不用气味浓烈的香水，以免引起旅客的不良感受。

服务人员上岗前，应细心在镜子前全面检查一次仪容卫生，在服务过程中，应注意修饰避人，不能当着旅客的面梳头、化妆、挖鼻孔等。服务人员注重仪容卫生，不仅尊重了客人，同时也体现出敬业爱岗的精神。

3. 工作服的穿着要求

工作服是标志一个人从事某种职业的统一服装。在车站穿着整齐、统一、美观的工作服，不仅能表达对旅客的尊敬之意，也可以通过制服的规范穿着，提高服务人员的素质，树立良好的个人形象，从而树立良好的客运站形象。

穿着工作服的总体要求如下：

（1）整齐美观。穿着工作服应合身得体，符合岗位要求。穿衬衣应把衣摆放在长裤或裙子里面，纽扣应全部扣好。每天把皮鞋擦干净，保持光亮，破损的鞋子应及时修理或更换。男员工袜子颜色应与裤子相近，通常以深色为普遍；女员工应穿肉色丝袜，不抽丝，不破损，袜口不外露。领带、领花与衬衫领口吻合紧凑，不可系歪。工号牌应佩戴在左胸正上方。

（2）清洁规范。每天上岗前要检查工作服是否有菜汁、油渍、笔迹等，尤其要注意领子、袖口是否干净，应养成勤洗勤换的良好习惯。穿着工作服应遵循规范，注意内衣不外露，不挽袖卷裤，检查工作服是否破边，口袋不可放过多物品，以免影响线条美。穿着制服，应注意保持制服挺括，衣裤均要烫平，不起皱、不翘边，裤线笔挺，保持工作服线条自然流畅，体现出服务人员的高雅、端庄。

（3）工作场合的要求。在服务岗位上，除可戴手表，一般不宜佩戴耳环、手镯、戒指、手链、胸针等饰物。如果服务人员看上去珠光宝气，环佩叮当，往往会破坏服务人员的服务形象，容易使旅客产生不快。因此，服务人员以不佩戴任何饰品为好。

（三）仪态

仪态是指人在行为中的姿态和风度。

姿态是指身体呈现的各种样子。

风度是指人在行为举止中流露出的气质和风格。

用公式表示：人类全部的信息表达=7%的语言+38%的声音+55%的体态语。

在客运服务中，仪态举止相当重要，服务人员在旅客前的一举一动，不仅关系到个人形象，而且直接影响到服务质量和车站形象。优美的仪态能给旅客以悦目、舒适的感觉，不雅的仪态会使旅客反感、厌恶。

1. 正确的站姿

站立是客运服务人员的主要姿势。因为站立服务传递着随时为旅客服务的信息，能体现出对旅客的尊重。保持优美的站姿是服务人员的基本功之一。

对站姿的要求是："站如松"，即站得像松树一样挺拔。面朝正前方，双目平视，嘴微闭；面带笑容，下颌微收，颈部挺直；胸部微挺，腹部自然下收，双肩微往后拉，自然舒展；腰直肩平，双臂自然下垂（或背后交叉或体前交叉）；双腿立正并拢，双膝与双脚跟部紧靠，两脚呈"V"状分开，两足之间相距约一拳宽度。

标准的站姿不仅能使人显得挺拔、精神、俊美，还可以帮助呼吸和促进血液循环，有利于身体健康。与旅客谈话时，应注意保持恰当的距离，大约相距60厘米左右，过近或过远都会显得失礼。为坐着的旅客服务时，应在旅客的身边弯腰站立，面带笑容；身体直挺站立，会显得傲慢无礼。在服务过程中，应当尽量面向旅客站立，以免产生轻视旅客的印象。

2. 对客服务的坐姿要求

出于礼貌需要与客人一起入座时，应该请旅客先入座，切勿自己抢先入座。女服务人员穿着裙子时，腿部应并拢直放或斜放；男服务人员就座，双腿可张开放置，与肩同宽。

3. 服务中的行走要求

服务中走路时应注意步速，要使旅客感到安定。走路过慢，东张西望，会显得懒散，漫不经心，降低工作效率；走路速度过快，风风火火的，会使旅客产生紧张情绪，也会增加工作中差错的发生；多人一起行走时，不要横成一排或抱肩搭背。总的来说，男服务人员行走步伐应该刚健有力，女服务人员行走步伐应该轻盈、柔美。

忌步态不雅："内八字"脚或"外八字"脚，走路时横向摇摆、蹦蹦跳跳或手插裤袋，都是不雅的姿势。

忌制造噪声：行走时脚步过重，声音过大，穿钉有金属掌的鞋子行走或拖着脚行走，都会发出令人厌烦的噪声，应该尽量避免。

忌不守秩序：行走时横冲直撞，与人抢道，阻挡道路等，都违反了公共秩序，既妨碍他人行走，也有损自身形象。

4. 客运服务中的手势规范

客运服务中，手势的运用应当注意适度和规范。介绍旅客、为旅客指示方向、引导旅客等服务中，都需要运用规范的手势。具体要求是：伸出右手，五指并拢，掌心向上，上臂自然下垂，以肘关节为支点，由内向外自然伸开小臂。当指明方向后，手应暂时停留片刻，回头确认旅客认清后再将手放下，不要随便横挥手臂后就立即放下。

忌手势不敬：掌心向下、攥紧拳头、伸出手指点、手持物品指示方向等，都是对人不敬的手势，会失礼。

忌手势过多过大：运用手势应注意适度，与人交往时，手势不宜过多，幅度不宜过大；手舞足蹈，动作夸张，往往也会引起他人的反感。

5. 优美得体的动作

（1）低处拾物。需要从低处拿物品或从地上拾物品时，应该走近物品，先蹲后拾。具体要求是：走到物品一侧，单腿下蹲，不弓背，轻松自如地达到目的，展现出优美的体态。

（2）行走路线。在车站内，应该尽量靠右行走，不能走在正中间。与旅客相遇时，应主动让路或暂时放下手上工作，微笑点头致意，问候旅客，不可以与旅客抢道或并行。

（3）接物和递物。为了表达出对对方的恭敬与尊重，应当双手递物、双手接物，注意两臂夹紧，自然伸出双手。递剪刀、刀子等尖锐物品时，尖部或刃部不应当朝向对方，注意所有的物品都要轻拿轻放。

第九章　公路客运站培训管理

（四）目光

俗话说："眼睛是心灵的窗口"，眼神最能倾诉感情，沟通思想，表达自己的喜恶情绪。在人际交往中，目光也可以反映一个人的礼仪修养。与人谈话时，应亲切注视对方的眼睛。若东张西望、心不在焉或继续手上的工作，头也不抬，都是缺乏诚意和藐视他人的表现，极为失礼。注视对方时，应该注意保持和悦的眼神，以表示对旅客的尊重和关注。但一般不要长时间凝视对方，更不能长时间盯住对方某个部位，可以把目光投向对方额头至上身第二粒纽扣以上或两肩之间的区域，以免长时间直视对方，使他人难堪。

（五）微笑

1. 微笑的作用

保持微笑的表情是服务工作的需要。微笑是人际交往中的润滑剂，是打动旅客心弦的最美好的语言。在客运服务中，保持亲切甜美的微笑，能充分表现出服务人员真诚好客的内心感情，是赢得旅客好感的重要法宝。因此，微笑是服务态度中最基本的标准，是优质服务的重要内容之一，对提高车站的声誉和获得最佳经济效益及社会效益，起着十分重要的作用。微笑是提高个人修养的需要。保持愉快的心境，展现甜美的笑容，有利于身心健康，常保持微笑是心理健康的标志。同时微笑也是自信的象征，一个只有充分尊重自己，看到自身存在的价值，才会注重保持自身形象，才能做到笑口常开，笑脸迎人。另外，微笑还能充分展现每个人的礼仪修养，一个有知识、懂礼貌的人必然十分尊重他人，而最直接的表达就是毫不吝啬地把微笑献给他人。

2. 微笑服务

微笑要适宜。甜美可亲的微笑是吸引旅客的法宝。但笑也要掌握分寸，不要在不该笑的时候笑。

例如，当旅客向服务人员投诉其不满、诉说其苦恼和不幸时，服务人员如仍一味地微笑，就会使旅客感到不快，甚至误以为在取笑他。

微笑要发自内心。微笑时，内心的真诚特别重要。只有发自内心，才能笑得亲切、得体、自然。真诚的微笑来自服务人员敬业乐业的精神，有了这种精神，才会有真正的微笑——不仅脸上有笑容，甚至连声音都含有笑意。

3. 保持微笑需要自我控制

服务人员在服务中，应做到一视同仁地保持甜美的笑容。而在实际工作当中，服务人员心情的好坏，往往会影响微笑服务，这就要求服务人员要具较强的自控能力，遇到挫折和心情不佳时，都能克制不良情绪，把个人烦恼置于脑后，振作精神，面带笑容全身心地投入到工作中去。

4. 保持微笑的建议

（1）安装过滤器。安装一个情绪过滤器，把生活中、工作中不愉快的事情过滤掉。

一位优秀的员工面对旅客时总能真诚地微笑。同事问他："你一天到晚地微笑，难道就没有不顺心的事吗？"她说："世上谁没有烦恼？关键是不要被烦恼所支配。到单位上班，我将烦恼留在家里；回到家里，我就将烦恼留在单位，这样，我就总能保持轻松愉快的心情。"

（2）运用幽默。遇到烦恼的事情从反面设想，往往可以化解自己的情绪，甚至使事情出现转机。而且幽默感不是天生就有，而是通过练习每个人都可以获得的。例如：从"你的手机被偷走了"转变为"我再不用犹豫了，可以放心地换手机了"。

（3）直接面对。这可能意味着要做一个不想做的道歉、要发动一场讨论来修复自己宁愿忘掉的某个关系，或者要压抑一下自尊心。这样可以帮助你迅速解决问题，使自己恢复轻松。

5. 修炼微笑的步骤

（1）方法一：念"E"。对镜摆好姿势，像婴儿咿呀学语时那样，说"E"，让嘴的两端朝后缩，微张双唇。轻轻浅笑，减弱"E"的程度，这时可感觉到颧骨被拉向斜后上方。相同的动作反复几次，直到感觉自然为止。无论自己在坐车、走路，还是说话、工作，都随时练习。

（2）方法二：念"一"。使面部肌肉向上抬，口里念"一"音；口眼结合，微笑时不光脸部要笑，眼睛也要保持笑容，做到"眼形""眼神"都微笑。笑与语言结合，微笑也可以用声音表现出来。

（六）言谈

言谈是人们表达意愿、交流思想感情和沟通信息的重要形式。语言是人类重要的交际工具，不同的语言表达方式标志不同人的文明程度。

1. 时间原则

时间原则要求服务人员见到旅客时应该主动使用礼貌服务用语，并贯穿于对旅客服务的全过程。在服务中，使用礼貌语言应成为服务人员主动自觉的行为。

客运服务提倡有声服务，服务人员恰到好处的礼貌语言，能表现出对旅客的亲切、友好和善意。如果服务人员提供的是"哑巴服务"，不仅会影响旅客的情绪，还会损害车站的形象。因此，服务人员应率先主动使用礼貌语言，并贯穿于对旅客服务的始终。

2. 机智原则

机智原则要求服务人员以诚实为前提，根据具体的对象和场合，灵活运用服务语言。

俗话说："一句话使人笑，一句话使人跳。"这句话形象地概括了服务用语的作用和要求。服务人员运用服务用语接待旅客时，应该做到以诚为本，以实为要，以真为先。在任何情况下，都不可虚情假意，更不可欺骗或愚弄旅客。在服务语言中，礼貌用语往往都是约定俗成，沿用已久的，服务人员应该认真遵循。

3. 宽容原则

宽容原则是指服务应该将心比心，用宽容的态度、善意的语言接待旅客。

4. 言辞的礼貌性

言辞的礼貌性主要表现在服务人员使用的敬语上。敬语最大的特点是彬彬有礼、热情庄重。使用敬语能表示对旅客的尊敬，给人以礼貌的感觉。敬语主要包括尊重语、谦恭语和郑重语。谦虚、友善的语言能充分表现对听话者的尊重。敬语常用征询、商量式等语气表达，如"对不起，你乘坐的班车还未到站，请稍等。"

委婉语是用好听的、含蓄的，使人少受刺激的语言代替对方有可能忌讳的词语，用婉转的表达使对方意会。例如，劝客人不要在非吸烟区吸烟，不要简单地说："先生，请勿吸烟！"这样容易引起旅客的不满，而应该婉转地说："先生，如果需要吸烟，请您到吸烟区好吗？"

5. 称呼的恰当性

在服务中，称呼是指服务人员在服务过程中对服务对象所采用的称谓语。注重称呼礼节，是指服务人员对旅客应采用恰当的称呼，做到称呼及时、准确、恰当。

（1）国际上通用的称呼："先生""夫人（太太）""小姐"是国际上最为常用的称呼。一般对男子不论其年龄大小与婚否，均称为"先生"；对已婚女子称为"夫人"；对未婚女子或婚姻状况不明的女乘客，不论年龄大小都可以称为"小姐"；对职业女性可称为"女士"。

（2）国内常用的称呼："同志"是国内对他人常用的称呼。不同性别、年龄和职业的成年人，均可以称为"同志"，如"书记同志""男同志"等。

6. 客运称呼的要求

（1）称呼旅客要用尊称。用尊称称呼客人，能表示对人的尊重，切忌用"喂"称呼旅客，也不可以因为熟悉而用全名或外号称呼旅客，如"肥仔""高佬"等。

（2）分清主次。服务中需要称呼多位旅客时，应当做到面面俱到，避免顾此失彼；同时，也应该注意在称呼时分清主次。

基本顺序是：先个人后整体，先近后远，先称呼受尊重者（如身份高者、年龄大者、女士等）。

7. 问候礼节

问候是指服务人员在工作中根据时间、场合和对象用不同的礼貌语言向旅客表示关心。

（1）问候要及时。在服务工作中及时问候旅客，能在第一时间向旅客表达欢迎之意、热忱之情，令旅客产生良好的印象。在客运工作中，服务人员应该主动向旅客表示问候。具体来讲，问候的时机有四个：①主动为旅客服务时；②旅客准备求助于自己时；③旅客经过自己服务区域或目光接触时；④向旅客道别或为旅客送行时。

（2）问候语言应亲切、简练、规范。向旅客表达问候，应发自内心，语言亲切热情，简练规范，面带微笑，并施以鞠躬等恰当的行为礼节。问候旅客，应当注意称呼，并根据需要紧跟一些礼貌用语。例如，"您好！""早上好！""欢迎光临！""您好，小姐，需要帮助吗？""再见，欢迎下次再来"等。

（3）问候要灵活。使用问候语言，应该根据不同的时间、场合恰当地使用。例如，一天中不同的时间遇到旅客可分别说"早上好""下午好""晚上好"。如果是节日，可问候："祝您圣诞节快乐！""祝您新年快乐！"等。

（4）注意仪态，站立应答。为表示对旅客的尊重，服务人员在应答旅客询问时应采取站立的姿势，和旅客的距离要适中，最好保持一步半的距离，停下手中的工作，集中精神，双目正视对方。必要时，还可以借助表情和手势来沟通和加深理解。切忌东张西望，心不在焉，或老是看表、伸懒腰、打哈欠等。

（5）尽量采用肯定的应答用语。在服务中，回答旅客的询问，不要轻易地说"不行""我不知道"等否定语，应尽量给旅客肯定的回答。这样旅客会感到服务人员服务热情，业务熟悉，服务质量好。例如，接受旅客吩咐时，说"好，明白了""好，马上来"；不能立即解答旅客时，说"对不起，请您稍候"；听不清或未听懂旅客问话，应该注意运用恰当的询问语，如"很对不起，我没听清楚，请重复一遍，好吗"；对一时回答不了或回答不清的问题，可先向旅客致歉，待查询后再作答，如"对不起，请您稍等，我帮您查询一下。"当旅客提出过分或无礼要求时，也要委婉应答，如婉转地说"恐怕不行吧""可能不会""这件事我需要同值班主任商量"。

（6）用好谦恭得体的应答用语。旅客对服务人员的服务表示满意而致谢时，服务人员应注意不要在众人面前露出沾沾自喜的样子，也不要毫无反应或不知所措，应采取谦恭得体的应答，如"很愿意为您服务！""谢谢您的夸奖！""请不必客气！"

（7）学会运用谅解应答语。旅客因故向服务人员致歉时，服务人员应及时予以接受，并表示谅解，如"没关系""这算不了什么""没什么"。

（8）注意应答禁忌。应答用语大方得体，体现出对旅客的恭敬，但不要过分自谦。例如，受到赞美时，不要说"哪里，哪里"。

（9）服务用语的运用

车站是社交场合，旅客在车站活动时需要得到物质上和精神上的享受。礼貌服务用语伴随着主动、热情、耐心、周到的服务，会使旅客感到礼遇和受尊敬，同时也能显示员工良好的素质，反映出车站的档次与服务水平。

1）如何说"您好"。"您好"是向他人表示敬意的问候语和招呼语。在车站中，当旅客光临、接听电话、为旅客提供其他服务遇到旅客时，都应该主动向旅客说"您好"或"先生您好"，然后再说其他服务用语，例如，"您好，先生，请问有什么能帮助您吗？"不要颠倒顺序，同时还应伴以微笑和点头；也可以根据不同的时间说"早上好""下午好"，这些词语同样可以表达"您好"之意。恰当地使用"您好"能使旅客感到温暖亲切。

2）如何说"请"。说"请"本身就包括对他人的敬意。"请"可以单独使用，也可与其他词搭配使用，并伴以恰当的手势。例如，请旅客入座，可边做手势边说"请坐"。通常在请求他人做某事时、表示对他人关切时、表示谦让时、要求对方不要做某事时、关切或安抚他人时、希望得到谅解时，都要"请"字当头。例如，"请拿票""请小心"。

3）如何说"谢谢"。"谢谢"是礼貌地表示感激的用语。在他人提供帮助配合后、旅客消费后、旅客提出意见后、旅客对服务工作表示赞扬和满意时，都应该面带微笑，目光注视对方，自然地说"谢谢"。注意重音应在第一个字上，吐字清晰，轻快地说。例如"谢谢您的帮助""感谢您的宝贵意见""谢谢您的称赞"等。

致谢应发自内心，决不可流露出丝毫的敷衍，也不要介意旅客对自己说过"谢谢"后毫无反应，因为实际上旅客内心里已感受服务人员致谢的诚意。必要时，要解释一下致谢的原因，不至令对方感到茫然和不解。

4）如何说"对不起"。"对不起"是道歉时的礼貌用语。通常是在自己对他人有愧或有过失行为时、在坚持规章制度又需要礼貌待客时、需引起他人注意时、打断他人交谈时或未能满足旅客需求时使用。例如："对不起，我们的班车迟到了"；"对不起，打扰您了"；"对不起，按《道路旅客运输及客运站管理规定》的规定，退票要收取手续费"；"对不起，我这里要强调一下"；"对不起，番禺班车已发完"。"对不起"在英语表达中，用作表示道歉时，应说"Sorry"；用作引起对方注意时，则应说"Excuse me"。

5）如何说"再见"。"再见"是人们在分别时说的告别语。说"再见"应面带微笑，目视对方，并借助动作表示依依不舍、希望重逢的意愿，如握手、摆手等。说"再见"可根据实际需要再说上几句其他的话，如"再见，希望您再来""再见，祝您一路平安"；也可以对多次见面或经常见面的旅客、车主说"下午见""明天见"等。

（10）服务忌语举例：

1）否定类用语：不知道；不可能；不行。

2）厌烦类用语：着什么急；我要下班了，快点；真烦人；神经病。

3）质问类用语：你到底要不要；你想干什么；你有完没完。

4）蛮横类用语：我就这态度；有意见找站长去。

5）挖苦类用语：你没长眼睛；你不认识字吗。

6）推托类用语：这不关我的事；谁说的你找谁去；这是其他部门的事，与我们没关系。

7）反问类用语：没看见我正忙着吗；怎么不早点来呢。

第四节　客运站消防安全培训

一、火灾产生的原因

（1）人为因素引起的火灾：一是旅客违反规定携带了易燃物品（如摩丝、香水、指甲油等）进站或者旅客在候车厅、售票厅等公共场所违章动火、吸烟等都可能引起火灾；二是车站工作人员操作失误引发失火。

（2）客运站电器设备自身的质量问题或安装不符合规程要求，发生短路、超负荷、接触电阻过大等，都有一定的安全隐患。

（3）新型客运站的大空间建筑设计结构复杂，使用的装修材料大多为人工合成的高分子聚合物，这些人工合成材料易燃烧而且发生燃烧时易变形，同时燃烧时会放出多种有毒气体。

（4）避雷设备装置不当，缺乏检修或没有避雷装置，发生雷击意外引起火灾。

二、客运站消防安全知识培训

（一）火灾的定义

火灾是指在时间和空间上失去控制的燃烧所造成的灾害。

（二）火灾的分类

火灾分为A、B、C、D四类。

（1）A类火灾：指固体物质火灾。这种物质往往具有有机物性质，一般在燃烧时能产生灼热的余烬，如木材、棉、毛、麻、纸张火灾等。

（2）B类火灾：指液体火灾和可熔化的固体火灾，如汽油、煤油、原油、甲醇、乙醇、沥青、石蜡火灾等。

（3）C类火灾：指气体火灾，如煤气、天然气、甲烷、乙烷、丙烷、氢气火灾等。

（4）D类火灾：指金属火灾，如钾、钠、镁、钛、锆、锂、铝镁合金火灾等。

（三）防火基本知识

1. 防火基本方法

一切防火措施都是以防止燃烧的三个条件同时结合在一起为目的的。

（1）控制可燃物。例如以难燃或不燃材料代替易燃材料，对性质相互抵触的化学危险物品采用分仓、分堆存放等。

（2）隔绝助燃物。例如对密闭容器抽真空以排除容器内的氧气，在容器内充入惰性气体等。

（3）消除着火源。例如在易燃易爆场所严禁烟火，在有火灾危险的场所严格控制电焊、气割等动火作业。

2. 化学危险品

根据国家标准《危险货物分类和品名编号》（GB6944—2012）对危险品的界定，化学危险品具体包括：

（1）爆炸品，如黄色炸药、烟花爆竹、枪弹和雷管等。

（2）压缩气体和液化气体。这主要是指一氧化碳、二氧化碳、石油气、压缩空气、氟利昂、氢气、氧气、液化石油气、煤气和各类压缩气体等。

（3）易燃液体。常见的有汽油、酒精、丙酮、油漆、松节油、染色剂、香蕉水、煤油和塑料印刷油墨等。

（4）易燃固体、易自燃物质和遇湿放出易燃气体的物质，如磷、钠、钾、铝粉、锌粉等。

（5）氧化剂和有机过氧化物，如亚硝酸钠、高锰酸钾、漂白粉、硝酸钠和氯酸钾等。

（6）毒害品和感染性物品，如六六六、杀草丹、敌敌畏、灭鼠药、敌百虫、氰化钾、氟化钠等。

（7）放射性物品，如钴60、夜光粉、锆英石等。

（8）腐蚀性物质，如盐酸、硝酸、硫酸、磷酸等。

（9）其他危险物品。

（四）灭火基本知识

火灾通常都有一个从小到大、逐步发展、直到熄灭的过程。火灾过程一般可以分为初起、发展、猛烈、下降和熄灭五个阶段。在火灾初起阶段（一般为着火后5～7分钟），燃烧面积不大，火焰不高，辐射热不强，是扑救的最好时机，只要发现及时，用较少的人力和应急消防器材就能将火控制或扑灭。

1. 灭火的基本方法

灭火的基本方法是根据起火物质的燃烧状态，为破坏燃烧必须具备的基本条件而采取的一些措施。灭火的基本方法有以下几种：

（1）冷却灭火法。该法就是将灭火剂直接喷洒在可燃物上，使可燃物的温度降低到燃点以下，从而使燃烧停止。用水扑救火灾就是冷却灭火。

（2）窒息灭火法。该法就是采取措施，阻止空气进入燃烧区，或用惰性气体降低空气中的含氧量，使燃烧物质因缺乏氧气而熄灭。例如用湿棉被、湿麻袋覆盖在燃烧着的液化石油气瓶上。

（3）隔离灭火法。该法就是将附近的可燃物质与正在燃烧的物品隔离或者疏散开，从而使燃烧停止。例如拆除与火源相毗连的易燃建筑结构，建立阻止火势蔓延的空间地带。

（4）化学抑制灭火法。该法就是将化学灭火剂喷入燃烧区参与燃烧反应，中止链反应而使燃烧反应停止。最常见就是用灭火器向着火点喷射灭火。

2. 消防设施使用

（1）灭火器。灭火器是一种轻便的灭火器材，是扑救初起火灾最常用的灭火设备。灭火器种类较多，在客运站使用的主要有干粉灭火器、二氧化碳灭火器、泡沫灭火器三种。

1）手提式干粉灭火器。手提式干粉灭火器主要有MF1、MF2、MF3、MF4、MF5、MF6、MF8等型号，主要用来扑救固体火灾（A类）、液体火灾（B类）、气体火灾（C类）和电气火灾。

① 使用方法。扑救火灾时，手提或肩扛干粉灭火器到火场，上下颠倒几次，离火点3～4米时，撕去灭火器上的封记，拔出保险销，一只手握紧喷嘴、对准火源，另一只手的大拇指将压把按下，干粉即可喷出，并迅速摇摆喷嘴，使粉雾横扫整个火区，由近而远，将火扑灭。

② 注意事项。灭火要果断迅速，不要遗留残火，以防复燃；扑灭液体火灾时，不要冲击液面，以防液体溅出，造成灭火困难。

③ 检查方法。发现指针指在红色区域或开启使用过，就表明已失效，应送修。

④ 维修期限。五年，首次维修后每满两年维修一次。

⑤ 报废期限：十年。

2）二氧化碳（CO_2）灭火器。二氧化碳灭火器适用于扑救液体（B类）、气体（C类）、电气设备的初起火灾，如带电的电路、贵重设备、图书资料等。二氧化碳灭火器的型号有MT2、MT3、MT4、MT7四种，按开关方式分为手轮式、鸭嘴式两种。

① 使用方法。首先将灭火器提到距起火地点约5米处，放下灭火器，一只手握住喇叭形喷筒根部的手柄，把喷筒对准火焰，另一只手迅速旋开手轮或压下压把，气体喷射出来。当扑救液体火灾时，应使二氧化碳射流由近而远向火焰喷射，如果燃烧面较大，操作者可左右摆动喷筒，直至把火扑灭。当扑救容器内火灾时，操作者应手持喷筒根部的手柄，从容器上部的一侧向容器内喷射，但不要使二氧化碳直接冲击到液面上，以免将可燃液体冲出容器而扩大火灾。总之，使用二氧化碳灭火器灭火时，应设法把二氧化碳尽量多地喷射到燃烧区域内，使之达到灭火浓度而使火焰熄灭。

② 注意事项。灭火器在喷射过程中应保持直立状态，切不可平放或颠倒使用；不要用手直接握喷筒或金属管，以防冻伤；在室外使用时应选择在上风方向喷射，在室外大风条件下使用时，喷射的二氧化碳气体被风吹散，灭火效果很差；在狭小的室内使用时，灭火后操作者应迅速撤离，以防被二氧化碳窒息而发生意外，火灾完全扑灭后应打开门窗通风。

③ 检查方法。定期对灭火器进行称重，如泄漏的灭火剂重量大于总重量的1/10时，应补充灭火剂。

④ 维修期限。五年，首次维修后每满两年维修一次。

⑤ 报废期限。12年。

3）机械泡沫和合成泡沫灭火器。

① 使用范围。泡沫灭火器用来扑灭固体（A类）、液体（B类）火灾，不能扑灭带电火灾。

② 使用方法。离火点3～4米时，撕去灭火器上的封记，拔出保险销，一只手握紧喷嘴，对准火源，另一只手的大拇指将压把按下，泡沫即可喷出，此时迅速摇摆喷嘴，使泡沫横扫整个火灾，由近而远，将火扑灭。

③ 检查方法。发现指针指在红色区域或开启使用时，就表明已失效，应送修。

④ 维修期限。三年，首次维修后每满一年维修一次。

⑤ 报废期限。六年。

（2）消火栓给水系统。客运站消火栓给水系统主要由消防水源、消防水管、室内消火栓箱和室外消火栓、消防水泵控制器等组成。

消火栓的使用方法如下：

1）打开消火栓箱，取出水带。

2）抛水带。右手握住水带，然后用力向正前方抛出，使水带向正前方摊开。

3）接水带。右手将水带接头与消火栓接头对接，并顺时针转动至卡紧为止。

4）接水枪、打开水龙头。迅速拿起另一头水带接头，将水枪头接上水带接口，并将水龙头打开。

5）灭火。射水时，采取包围灭火战术阻止火势和烟雾向其四周扩散，以便有效控制，直至将火扑灭。注意，如遇电气火灾，应先断电后灭火。

6）消防软管卷盘的使用。消防软管卷盘一般供扑救初起火灾使用。

使用消防软管卷盘时，首先打开箱门将卷盘旋出，拉出胶管和小口径水枪，开启供水闸阀即可进行灭火。消防软管卷盘除绕自身旋转外，还能随箱门旋转，比较灵活，不需将胶管全部拉出即能开启阀门供水。使用完毕后，先关闭供水闸阀，待胶管排除积水后卷回卷盘，将卷盘转回消火栓箱。

（3）自动喷水灭火系统。自动喷水灭火系统是按一定的间距和高度安装一定数量喷头的供水灭火系统。按用途、组成部分和工作原理的不同，自动喷水灭火系统可分为湿式自动喷水灭火系统、干式自动喷水灭火系统、预作用式自动喷水灭火系统等。安装自动喷水灭火系统的场所发生火灾时，该系统能自动喷水灭火并自动报警。在所有固定式灭火设备中，自动喷水灭火系统具有使用范围最广、价格最便宜的特点。它工作性能稳定，灭火效果好，因而广泛应用于可以用水灭火的场所。

湿式自动喷水灭火系统一般由以下四部分组成：

1）湿式报警阀装置部分。它主要由湿式阀、延时器、水源、系统压力表、报警控制阀、过滤器、单向阀、主排放阀、流量控制阀组件等组成。

2）报警控制部分。它主要由压力开关、水流指示器、水力警铃、报警控制柜等组成。

3）供水部分。它主要由蓄水池、水泵、压力水罐、高位水箱、水泵接合器等组成。

4）管网部分。它主要由闭式玻璃球喷头、供水管、电磁阀门、末端泄放装置等组成。

湿式自动喷水灭火系统的工作原理是：湿式自动喷水灭火系统的管网内充满了水，并保持一定的压力。被保护区域发生火灾后，当火灾区域燃烧产生的热气达到一定温度时（70摄氏度），洒水喷头的玻璃球受热膨胀破裂，喷头开始喷水灭火。同时，另一股水流流入报警通道，经延时器至压力开关，水力警铃开始报警，相关信号被发送到消防水泵控制柜，启动消防水泵供水。

3. 扑救一般初级火灾的程序和措施

（1）当火灾发生时要沉着冷静，采用适当的方法组织灭火、疏散。

（2）对于能立即扑灭的火灾要抓住战机，迅速消灭。

（3）对于不能立即扑灭的火灾，要采取"先控制，后消灭"的原则，先控制火势的蔓延，再开展全面扑救，一举消灭。

（4）火场如有人受到围困，要坚持"先救人，后救火"的原则，全盘考虑，制订灭火疏散方案。

（5）火场扑救要采取"先重点，后一般"的原则。

（6）火灾扑救要服从火场临时指挥员的统一指挥，分工明确，密切配合，当消防人员赶到后，临时指挥员应将火场现场情况报告消防人员，并服从消防人员的统一指挥，配合消防队实施灭火、疏散工作。

（7）火灾扑救完毕，保卫室要积极协助公安消防部门调查火灾原因，落实"三不放过"原则，处理火灾事故。

4. 应急疏散的组织程序与措施

（1）为使灭火和应急疏散预案顺利进行，保卫室应加强日常性检查，确保消防通道畅通。

（2）公共聚集场所（候车厅、售票厅）应保持消防通道畅通，出入口有明显标志，消防通道及安全门不能锁闭，疏散路线有明显的疏散指示标志。

（3）火灾发生时，疏散引导人员应迅速赶赴火场，利用应急广播指挥人群有组织地疏散，疏散路线尽量简捷。

（4）疏散引导组工作人员要分工明确，统一指挥。

三、客运站消防安全制度

1. 消防安全教育、培训制度

（1）定期以创办消防知识宣传栏、知识小卡片等多种形式，提高站内管理人员的消防安全意识。

（2）定期组织管理人员学习消防法规和各项规章制度，做到依法依规管理。

（3）对消防设施维护保养和使用人员应进行实地演示和培训。

（4）对新员工进行岗前消防培训，经培训后方可上岗。

2. 安全疏散设施管理制度

（1）站场应保持疏散通道、安全出口畅通，严禁占用疏散通道，严禁在安全出口或疏散通道上安装栅栏等影响疏散的障碍物。

（2）应按规范设置符合国家规定的消防安全疏散指示标志和应急照明设施。

（3）应保持防火门、消防安全疏散指示标志、应急照明等设施处于正常状态，并定期组织检查、测试、维护和保养。

（4）严禁在营业或工作期间将安全出口上锁。

（5）严禁在营业或工作期间将安全疏散指示标志关闭、遮挡或覆盖。

3. 消防设施、器材维护管理制度

（1）消防设施日常使用管理由专职管理员负责，专职管理员每日检查消防设施的存放状况，保持设施整洁、卫生、完好。

（2）消防设施及消防器材的技术性能的维修保养和定期技术检测由专职管理员负责，发现异常及时安排维修，使设备保持完好的技术状态。

（3）消防设施和消防器材定期进行测试维护。

（4）对消防器材应每天进行检查，发现丢失、损坏应立即补充并上报站领导。

4. 用火、用电安全管理制度

（1）严禁随意拉、设电线，严禁超负荷用电，下班后，该关闭的电源应予以关闭。

（2）电气线路、设备安装应由持证电工负责。

（3）禁止私用电热棒、电炉等大功率电器。

（4）禁止在站内堆放易燃易爆物品，严禁在站内随意生火。

四、客运站消防安全工作的常规管理

（1）加强消防安全法规和常识的学习宣传。车站通过简报和专题培训等形式，让全体员工了解防火、灭火、逃生自救常识，了解应急疏散的主要通道位置；做到会报警，会扑灭初起火灾，会自救。

（2）加强兼职消防队伍技能培训。车站消防安全工作领导组负责组织定期的培训，争取在公安消防机构的指导下掌握预防火灾常识和扑救初起火灾的技能。

（3）加强防火巡查和定期全面防火检查。车站保卫室坚持每日防火检查，及时纠正违章行为；期末和期初以及重大节假日前均应组织全面防火检查，发现问题及时书面通知相关部门，并督促其整改。

（4）加强消防设施设备的管理。车站后勤处、保卫室要根据实际需要，保障消防器材配备充足，消防设施、灭火器材正常有效，保证疏散通道的畅通，及时整改安全隐患，强化用电线路、器材管理，及时更换老化线路，规范用电管理。

（5）加强站内防火安全行为规范管理。任何人不得私自占用或遮压消防设施设备，加强对进站旅客携带行李的安全检查，发现危害消防安全行为，应立即向主管领导报告；发现安全隐患及时报告相关部门和人员处理；发现火警、火灾险情，迅速拨打火警电话；进入站内注意观察消防标识，火灾来袭迅速自救逃生。

【本章小结】

客运站培训工作主要包括三个阶段：培训需求分析、培训设计与实施、培训评估。客运站培训内容包括岗位培训、礼仪培训、消防安全培训。

客运站建立培训制度，需要建立培训责任制度，建立能够促进员工主动申请、积极参与培训的制度，建立客运站急需人才培训制度，建立有效的培训考核制度。

旅客服务的程序包括发售客票、安全检查、提供咨询和方便、行包承运、候车服务、检票服务和发车。各个服务岗位都有自己的岗位职责，需要对新进人员与轮岗人员进行培训。

客运服务礼仪是指在客运服务工作中形成的得到共同认可的礼貌、礼节和礼仪。讲究客运服务礼仪，可以表现出客运服务人员良好的风度、修养，树立文明窗口形象，满足旅客需求。客运服务礼仪主要从仪表、仪容、仪态、目光、微笑、言谈六方面进行培训。

客运站消防安全培训首先需要了解火灾产生的原因，然后进行最基本的消防安全知识培训：掌握防火与灭火的基本方法，掌握扑救一般初级火灾的程序和措施，掌握应急疏散的组

织程序与措施。

客运站消防安全制度包括消防安全教育、培训制度，安全疏散设施管理制度，消防设施、器材维护管理制度，用火、用电安全管理制度。

【复习思考题】

一、单项选择题

1. 下列所述各项中，不属于客运站培训内容三层次的是（　　）。
   A. 知识培训　　　　B. 性格培训　　　　C. 技能培训　　　　D. 素质培训

2. （　　）是组织培训中的第二个层次，如驾驶汽车、操作计算机、车辆检测技术等培训。
   A. 知识培训　　　　B. 性格培训　　　　C. 技能培训　　　　D. 素质培训

3. 培训员工应该有正确的价值观，有积极的态度，有良好的思维习惯，有较高的目标，属于（　　）。
   A. 知识培训　　　　B. 性格培训　　　　C. 技能培训　　　　D. 素质培训

4. 根据业务工作需要向员工布置课题，为了完成课题，员工们必须进行学习，因此在完成课题的同时，员工也完成了一次业务进修。这种培训方式属于（　　）。
   A. 课题式培训　　　　　　　　　　B. 开放式培训
   C. 轮岗式培训　　　　　　　　　　D. 研讨式培训

5. （　　）有利于培训出全能型人才。
   A. 课题式培训　　　　　　　　　　B. 开放式培训
   C. 轮岗式培训　　　　　　　　　　D. 研讨式培训

6. 以难燃或不燃材料代替易燃材料，对性质相互抵触的化学危险物品采用分仓、分堆存放等方法，是防火基本方法中的（　　）。
   A. 控制可燃物　　　　　　　　　　B. 隔绝助燃物
   C. 消除着火源　　　　　　　　　　D. 消灭着火点

7. 将灭火剂直接喷洒在可燃物上，使可燃物的温度降低到燃点以下，从而使燃烧停止的灭火方法是（　　）。
   A. 窒息灭火法　　　　　　　　　　B. 隔离灭火法
   C. 化学抑制灭火法　　　　　　　　D. 冷却灭火法

8. 采取措施，阻止空气进入燃烧区，或用惰性气体降低空气中的含氧量，使燃烧物质因缺乏氧气而熄灭的灭火方法是（　　）。
   A. 窒息灭火法　　　　　　　　　　B. 隔离灭火法
   C. 化学抑制灭火法　　　　　　　　D. 冷却灭火法

二、多项选择题

1. 客运站培训工作主要包括（　　）。
   A. 培训需求分析　　　　　　　　　B. 培训设计

第九章　公路客运站培训管理

C. 培训实施　　　　　　　　　　　D. 培训评估

2. 客运站培训内容包括（　　　）。

   A. 岗位培训　　　　　　　　　　B. 礼仪培训
   C. 行政培训　　　　　　　　　　D. 消防安全培训

3. 客运服务礼仪是指在客运服务工作中形成的得到共同认可的礼貌、礼节和礼仪，包括（　　　）。

   A. 仪表　　　　B. 仪容　　　　C. 仪态　　　　D. 语言

4. 灭火的基本方法是根据起火物质的燃烧状态，为破坏燃烧必须具备的基本条件而采取的一些措施。灭火的基本方法包括（　　　）。

   A. 窒息灭火法　　　　　　　　　B. 隔离灭火法
   C. 化学抑制灭火法　　　　　　　D. 冷却灭火法

5. 下列各项中，属于客运站安全疏散设施管理制度的是（　　　）。

   A. 应按规范设置符合国家规定的消防安全疏散指示标志和应急照明设施。
   B. 严禁在营业或工作期间将安全出口上锁
   C. 严禁在营业或工作期间将安全疏散指示标志关闭、遮挡或覆盖
   D. 消防设施和消防器材定期进行测试维护

三、简答题

1. 简述客运站培训的内容。
2. 客运站服务人员言谈的原则包括哪些？
3. 客运站火灾产生的原因包括哪些？
4. 客运站安全疏散设施管理制度包括哪些？
5. 简述防火的基本方法。

四、论述题

论述扑救一般初级火灾的程序和措施。

第十章
Chapter 10
公路客运站综合管理

【本章要点】

- ◇ 掌握客运站票据管理的内容
- ◇ 了解客运站票据管理人员岗位职责与内容
- ◇ 掌握客运站票款管理内容
- ◇ 了解客运站票款管理人员岗位职责与内容
- ◇ 了解客运站统计指标
- ◇ 了解客运站信息化管理

第一节　客运站票据票款管理

客运站在向承运人和旅客提供有偿服务时，必须使用交通主管部门按有关规定统一印制、发放的票据，向承运人和旅客计收费用，接受价格主管部门和交通主管部门的监督检查。

一、票据管理

1. 票据管理的内容

客运站票据管理的内容包括：票据保管；票据领取；票据检查；票据毁销；票据结算；票据审核。

（1）票据保管。

1）客运站票据实行专人管理，由结算室票据管理员负责管理票据发放登记。

2）票据库的票据存量应满足使用一个月以上。

3）票据库应保持整洁，房屋干净，门窗坚固严密，通风良好。

4）票据摆放整齐，便于管理和发放，标签要明显，账、单填写一致。

5）对尚未使用的票据要切实做好封存、保管，不得随意替换出库流通使用。

6）不经部门负责人同意，票据管理员无权向外单位借票。

7）票据管理员如发现所管理的票据有异常情况，应及时查明，并及时上报，禁止自行处理。

（2）票据领取。

1）站务人员领取票据时要当面核清票据，票据管理员为其打印领票记录，并由双方签字确认。

2）票据结算员在结算期间发现张数、编号不全、字迹及印刷不清楚等问题时，应立即向票据管理员提出，查明原因，报结算室负责人。

3）票据结算员在收取站务人员交回的票据时，必须认真清点和审核，必须认真填写票据编号、起止号码、张数，履行双方签字手续。

4）对作废票以及授权退票的票据要严格审查，必须按照规定签字。

5）站务人员必须本人到结算室领取或交回票据，票据不得与他人窜用。

（3）票据检查。

1）客运站负责按时检查票据库，检查内容包括：票据存放整洁、无尘土；票据上架；标签明显；数字准确；账、卡、票相符。

2）票据管理员按时对票据结算员的票库进行检查，做到单、账、票相符。

3）各项目检查要有记录，如发现所保管的票据有丢失、损坏情况时，应及时上报，查明原因，并按规定处理。

（4）票据销毁。

1）审核员对结算室结算的票根应认真审核，发现问题按规定办理，未经审核的票根不得销毁。

2）对因故暂不使用的票据，要严格保管，的确无使用价值的票据报废时，票据管理员要提出书面报废计划，由部门负责人审核报客运站总经理批准，由财务部、站务部共同派人监销。

3）对已发售的票据存根及有关各类单据，应按顺序号装订成册，不得随意自行销毁。

（5）票据结算。

1）认真执行票务结算制度，建立票据使用台账，领票后及时记账。坚持日清、日结、日缴制度，账、票相符。

2）认真结算各种票据，票据数量、起止号码等结算清楚，填写站票据缴款单、票据请领簿，结算双方签字确认。

3）每日查看退票张数、款项是否与结算单一致，发现问题要作好记录并及时上报。

4）对站务人员自己填写的票据请领簿要进行审核，对其填写的票据起止号码、张数要进行核对，由站务人员、票据结算员盖章确认，不得随意改动。

（6）票据审核。

1）审核员对结算员的账目、结算的票根要进行认真审核，发现问题及时上报，并作好记录。

2）审核员协同票据管理员对票据结算员的票据进行查对，做到单、账、票相符。

3）对计算机票据的审核要按票据结算员报表逐一核对，必要时要查询售票员当日工作售票情况，核实准确无误后，作好审核记录，并及时上报。

2. 票据管理人员岗位职责与内容

（1）票据管理员。

1）岗位职责：①负责编制票据的印制计划；②负责票据的保管、发放和管理；③完成结算部门负责人交办的临时工作。

2）工作内容：①根据客流情况，作好印刷计划；②对印刷的客票到站后要当面点清、核对后签字，方可入库，并进行分类上架；③结算员领票时，要认真填写请领簿；④对尚未使用的客票要切实做好封存保管，不得随意替换出库、流通使用；⑤发现所保管的客票有异常现象，应及时查明原因，要保管好，不得自行处理；⑥作好客票入库记录和当天发放记录。

（2）票据结算员。

1）岗位职责：①负责票据的领取、发放、回收及结算；②负责审核售票员填写的原始记录，并作审核记录；③完成结算部门负责人交办的临时工作。

2）工作内容：①请领客票、行包票；②清点票据是否与票款一致，将剩余票据回收，登记入账；③填写结算纪录，查看账簿并配票，输入售票数据，打印结算单，并统计退票及售票差错情况。

（3）审核员。

1）岗位职责：①负责对票据、票款结算的审核；②负责审核移交的结算票据与站内报表的准确性，并作出记录；③完成结算部门负责人交办的临时工作。

2）工作内容：①检查计算机设备运转情况，准备好审核用具；②认真清点结算员移交的票据，逐张审核；③对结算员所结算的账目及售出客票进行审核，若出差错，要确定原因，分清责任，作好记录；④发现重大情况要逐级报告，听候指示；⑤下班前结算单据放在指定位置。

二、票款管理

1. 票款管理的内容

客运站票款管理的内容包括：票款保管；票款领用；票款结算。

（1）票款保管。

1）客运站库存现金应规定一定数量，如不得超过3日的日常备用金支出，超出部分现金，必须及时送存银行。

2）实行钱、账分管的原则。现金由收款员负责保管，账由票据管理员负责，并做到账款相符。

3）保险柜密码要严格保密。金库钥匙不准随意转交他人，确保现金安全，缴款人员与结算员出入结算室时不得携带私人物品和现金。

4）建立定期和不定期的现金盘点制度。每日要由收款人员进行盘点，并填写日库存现金盘点表，结算室部门负责人应每周定期对库存现金进行检查，分管站长应当定期或不定期对客运站库存现金进行抽查。

（2）票款领用。

1）售票员、行包员、寄存员领用备用金，填写领用记录。

2）各岗位人员认真管理好备用金，做到日清、日结，经常清点备用金总额，发现差错及时查找，并按有关规定处理。

3）员工因工作需要预支现金，必须填写借款单，经部门负责人、财务部部长签字批准后，由结算员支付。

（3）票款结算。

1）收回备用金，收取售票、行包、寄存等当日票款，库存现金日清日结，做到账、款相符。

2）加强各种收付款凭证的管理。收付款要以收付款凭证为依据，收款时出具收款凭证，付款时以借款单为依据，收付款凭证由收款员按日装订上交至结算员保管。

3）管理好收入现金，不得挪用，按时全部存入银行，不得拖延，特殊情况要向站长报告。存款时点清总数，填写存款凭证，要有保卫人员同行，保证现金安全。

2. 票款管理人员岗位职责与内容

（1）对外结算员。

1）岗位职责：①依据车方的有效结算凭证，负责为车方提供结算服务，并对应结、实结的差额情况进行记录；②负责审核站务人员填写的结算凭证，并填写审核记录；③负责按审核后的双方确认的数据填制车主结算单，打印输出，并交车主签字；④完成结算部门负责人交办的临时工作。

2）工作内容：①准备好计算器、结算报表，检查计算机和打印机状况，掌握当天对外结算的计划工作安排；②审查车方的结算对账单是否符合结算要求，若不符合予以退回；③按线路和票型分别核对车方的结算对账单所记客量、行包金额是否与站方一致，若不一致，应与车方按日期、班次共同查找；④查出差错，确定原因，分清责任，作好记录，保存结果；⑤按审核后双方确认的数据填制车主结算单，打印输出，交车主签字；⑥下班前将结算单据、报表放在指定位置。

（2）收款员。

1）岗位职责：①负责站务人员的票款结算，并负责填写各种结算单据；②负责管理站务人员备用金的发放和零钱的配给；③负责票款收入存入银行，并将存款单交给财会人员；④负责统计每天票款的差错情况；⑤完成结算部门负责人交办的临时工作。

2）工作内容：①清点库存，做到账款相符，配足备用金；②收回备用金，收取售票、行包、寄存等当日票款；③整理票款，查看剩余备用金，填写存款单；④将票款存入银行，并换取零钱，月末转款，做到日清日结；⑤下班前填写缴款记录并签字盖章。

第二节 客运站统计管理

一、客运站统计的数量指标

1. 进站客车实有数统计

进站客车应是进入本站从事旅客运输的所有车辆。根据统计的目的不同，可对车辆分组统计。例如按车型的结构划分，可分为大、中、小型或高级、中级、普通客车；按使用燃料划分，可分为汽油客车、柴油客车等。

2. 旅客发送量统计

旅客发送量是指从本站乘车发送的所有旅客的数量，一般以车站填写的检票记录为依据。

3. 客运班车发车次数统计

客运班车发车次数分为总发车次数、正班发车次数、加班发车次数和包车发车次数。

4. 站务收入统计

站务收入统计包括车辆站务收入统计和旅客站务收入统计。

二、客运站统计的质量指标

1. 客车发车正班率

能够按照线路计划当班的班次是正班班次；客车因待修、待料、待驾、待乘或驾乘人员不服从调度安排而造成停车的班次，为缺班班次。因季节变化，或因旅客流量减少进行针对性调整并经行业主管部门批准后而减少班次数不列入缺班班次，但应从批准之日起在计划班次内减除；加班车、包车，因自然灾害被迫停车，不列入考核。客车发车正班率是正班班次与计划班次的百分比，其计算公式为：

$$客车发车正班率=\frac{报告期正班发车次数}{报告期总发车次数}\times100\%$$

2. 发车正点率

这是一项反映正班客车按照班次时刻表要求正点发车的指标。行业管理部门规定：开车时间及迟后2分钟以内发出的班车为正点班次，超过2分钟发出的班车为误点班次。发车正点率是实际正点开出客运班车次数与应开出车次数之比，其计算公式为：

$$发车正点率=\frac{报告期正点发车次数}{报告期总发车次数}\times100\%$$

3. 旅客正运率

这项指标反映了站、乘、驾人员的具体服务工作质量，是体现旅客正常运行的指标，是在旅客运输全过程中对不准发生任何影响旅客安全、准班、正点，误乘，漏乘等事故的考核。凡发生责任性的车辆损坏或旅客伤亡、越站下车、错乘等均为事故，影响旅客正运率。其计算有客车和旅客两个计算或考核角度，故有两种计算方法。按客车计算旅客正运率是正运班次数与总班次数之比：

$$旅客正运率=\frac{报告期班次数-报告期事故班次数}{报告期班次数}\times100\%$$

按旅客计算旅客正运率是正运人次与旅客总人次之比：

$$旅客正运率=\frac{报告期发运人次-报告期事故人次}{报告期发运人数}\times100\%$$

4. 售票差错率

售票差错发生得越少越好，程度越低越好，无差错更好。差错事故包括手写或计算机打字错时间、错班次、错线路（不同线路上的同名中途站售错）、错款、错张数等。售票员有售票记录，检票员有登记，应该将差错票堵在上车前。售票差错率作为质量控制指标，是差错票数与总票数的万分比，其计算公式为：

$$售票差错率=\frac{报告期售票差错张数}{报告期售票张数}\times10000\text{‱}$$

超售、长票短售、有票不售等不按旅客需求售票，都应该记入售票差错率。

5. 行包正运率

旅客托运的行包应该随车运达。无差错为正运行包，发生差错为行包事故，包括承运期间行包、邮件的违章收运、夹带危险品和禁运物品、制票错项、错件、错号、收错运费、错发、错卸、漏卸、延期到达、丢失、污染、损坏等商损情况。凡发生行包事故，车站都要做差错通知单、商务事故记录单。行包正运率是正运件数与发送件数之比，其计算公式为：

$$行包正运率=\frac{报告期收运件数-报告期事故件数}{报告期收运件数}\times100\%$$

第十章　公路客运站综合管理

6. 行包赔偿率

这是一项反映承运行包（包括邮件）发生丢失、损坏、污染等商务事故，进行赔偿损失的质量指标，目的是保护旅客的合法权益和减少商损事件的发生。属于车站的责任则应由车站赔付，属于客车的责任则应由客车车主赔付。行包赔偿率是行包责任赔偿金额（包括损坏修复费）与行包营运收入（其中包括装卸费、旅客自理行包收入）的千分比，其计算公式为：

$$行包赔偿率 = \frac{报告期行包赔偿金额}{报告期行包营运总收入} \times 1000‰$$

7. 行包完好率

$$行包完好率 = \frac{报告期运送行包件数 - 报告期发生损失赔偿件数}{报告期运送行包件数} \times 100\%$$

8. 运费结算率

$$运费结算率 = \frac{结算期实际结算运费金额}{结算期应结算运费金额} \times 100\%$$

9. 运费结算差错率

$$运费结算差错率 = \frac{结算运费出现差错金额}{结算期应结算运费金额} \times 1000‰$$

10. 事故频率

$$事故频率（次/万公里） = \frac{报告期发生客车肇事总次数}{报告期客车总行驶里程} \times 10000$$

11. 事故损失率

$$事故损失率（元/千公里） = \frac{报告期客车肇事赔偿金额}{报告期客车总行驶里程} \times 1000$$

12. 旅客安全运送率

$$旅客安全运送率 = \frac{报告期运送旅客人数 - 报告期事故死、伤旅客人数}{报告期运送旅客人数} \times 100\%$$

13. 运送速度

$$运送速度（公里/小时） = \frac{旅客运送距离}{旅客在途时间}$$

14. 始发车座位利用率

$$始发车座位利用率 = \frac{始发车实际上车人数}{客车定员} \times 100\%$$

15. 发车晚点率

$$发车晚点率 = \frac{报告期晚点发车次数}{报告期总发车次数} \times 100\%$$

16. 进站客车整洁率

$$进站客车整洁率 = \frac{报告期进站客车总数 - 报告期不整洁车辆数}{报告期进站客车总数} \times 100\%$$

17. 旅客满意率

$$旅客满意率 = \frac{感到满意的旅客人数}{抽样调查的总人数} \times 100\%$$

18. 优质服务率

$$优质服务率=\frac{符合优质服务标准的数量}{优质服务标准总数}\times100\%$$

19. 旅客意见处理率

$$旅客意见处理率=\frac{报告期旅客意见处理件（条）数}{报告期旅客意见总件（条）数}\times100\%$$

20. 原始记录完备率

原始记录是指用数据和文字逐日逐月记录车站对各项工作情况的卡片、日志、记录。它既是道路客运服务管理规范化的基础工作，也是车站或车队质量管理工作的真实写照。同时，它作为考核、分析车站或车队情况、服务质量和管理水平的系统性基础资料，其制作应该是根据交通运输部颁布的文明车站或车队考核标准中的各类考核指标和对服务岗位的分类、编号，进行统一规格编制。对记录内容要求齐全、真实、简单准确、及时、清楚、全项记录、无虚假、易填、易查，存档要整齐有序，一目了然。在一般情况下，客运公司的原始记录应该有生产调度、驾驶、乘务、车辆技术、安全检查、车内设施及卫生、事故商损等几大方面的细化，仅车站的有关质量原始记录就包括以下33种：

（1）旅客运输进站经营协议书。
（2）参营单位车辆登记与调整台账。
（3）参营车辆营运收入登记台账。
（4）车站班车运行情况日志。
（5）车站售票、检票记录。
（6）班车请假、报停审批单。
（7）客运站站务作业日志。
（8）车站售票质量记录。
（9）车站检票质量记录。
（10）车站行包托运质量记录。
（11）小件物品寄存登记及交接记录。
（12）旅客退票记录。
（13）旅客电话、电报、信函预约订票记录。
（14）旅客意见处理记录。
（15）旅客遗失物品领取记录。
（16）车站行包承运记录。
（17）车站"三品"检查与处理记录。
（18）进站车辆检查记录。
（19）班车脱班情况及处理记录。
（20）驾乘人员意见处理记录。

（21）车站旅客流量、流向月报表。

（22）安全三防检查记录。

（23）治安情况处理记录。

（24）车站客运生产质量管理情况月报表。

（25）车站商务事故月报表。

（26）工作完成与服务质量情况统计表。

（27）车站客运服务质量年报表。

（28）值班站长工作日志。

（29）站长、书记、副站长工作日志。

（30）客车运用情况分析表。

（31）单车营收结算台账。

（32）站务人员服务质量事故处理记录。

（33）职工教育培训记录。

上述各项记录的内容、项目、规格应符合统一的要求，要分类成册，实行档案化管理。做到的为已记录表数，其余的则为未记录表数。原始记录完备率是已记录表数与规定记录表数之比，其计算公式为：

$$原始记录完备率=\frac{规定记录表数-未记录表数}{规定记录表数}\times100\%$$

第三节　客运站信息化管理

作为客运企业，应该积极利用现代信息技术的巨大成果，大力推进客运站信息系统的建设和应用，从根本上实现企业的管理创新、体制创新和服务创新，提升企业管理、服务水平。

一、信息化的概念及在客运站的作用

1. 信息化的概念

客运站信息化就是实现企业的资金流、作业流、信息流的数字化、网络化管理，实现企业运行的自动化和企业制度的现代化。

2. 信息化在客运站的作用

（1）实现信息共享，提高经营管理水平。随着社会发展、科技进步和企业发展，客运站设备设施不断更新换代，企业内、外部管理日益复杂化，同时也要求客运站适应市场需求的快速变化和竞争形势的变化。通过运用现代信息技术，来处理客运站管理过程中产生的各项信息，提高营运效率、管理效率和管理质量，不断更新、提升传统生产、经营模式和经营思想，理顺内部关系，规范管理行为，促进客运站信息共享化、管理集约化，实现客运站综合管理素质和管理水平的持续提高。

（2）优化资源配置，增强企业竞争力。利用现代信息网络技术，建立一个完善的客运站信息管理系统，不断提升企业信息化水平，促进业务流程和组织结构的重组与优化，实现资源的优化配置和高效应用，增强各部门的运作能力，提高企业的市场反应能力、科学决策水平和经济效益，成为客运站发展前进新的驱动力。越是市场化程度、全球化程度高的行业和企业，越重视信息化带来的效益，信息化的带动作用也越明显。

（3）树立企业形象，提升社会效益。现代信息网络技术的发展，使人类进入新的信息时代，信息成为社会和经济发展的重要支柱。尤其是互联网的飞速发展，极大地提高了企业的信息传播效率，使客运站面向社会、面向公众，让社会上越来越多的人认识客运站，关注客运站，对提升优质服务、树立良好企业形象起到了积极作用。

二、客运站信息化建设的步骤

鉴于国内客运站信息技术应用水平和人才队伍现状，在客运站信息化系统建设时，一般采取信息系统开发外包的形式进行技术开发，客运站现有管理人员和业务流程与信息系统外部单位协调配合。客运站信息化建设主要有以下步骤：

1. 流程分析

对客运站业务流程、作业流程进行梳理、分析，从客运站一线工作人员的实际操作需求出发，结合客运站管理流程设计客运站的信息化系统。他们最清楚，哪些业务流程确切需要信息化，如何设计、使用才能最便捷，收到最好的效果。当然，设计人员要从数据流向的因素来考虑系统中各项业务之间的联系，用数据流来辅助完成系统分析，以流程图的形式进行描述。

2. 信息采集

全面收集与客运站各项业务有关的信息，包括：各种凭证、票据、单据、台账、报表，甚至人与人之间语言沟通的关键内容等，分析它们的生产部门、使用部门、用途及其含义、性质、长度，并测算其信息量。对各种输入、输出报表应估算其输入、输出信息量及需存储的信息总量。

3. 方案设计与优化

根据客运站现实作业要求，结合客运站一线操作员和管理人员双方的要求，设计适合、可行的信息化方案。同时，以减少重复工作程序、剔除烦琐工作程序、严格必要工作程序为要求，对客运站现有的业务流程作出修改和优化，借助于信息化建设构建客运站新的规范的作业流程、管理流程，以达到客运站一线操作员和管理人员双方满意，完成系统设计目标。

4. 系统模拟测试

先对客运站一线的操作人员进行必要的使用培训，管理人员也要参与进来，然后通过他们对其系统进行模拟操作、使用；借助使用中的反馈信息，对客运站信息化系统进行循环调试、修改，保证最终系统的正常运行。

5. 系统运行与维护

客运站信息化系统交付使用后，设计单位还应保证一段时间的现场跟踪维护，出现问题，现场解决，保证客运站正常的生产秩序。同时，在长期的使用维护中，根据出现的设计缺陷和新问题、新要求,及时修订、更新、升级。

三、客运站信息化建设的主要内容

信息化建设的基础是客运站现有的服务管理功能,一般应根据客运站工作流程分析、设计各信息化管理系统、功能模块。客运站服务的对象可以分为三类:旅客、客运车辆、行包。因此,客运站工作流程也按照服务管理对象主要分为乘客服务流程、客运车辆管理流程、行包托运管理流程。根据流程的划分,可以将客运站信息系统分为客票预订和售检子系统、站务管理子系统、旅客信息服务子系统、行包管理子系统以及办公自动化子系统等。各子系统根据作业流程下设不同的功能模块,具体如图10-1所示。

1. 客票预订和售检子系统

该子系统主要为现场售票、联网售票和检票功能模块,主要用于车站日常的票务处理。售票、检票模块是客运站信息系统业务数据的主要来源,直接影响结算、调度等系统功能,是客运站信息管理的关键模块之一。该系统主要完成售票、检票、退票、补票、换车改签以及相关的信息查询、数据统计等功能。

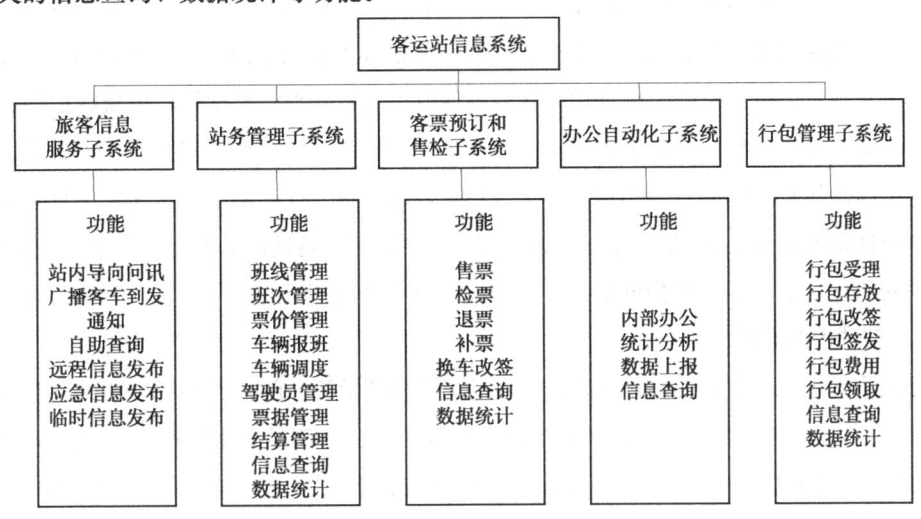

图10-1 客运站信息系统总体结构图

2. 站务管理子系统

该系统主要分为车辆进出站检验、调度报班、经营结算、档案管理、数据统计等功能模块,主要用于车站基础数据的维护。站务管理子系统是整个系统的基础部分,站务管理提供给其他各子系统正常运行的基础数据,是客运站信息管理的关键模块和核心模块,指挥着整个车站业务的运作。站务管理子系统主要完成班线管理、班次管理、票价管理、车辆报班、车辆调度、驾驶员管理、票据管理、结算管理以及相关的信息查询、数据统计等功能。

3. 旅客信息服务子系统

该系统用于客运基础信息和票务票据信息的对外发布,方便旅客了解相关客运信息,及时掌握班次发车以及票务信息。借助LED导视屏、客服广播、自助查询机、互联网等设备设施,它主要完成站内导向、问讯、广播、客车到发通知、自助查询、远程信息发布、应急信息发布、临时信息发布等功能。

4. 行包管理子系统

该子系统包括到达查询、行包交付、行包装卸分拣、信息传输等功能模块，涉及行包受理、行包存放、行包改签、行包签发、行包费用、行包领取、信息查询、数据统计等功能。

5. 办公自动化子系统

该子系统主要分为内部办公、统计分析、数据上报、信息查询等功能模块。它主要实现对客运站业务数据的汇总统计并打印统计报表，为客运站决策支持提供直接依据，承担向行业主管部门上报客运数据的任务，为整个运输行业的信息化提供基础业务数据。

四、目前我国客运站先进的信息化系统

1. 自动售票系统

公路客运站自动售票系统集IC卡技术、传感器（触摸屏）技术、自动化技术、计算机网络技术和大型数据库等高新技术于一体，通过网络实现数据的传输，利用计算机技术完成信息的处理，配置实现精确定位票据打印并带自动切纸功能的打印机。其工作原理如下：自动售票机通过触摸屏接收旅客的操作指令，旅客在触摸屏上获取公路客运站内的班车信息，在确认了乘车地点、班车时间和金额后，旅客用通刷卡进行购票，自动售票机将购票信息与公路客运站站务管理系统内相应的信息进行核实，确认无误后，将此信息传递给计算机，驱动打印机打印出具有条码的客运车票，并同时实现自动切票。自动售票机控制软件与公路客运站站务管理系统相互连接，实现信息资源共享，售票的信息通过计算机传送至整个信息网络，只要联网的计算机均能了解到该信息，从而完成整个售票过程。

2. 自动检票系统

自动检票机是一款专门为公路客运站度身定做的检票设备，它配合自动售票机和智能信息诱导系统的使用，实现在公路客运站旅客全过程的自助服务，能明显提升公路客运站的自动化程度及工作效率。自动检票机是以条码为标识的票据识别技术结合自动控制技术、机电技术、网络技术和软件技术自主开发研制的高新技术产品，它采用世界上成熟的条码加密识别技术实现检票的智能化管理，利用条码扫描设备，结合智能三辊闸或挡闸技术等，实现检票无人管理的要求。其工作原理如下：旅客将具有条码标识的被检票放置在检测端口，通过条码识别设备对车票上的条码进行检测，在读出条码后送入客运站站务管理系统中心数据库查对，进行真伪判别，如果为真，则显示欢迎界面并开启挡闸闸板，旅客通过检票通道后挡闸闸板自动关闭，如果为假，就显示警告界面并出声报警，并且对其他擅自闯入者或者伪造假票进行识别、报警等。其中自动检票机控制软件与客运班车管理系统相互连接，实现信息资源共享，检票的信息通过计算机传送至整个信息网络，只要联网的计算机均能了解到该信息，就能完成整个检票过程。

3. GPS/GIS 车辆监控调度系统

在公路客运站管理系统中应用GPS/GIS技术，能有效地对客运汽车进行有效的监控管理，避免了传统客运交通调度系统的盲目性和经验性，使现代化的交通更好地为经济建设

服务。GPS/GIS车辆监控调度系统主要包括三个部分，即车载单元、无线电通信网络和控制中心，整个系统的结构如图10-2所示。其工作原理如下：安装在车辆上的设备终端通过OEM板实时接收GPS卫星信息，并计算出车辆当前位置的经纬度、方向和速度，时刻检测车辆的各种状态信息，如发现有不正常动作，或接收到监控中心的其他查询、指令等请求，会将车辆目前的各种状态信息通过GSM短信或GPRS等方式向监控中心与查询端回传，调度中心的管理人员利用GIS平台对数据进行分析和管理，以达到监控、调度、跟踪的目的。

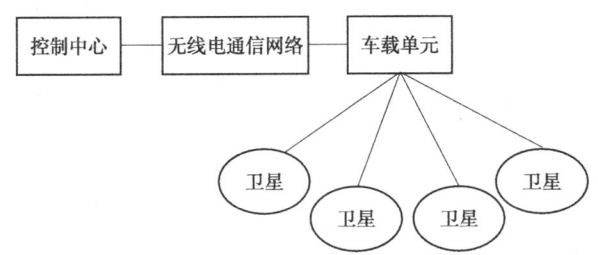

图10-2　GPS/GIS车辆监控调度系统的结构

4. 货物到达管理系统

所谓货物到达管理系统，即将货物信息录入计算机，通过电子化的方式为所有的托运货物用户提供服务。用户可以自助在大屏幕上查看自己的相关信息，也可在提货窗口直接提供收货人的电话或姓名而提取。该系统成功地解决了人工操作的低效率、高差错率的问题，不仅提高了服务水平，而且提升了车站的形象。货物到达管理系统的网络拓扑结构如图10-3所示。

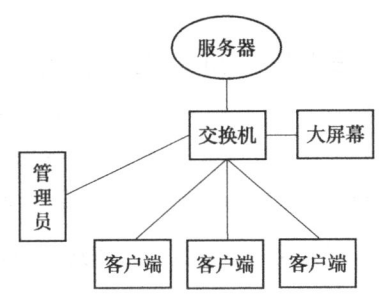

图10-3　货物到达管理系统的网络拓扑结构

【本章小结】

客运站票据管理内容包括：票据保管；票据领取；票据检查；票据毁销；票据结算；票据审核。票据管理人员具有详细的岗位职责与内容。

客运站票款管理内容包括：票款保管；票款领用；票款结算。票款管理人员具有详细的岗位职责与内容。

客运站统计包括进站客车实有数统计、旅客发送量统计、客运班车发车次数统计、站务收入统计、客车发车情况统计、售票情况统计、行包情况统计、运费情况统计、安全情况统计、服务情况统计、原始记录完备情况统计等。

客运站信息化建设全面推进售票、检票、车辆调度、车辆安全等方面管理与服务的信息化进程，实现客运站服务的现代化。

【复习思考题】

一、单项选择题

1. （　　）对结算室结算的票根应认真审核，发现问题按规定办理，未经审核的票根不得销毁。

    A. 票据管理员　　　　　　　　B. 票据结算员
    C. 票据审核员　　　　　　　　D. 票据销毁员

2. （　　）在收取站务人员交回的票据时，必须认真清点和审核，必须认真填写票据编号、起止号码、张数，履行双方签字手续。

    A. 票据管理员　　　　　　　　B. 票据结算员
    C. 票据审核员　　　　　　　　D. 票据销毁员

3. 客车（　　）是正班班次与计划班次的百分比。

    A. 正班率　　　B. 正点率　　　C. 正运率　　　D. 差错率

4. （　　）反映了站、乘、驾人员的具体服务工作质量，是体现旅客正常运行的指标，是在旅客运输全过程中对不准发生任何影响旅客安全、准班、正点，误乘，漏乘等事故的考核。

    A. 客车正班率　　　　　　　　B. 客车正点率
    C. 旅客正运率　　　　　　　　D. 售票差错率

5. （　　）是反映承运行包发生丢失、损坏、污染等商务事故，进行赔偿损失的质量指标。

    A. 行包赔偿率　　　　　　　　B. 行包完好率
    C. 行包正运率　　　　　　　　D. 行包差错率

6. （　　）主要完成班线管理、班次管理、票价管理、车辆报班、车辆调度、驾驶员管理、票据管理、结算管理以及相关的信息查询、数据统计等功能。

    A. 客票预订和售检子系统　　　B. 旅客信息服务子系统
    C. 站务管理子系统　　　　　　D. 行包管理子系统

7. （　　）主要实现对客运站业务数据的汇总统计并打印统计报表，为客运站决策支持提供直接依据，承担向行业主管部门上报客运数据的任务，为整个运输行业的信息化提供基础业务数据。

    A. 客票预订和售检子系统　　　B. 办公自动化子系统
    C. 站务管理子系统　　　　　　D. 行包管理子系统

8. 根据客运站现实作业要求，结合客运站一线操作员和管理人员双方的要求，设计适合、可行的信息化方案的过程为（　　）。

    A. 流程分析　　　　　　　　　B. 信息采集
    C. 方案设计与优化　　　　　　D. 系统模拟测试

二、多项选择题

1. 公路客运站票据管理员的工作内容包括（　　　）。
   A. 根据客流情况，作好印刷计划
   B. 结算员领票时，要认真填写请领簿
   C. 负责票据的领取、发放、回收及结算
   D. 认真清点结算员移交的票据，逐张审核

2. 公路客运站票据结算员的工作内容包括（　　　）。
   A. 根据客流情况，作好印刷计划
   B. 结算员领票时，要认真填写请领单
   C. 请领客票、行包票
   D. 清点票据是否与票款一致，将剩余票据回收，登记入账

3. 公路客运站收款员的工作内容包括（　　　）。
   A. 清点库存，做到账款相符，配足备用金
   B. 收回备用金，收取售票、行包、寄存等当日票款
   C. 整理票款，查看剩余备用金，填写存款单
   D. 将票款存入银行，并换取零钱，月末转款，做到日清日结

4. 根据客运站工作流程划分，可以将客运站信息系统分为（　　　）。
   A. 客票预订和售检子系统　　　　　B. 旅客信息服务子系统
   C. 站务管理子系统　　　　　　　　D. 行包管理子系统
   E. 办公自动化子系统

5. 公路客运站自动售票系统工作原理如下：（　　　）。
   A. 自动售票机通过触摸屏接收旅客的操作指令
   B. 旅客在触摸屏上获取公路客运站内的班车信息
   C. 在确认了乘车地点、班车时间和金额后，旅客用通刷卡进行购票
   D. 驱动打印机打印出具有条码的客运车票，并同时实现自动切票

三、简答题

1. 简述客运站票据领取的内容。
2. 简述客运站票款保管的内容。
3. 列举客运站行包统计指标。
4. 简述自动检票系统的工作原理。
5. 简述GPS/GIS车辆监控调度系统的工作原理。

四、论述题

论述客运站信息化建设的步骤。

第十一章

Chapter 11

道路旅客运输"三优""三化"规范

【本章要点】

- ◇ 了解道路客运"三优""三化"的含义
- ◇ 了解道路客运"三优"的基本要求
- ◇ 了解道路客运"三化"的基本要求

第一节　道路客运"三优""三化"的含义

一、道路客运"三优"

道路客运"三优"是指通过精神文明、基础设施建设和经营管理等工作，实现道路客运的优质服务、优美环境和优良秩序。这三者相互联系、相互影响，并以优质服务为核心，以优美环境为条件，以优良秩序为保证，共同构成道路客运服务质量体系的总体框架，这是客运企业、公路客运站始终努力的方向和所要达到的目的。

优质服务是指道路客运各项服务工作主动热情、和蔼周到、安全快捷、经济便利，使旅客感到温暖、愉快、称心、满意。

优美环境是指公路客运站设施布局合理、整洁卫生、气氛和谐，为旅客创造一个安全、舒适、明快、祥和的旅行环境。

优良秩序是指公路客运站的客流、行包流、车流、信息流通畅合理、井然有序、准确高效，保证旅客旅行的畅通、快速、准时方便。

道路客运的根本宗旨是全心全意为旅客服务，客运工作人员必须用优良的工作质量和服务质量，最大限度地满足旅客安全、方便及时、舒适的旅行需要。为此，就应下大力气抓好客运服务"三优"建设。

二、道路客运"三化"

道路客运"三化"是指为达到"三优"的基本要求，通过制定道路客运各项服务工作质量标准，实现服务过程程序化、服务管理规范化和服务质量标准化。它是对服务过程、服务管理、服务质量的具体内容所作的统一规定，是客运企业、公路客运站提高客运服务质量的重要手段和实行科学管理的重要内容。

服务过程程序化是指根据道路客运各项作业之间的内在联系和工艺流程，把整个服务过程分为若干个环节，并明确其服务内容、标准要求、工作程序，保证车站各项服务工作环环相扣、节节相连、顺利而有序地进行。

服务管理规范化是指通过贯彻执行国家有关政策法规，制定并实施车站各项管理规章制度和工作标准，切实做到有规可依、有章可循，保证车站各项服务工作的质量。

服务质量标准化是指根据道路客运服务安全、及时、方便、经济、舒适的质量要求，结合车站各项服务工作的个体内容，制定各岗位、各环节的服务质量标准、业务质量标准，确保客运服务质量的不断提高。

第二节　道路客运"三优"的基本要求

一、优质服务的基本要求

道路客运服务质量主要由服务态度、服务设施、服务项目、服务行为、服务收费、服务业务和服务技术等构成。优质服务是"三优"服务质量的核心，它主要是体现客运工作的主动热情、和蔼周到、安全快捷、经济便利，并要求通过端正的态度、完善的设施、齐全的项

第十一章 道路旅客运输"三优""三化"规范

目、文明的言行、合理的收费、熟练的业务等措施，让旅客感到温暖、愉快、亲切、称心和满意。优质服务的内容及结构和基本要求如表11-1所示。

表11-1 优质服务的内容及结构和基本要求

序 号	内容及结构	基 本 要 求
1	服务态度端正	（1）主动热情 （2）亲切诚恳 （3）和蔼可亲 （4）耐心周到
2	服务行为文明	（1）有良好的职业道德 （2）服务语言文明、规范、纯正温和 （3）行为举止文明、大方、姿态优美 （4）服务仪态端庄、健康、精神饱满 （5）服务着装统一、整洁、佩戴证章
3	服务业务熟练	（1）服务知识全面、清楚 （2）服务技巧熟练、准确、迅速、美观 （3）解答旅客提问及时、准确 （4）业务操作规范、高效 （5）业务差错率低
4	服务设施完善	（1）符合部颁站级建设要求 （2）服务设施合理配置 （3）服务设施成龙配套 （4）服务设施性能良好
5	服务项目齐全	（1）项目设置合理、配套、方便旅客 （2）形式多样、品种齐全、满足要求 （3）根据需要适时更新、引导需求
6	服务收费合理	（1）公开计费标准 （2）严格执行《汽车运价规则》《道路运输价格管理规定》 （3）严格执行客运站收费标准

二、优美环境的基本要求

服务环境主要包括自然的、心理的、信息的和社会的环境。创造优美的环境既是提高客运站服务的重要影响因素和条件，同时也是客运站服务质量的重要内容。它要求客运站有合理的布局、配套的设施、醒目的标志、整洁的场所、美化的场地、良好的治安等措施，为旅客创造一个安全、舒适、明快、祥和的旅行环境。优美环境的内容及结构和基本要求如表11-2所示。

表11-2 优美环境的内容及结构和基本要求

序 号	内容及结构	基 本 要 求
1	服务设施布局合理	（1）设施布局符合服务程序要求 （2）服从工艺流程的要求 （3）力求紧凑、通畅、短捷 （4）合理划分区域 （5）方便旅客、便于管理
2	服务设备完好配备	（1）服务设施成龙配套 （2）定人定机持证操作 （3）定期保修、运转正常 （4）操作规范、安全运行、可靠
3	服务标志齐全醒目	（1）售票厅、候车厅、问讯处、行包办理处和车辆应有标志符合有关规定 （2）标志明显、字迹清楚 （3）图表、指示牌悬挂醒目 （4）去向牌摆放有序、服从车站工艺流程

(续)

序号	内容及结构	基本要求
4	服务场所明快整洁	（1）门窗完好、玻璃干净 （2）设施设备清洁干净、摆放整齐、位置适当、方便适用 （3）站内空气清新、无异味 （4）场地无杂物、赃物、干净卫生
5	车站场地绿化美化	（1）种植花草树木、布置花卉盆景 （2）车站庭园化 （3）各种设施设备标志美观大方、摆放整齐 （4）各种花草树木种植合理、造型优美 （5）各种工艺装饰漂亮、美观
6	车站治安状况良好	（1）符合《中华人民共和国治安管理处罚法》的要求 （2）健全车站治安管理机构 （3）做好"三品"进站上车的查处工作 （4）做好社会治安的宣传预防工作

三、优良秩序的基本要求

公路客运站服务秩序主要包括客流、车流、行包流和信息流的秩序。客运站服务工作是一个动态的、相互联系而又相互影响的整体。创造优良秩序，是提高道路客运站服务质量的重要保证。实现客运站的优良秩序，可通过客流秩序、车流秩序、行包流秩序和信息流秩序四个方面的措施来进行。优良秩序的内容及结构和基本要求如表11-3所示。

表11-3 优良秩序的内容及结构和基本要求

项目	序号	内容及结构	基本要求
客流秩序	1	进站客流秩序	（1）进站、购票、候车、检票上车有引导 （2）候车、上车有秩序 （3）同一车次客流与其他不交叉、不干扰 （4）流线服务短捷 （5）避免与行包流的交叉
客流秩序	2	出站客流秩序	（1）补票、行包提取、出站标志明显 （2）出站验票不拥挤 （3）流线距离短捷 （4）避免与车流、进站客流交叉 （5）及时疏导旅客出站、离站，避免车场混乱
车流秩序	3	发送车流秩序	（1）停车场与发车位区分明确 （2）车辆按规定时间到发车位，停放整齐、悬挂有关标志牌 （3）与其他车流、客流不交叉 （4）发车出站有条不紊
车流秩序	4	到达车流秩序	（1）进站、出站有标识、有引导 （2）按规定停车位停车下客、卸行包 （3）与其他车流、客流、行包流不交叉 （4）进站有条不紊、不阻塞 （5）运行后清洗、维修、停车等符合规定
车流秩序	5	过站车流秩序	（1）进站、出站有标识、有引导 （2）有规定过修车辆停车位 （3）过站车辆商务作业简捷、方便 （4）"三流"不交叉 （5）滞留时间短
行包流秩序	6	发送行包流秩序	（1）行包受理标识明显、受理及时 （2）行包传送简捷、完整 （3）行包储存、堆放整齐、井然有序 （4）行包装车及时，无错装、漏装

第十一章 道路旅客运输"三优""三化"规范

(续)

项目	序号	内容及结构	基本要求
行包流秩序	7	到达行包流秩序	(1) 行包卸车及时 (2) 行包传递迅速、完整 (3) 行包提取手续简单、无混乱 (4) 与其他行包流不交叉
	8	中转行包流秩序	(1) 流线短捷 (2) 临时堆放整齐 (3) 避免与其他行包流交叉
信息流秩序	9	站务服务信息流秩序	(1) 站内指示性信息准确、清楚、易于理解 (2) 旅行指南信息准确、宣传及时 (3) 反馈信息及时处理 (4) 有关票据、票证传递及时 (5) 信息服务工作高效
	10	站务义务性信息流秩序	(1) 各有关岗位信息传递及时、准确 (2) 有关票据、单证传递及时 (3) 业务信息传递规范 (4) 信息系统健全、信息处理工具及设备先进

第三节 道路客运"三化"的基本要求

一、道路客运服务过程程序化要求

1. 值班站长工作程序（图 11-1）

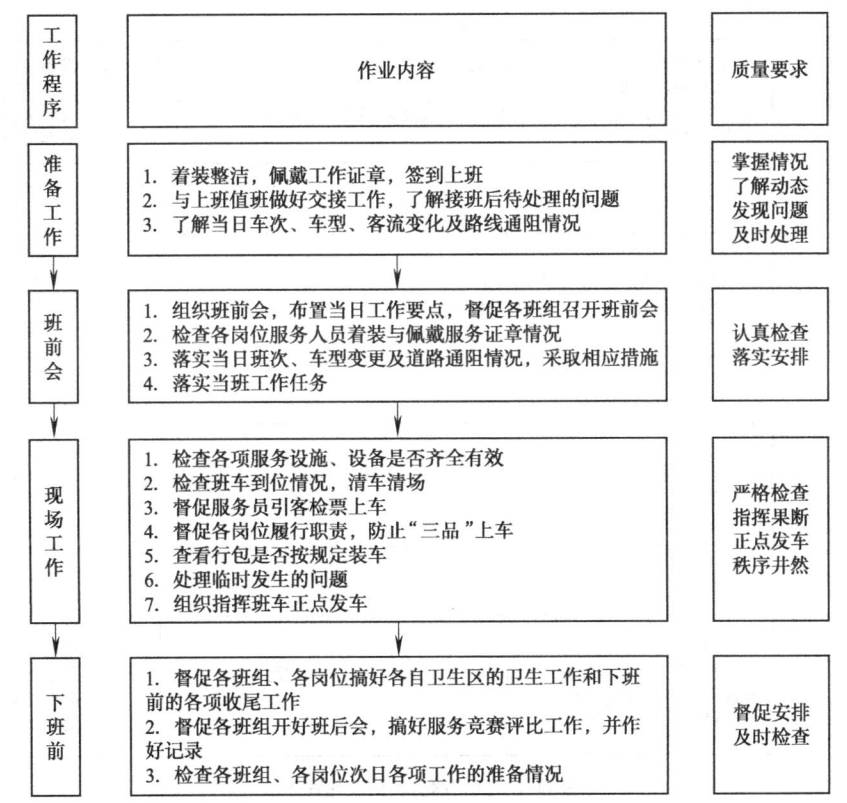

图 11-1 值班站长工作程序

2. 迎门服务员的工作程序（图 11-2）

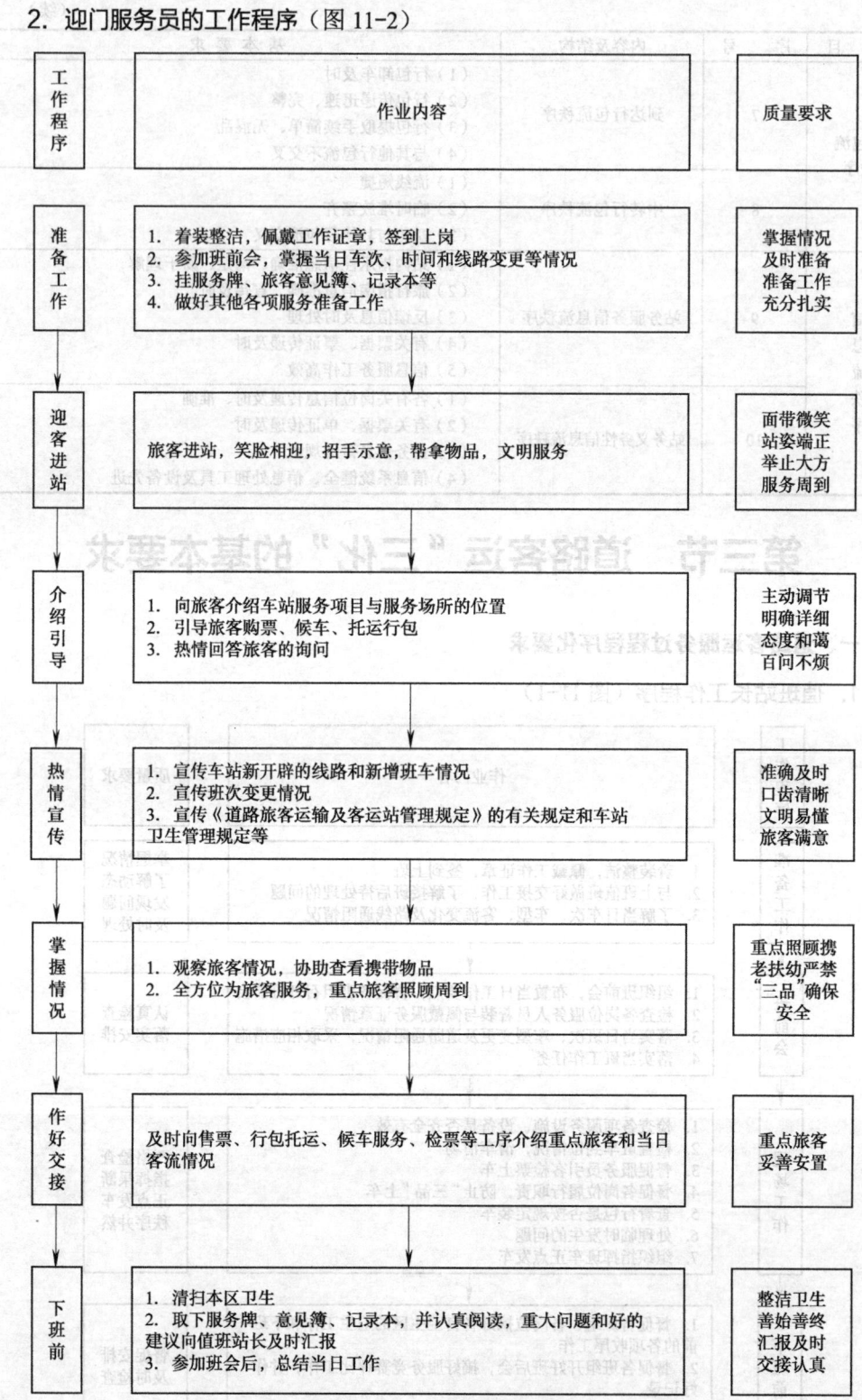

图 11-2 迎门服务员的工作程序

3. 售票员工作程序（图 11-3）

工作程序	作业内容	质量要求
准备工作	1. 着装整洁，佩戴工作证章，签到上岗 2. 打开计算机，输入本人工作代码 3. 备好零钱，整理操作	仪容整洁 牌证齐全 代码正确 开窗及时
收款售票	1. 坐姿端正，微笑迎客，用语文明 2. 售票时必须做到："一会、二清、三问、四唱、五快" 3. 售票结束时，及时退出终端机	文明售票 礼貌待客 快速准确 票款相符
互通情况	1. 客满、改线、停发时及时发出公告 2. 及时向值班站长汇报客流流向、流量、流时变化情况，必要时提出增开班次的请求 3. 准备好当次班车的售票记录，并发给检票员	公告及时 信息准确 售票记录 及时转交
结账缴款	1. 抄录起讫票号 2. 清点票款 3. 交款	填写认真 不草不漏 清点准确 及时上交
下班前	1. 做好交接工作 2. 锁好抽屉，关好计算机，切断电源 3. 搞好室内卫生 4. 参加班后会，总结当日工作	交接清楚 保障安全 搞好卫生 认真总结

图 11-3　售票员工作程序

图 11-3 中的"一会、二清、三问、四唱、五快"的含义如下：

"一会"：会普通话和当地语言。

"二清"：车票日期、车次、时间、序号清，售票记录清。

"三问"：问到站、日期，问车次、时间，问购票张数。

"四唱"：唱到站，唱车次、时间，唱购票张数，唱收找钱数。

"五快"：计算快、打票快、收找钱快、递票快、退机快。

4. 行包服务员工作程序（图 11-4）

工作程序	作业内容	质量要求
准备工作	1. 着装整洁，佩戴工作证章，签到上岗 2. 准备好票据、货签、磅秤、量具、零钱、计算用具、行包改装工具等，检查行包搬运和装卸机械设备良好情况 3. 参加班前会，掌握当日车次、时间和新路变更等情况	掌握情况 及时准备 准备工作 充分扎实
检查行包	1. 核对车票的车次、时间、到站 2. 查看行包的性质、类别 3. 检查行包内是否有易燃、易爆、有毒等禁运物品 4. 检查行包的包装情况、体积大小等	严格手续 认真检查 耐心解释 确保安全
计量收费	1. 过磅计量 2. 计费开票 3. 交付凭证 4. 做好行包承运记录工作，挂贴标签	过磅计费 迅速准确 票签记载 全面清楚
分线存放	按线路、车次分别存放	标签朝外 堆放整齐 上轻下重 上圆下方
装车准备	1. 检查行包、标签、票号、件数、到站是否与记录相符 2. 检查标签是否挂贴牢固 3. 做好行包出库记录工作	行包数量 查点清楚 标签挂贴 明显牢固
装车交付	1. 把当次班车行包送到发车站台装车 2. 装车时按行包到站，先远后近，大包放外、小件放中、上轻下重，顺序摆放 3. 核对装车件数 4. 与乘务人员或驾驶员办理交接手续	及时装车 合理配装 摆放整齐 交接清楚
卸车	1. 根据行包清单数据，点件卸车，轻拿轻放，发现差错与污损作好记录，并请驾驶员签字 2. 行包入库	认真核对 轻卸轻放 收付清楚 入库及时

图 11-4　行包服务员工作程序

5. 小件寄存服务员工作程序（图 11-5）

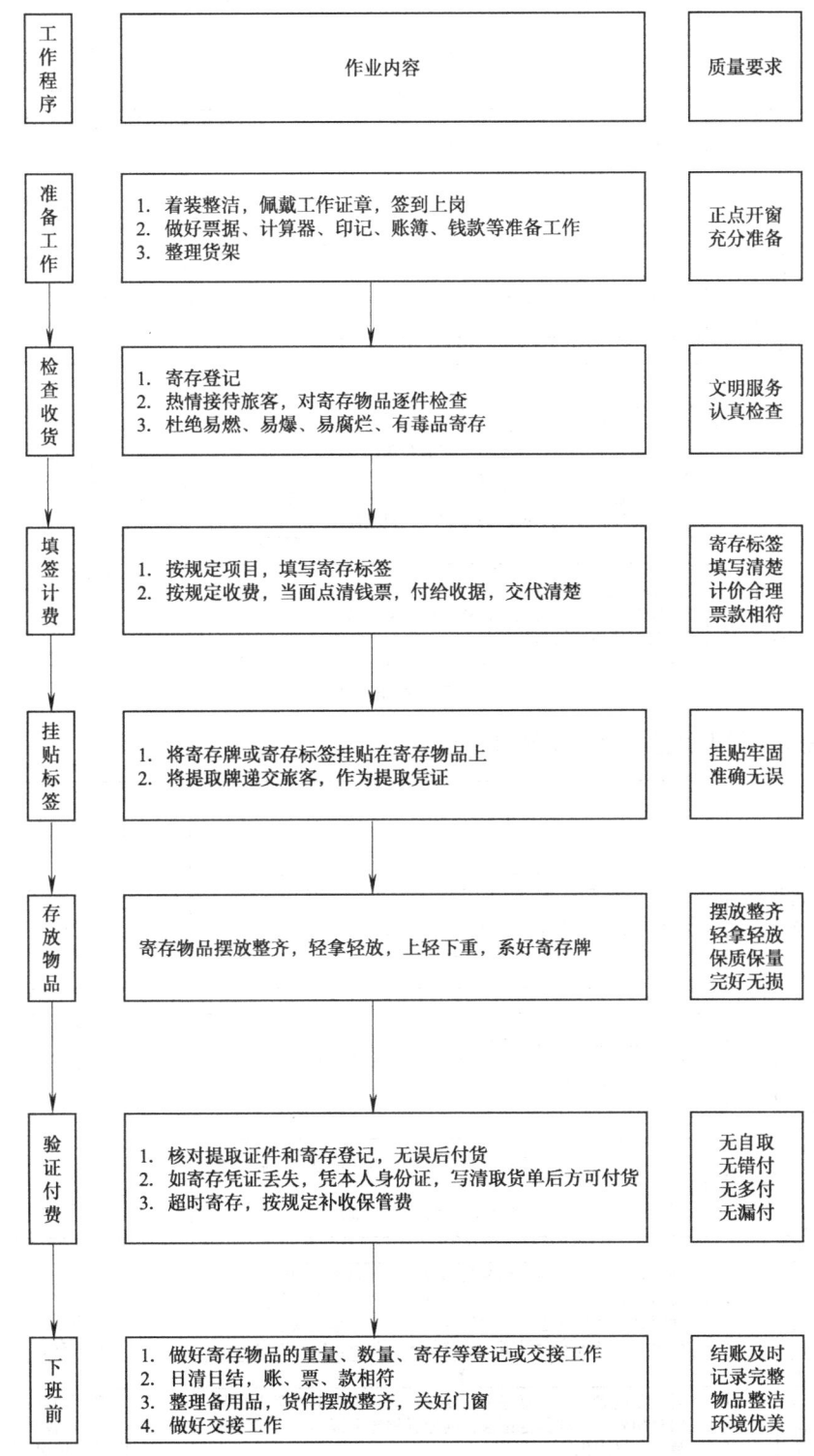

图 11-5　小件寄存服务员工作程序

6. 候车厅服务员工作程序（图 11-6）

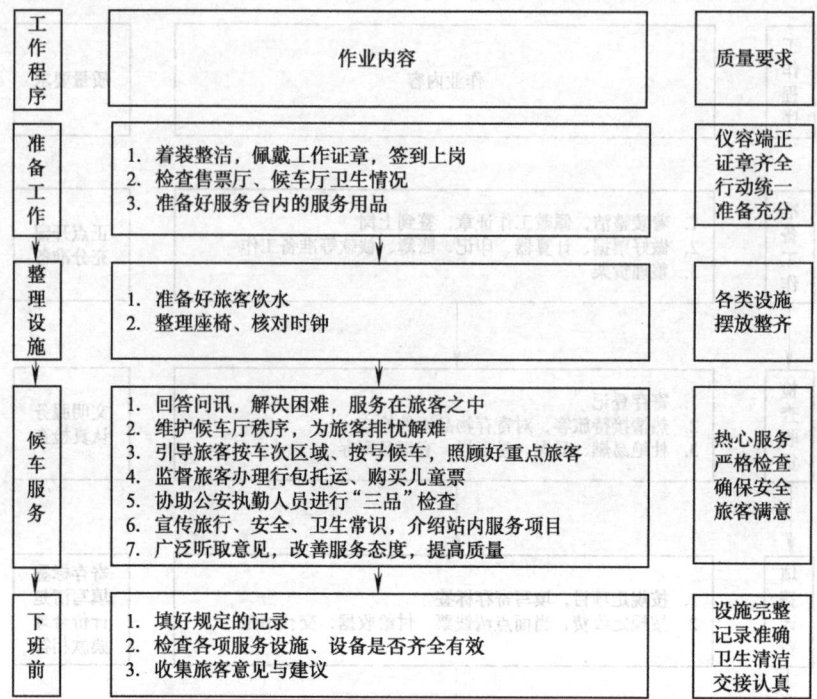

图 11-6　候车厅服务员工作程序

7. 安全保卫人员工作程序（图 11-7）

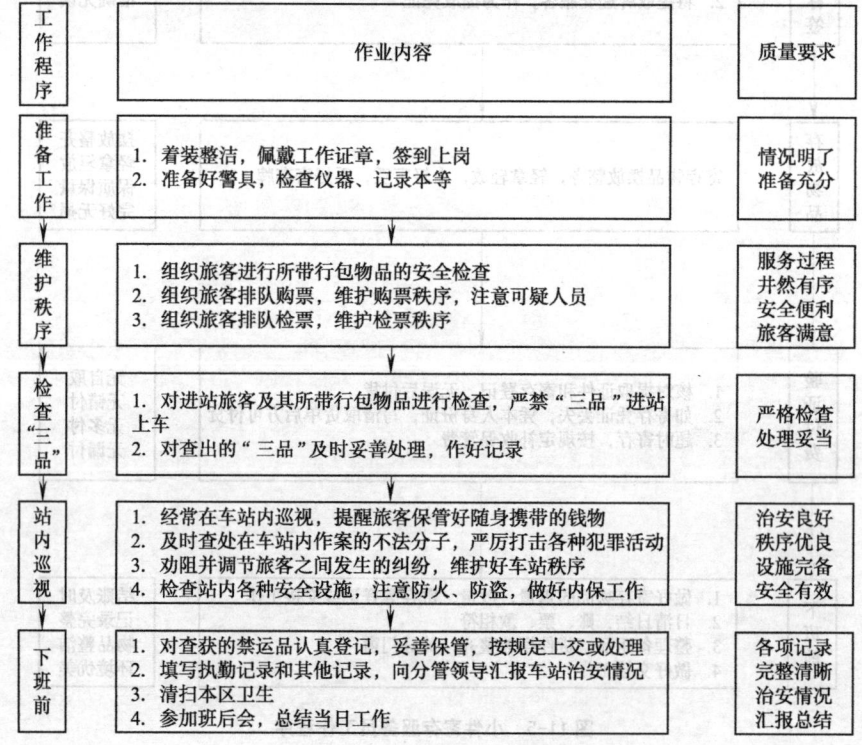

图 11-7　安全保卫人员工作程序

第十一章 道路旅客运输"三优""三化"规范

8. 广播服务员工作程序（图 11-8）

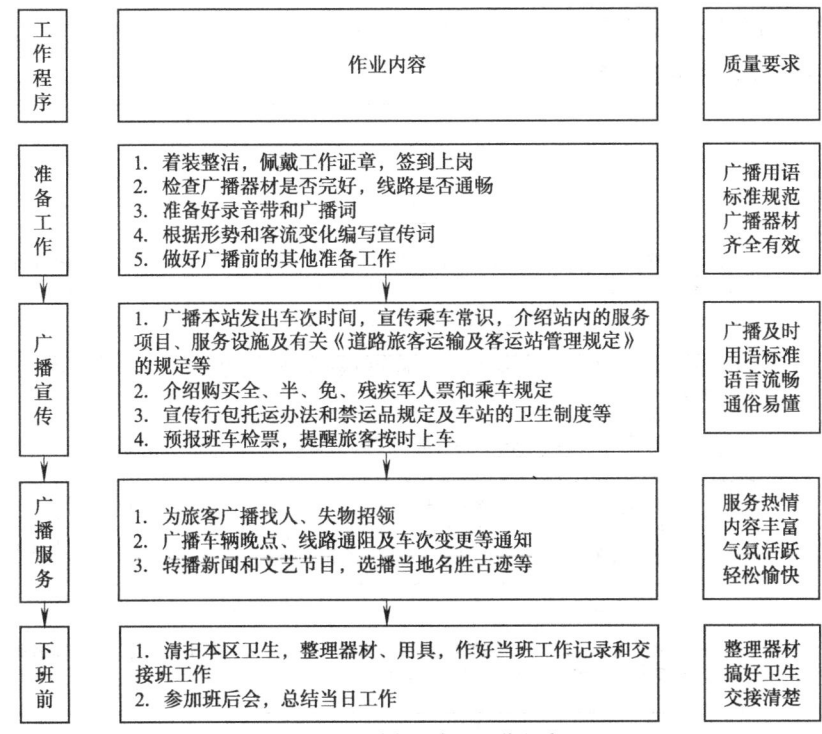

图 11-8 广播服务员工作程序

9. 检票服务员的工作程序（图 11-9）

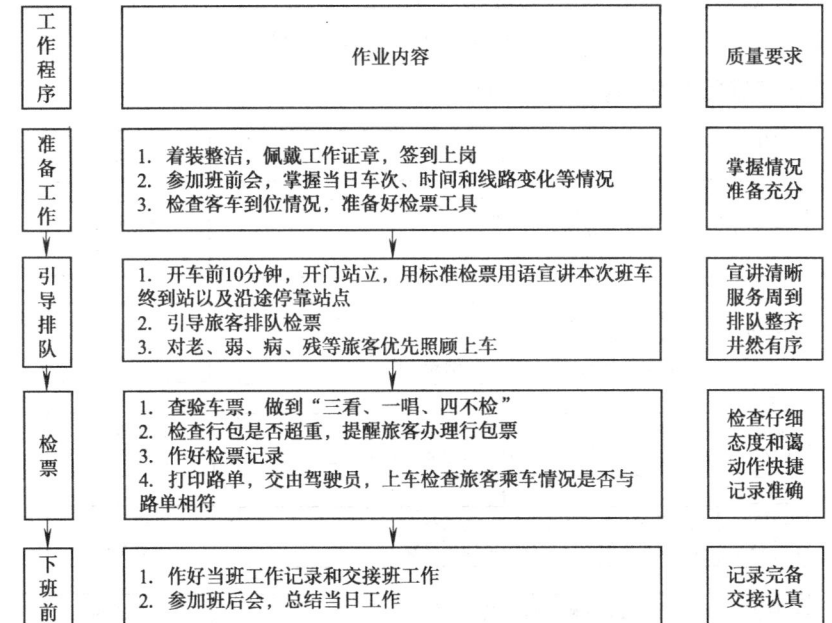

图 11-9 检票服务员的工作程序

图11-9中的"三看、一唱、四不检"的含义如下：

"三看"：看到讫站名，看客票种类，看票面车次、日期

"一唱"：唱到达站名

"四不检"：票种与使用者不符不检，行包超过携带重量未办理托运者不检，携带儿童超过规定高度的未购儿童票者不检，客车超员后不检。

10. 车辆调度员的工作程序（图11-10）

图11-10 车辆调度员的工作程序

11. 车场管理员工作程序（图11-11）

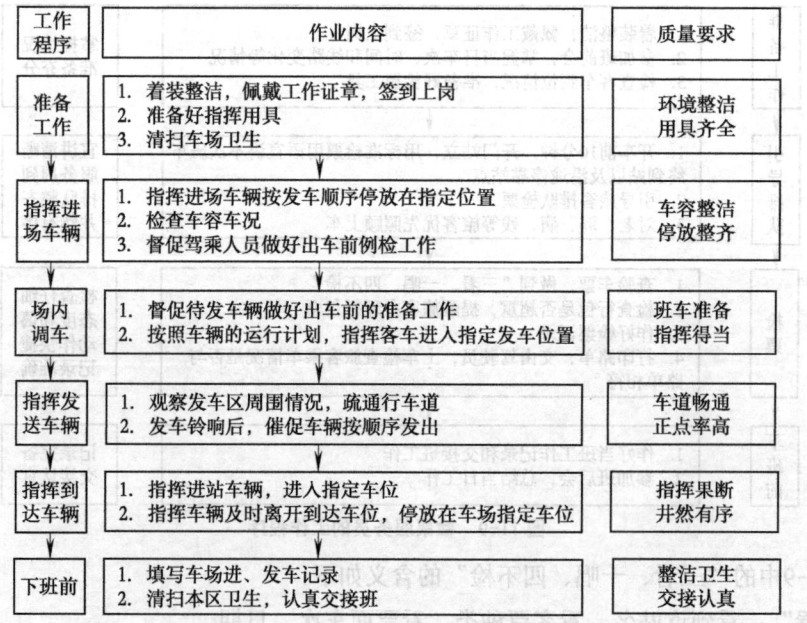

图11-11 车场管理员工作程序

第十一章 道路旅客运输"三优""三化"规范

12. 车辆安全检查员的工作程序（图 11-12）

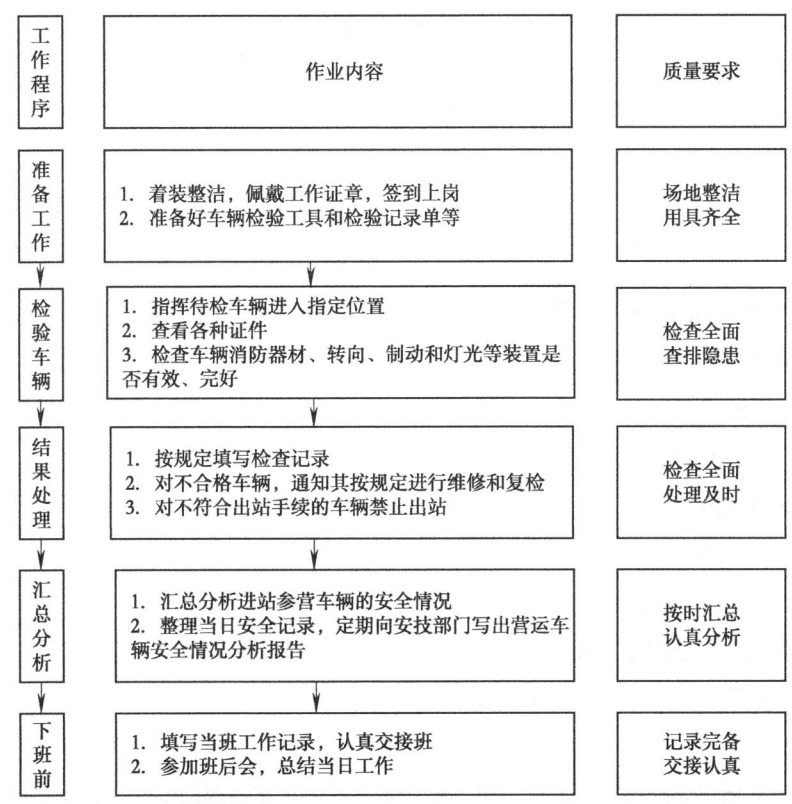

图 11-12 车辆安全检查员的工作程序

二、道路客运服务管理规范化要求

道路客运服务管理规范化是指道路客运服务业，通过贯彻执行国家有关政策法规，制定客运服务与管理的各项规章制度、工作标准，使公路客运站的各个岗位、各项工作有规可依、有章可循，同时严格考核制度，保证客运服务工作质量不断提高，使客运服务工作由原来的传统方式升华为科学的规范化管理。

道路客运服务管理规范化的内容包括：公路客运站的组织机构、岗位设置、原始记录、岗位培训和规章制度等。

1. 组织机构

建立健全公路客运站组织机构是实现客运服务管理规范化的组织保证。车站组织机构主要包括站务管理机构、后勤保障机构和组织保证机构。

车站应根据站务工作的内容和服务项目设置相应的职能和业务科室，组建作业班组，配备各岗位、各工种的人员。

2. 岗位设置

公路客运站服务岗位应以旅客运输市场的需求和道路客运作业程序为依据，以最大限度地满足旅客旅行的需要为原则来设置。一般应设置以下十六个服务岗位：

（1）值班站长。
（2）迎门服务员（依车站所在地的实际情况设置）。
（3）问讯服务员。
（4）售票员。
（5）行包服务员。
（6）小件寄存服务员。
（7）候车厅服务员。
（8）公安值勤服务员。
（9）广播服务员。
（10）检票服务员。
（11）出站验票服务员。
（12）车辆调度员。
（13）车场管理员。
（14）车辆安全检查员。
（15）乘务员（公用型车站不设）。
（16）驾驶员（公用型车站不设）。

3. 原始记录

原始记录是指用数据和文字逐日、逐月记录车站各项工作情况的卡片、日志、记录和报表。它是道路客运服务管理规范化的重要基础工作之一，是车站各项管理工作的真实写照。同时也是考核、分析车站工作情况、服务质量和管理水平的系统性基础资料，是政府主管部门与行业管理部门制定道路客运行业发展规划与政策的依据。因此，车站必须建立健全各种原始记录。

现代企业管理要求车站的原始记录要统一易查，按一定的规格编制，并根据交通运输部颁布的文明车站考核标准中的各类考核指标和车站的服务岗位分类、编号。记录内容要齐全、真实，简单易填；存档要整齐有序，一目了然。在一般情况下，车站的原始记录包括以下三十九种：

（1）班车运行情况记录。
（2）售票、检票记录。
（3）班车请假、报停申请卡。
（4）站务工作日志。
（5）售票质量记录。
（6）检票质量记录。
（7）行包托运质量记录。
（8）小件物品寄存登记及交接记录。
（9）旅客退票记录。
（10）电话、电报、信函预约订票记录。

第十一章　道路旅客运输"三优""三化"规范

（11）好人好事记录。

（12）旅客意见处理记录。

（13）旅客遗失物品领取记录。

（14）商务事故记录。

（15）服务质量考核记录。

（16）"三品"检查与处理记录。

（17）进站车辆检查记录。

（18）服务人员业务考核记录。

（19）旅客来信处理卡。

（20）旅客意见簿、建议处理记录。

（21）旅客意见征询记录。

（22）值班站长工作日志。

（23）站长、书记、副站长工作日志。

（24）班车脱班情况处理记录。

（25）客运生产与营收日报表。

（26）服务质量日报表。

（27）旅客流量、流向日报表。

（28）营运线路效益情况日报表。

（29）客运生产质量管理情况日报表。

（30）商务事故日报表。

（31）站务工作完成与服务质量情况统计表。

（32）发送旅客运输事故统计表。

（33）客车运用情况分析表。

（34）服务质量年报表。

（35）旅客流量、流向年报表。

（36）客运生产质量管理年报表。

（37）商务事故年报表。

（38）旅客意见征询年汇表。

（39）群众来信处理年汇表。

为了使车站的服务管理工作得到真实、全面的反映，提倡各站务工作岗位认真填写客运站务日志。对上述各项记录与报表均要求如实填写，准确清楚，及时上报，切忌敷衍搪塞、草率从事。

4. 岗位培训

提高道路客运服务质量，实现道路客运服务"三优""三化"，必须依靠全体客运人员尤其是公路客运站各岗位、各环节服务工作人员以良好的服务意识、端正的服务态度、熟练的服务技能来进行。因此，切实加强公路客运站岗位培训工作，不断提高站务服务人员业务素质和服务质量意识，具有非常重要的作用。加强客运站岗位培训既是客运服务管理规范化的重要内容，同时也是提高客运服务质量的先决条件之一。可以认为，缺乏高素质的服务人员，就不可能有高水平的服务质量。

（1）岗位培训的内容。公路客运站岗位培训包括三个方面的内容，即服务意识培训、服务质量管理知识培训和业务知识培训。

1）服务意识培训。服务意识是客运站服务人员对各自服务工作的重视程度。强化服务意识，加强服务意识的培训，就是增强各岗位服务人员关心服务质量和改善服务态度的自觉性和紧迫感。服务意识培训的主要内容包括以下几个方面：①职业道德教育；②以精神文明建设为基础思想，加强"旅客至上、服务第一"的思想意识教育；③采取多种形式的诱导和启迪，增强服务意识，明确提高客运服务质量的重大意义。

2）服务质量管理知识培训。服务质量管理知识培训是岗位培训的主要内容，其主要内容包括以下几个方面：①服务质量的概念及全面质量管理（TQC）的概念；②客运服务质量保证体系及全面质量管理的基础工作；③服务质量定量定性分析方法及质量管理七种工具的应用；④客运站各岗位服务质量管理；⑤群众性服务质量管理活动；⑥客运服务质量标准及客运服务质量控制、改进；⑦服务质量效益分析等；⑧服务业务知识培训。

3）业务知识培训。业务知识培训是为了保证和提高客运服务质量而对站务人员进行的必要的专业技术和操作技能的教育。它是岗位培训工作的重要组成部分。人们即使有了提高服务质量的强烈愿望和自觉性，并能熟练地掌握服务质量管理的技术与手段，但是如果缺乏应有的专业知识和操作技能，仍然难以达到提高客运服务质量的目的。

客运服务业务知识培训的内容繁多，各环节、各岗位应具备的业务知识不尽相同，培训内容不可能完全一致。因此，应按各岗位分层次分别进行培训。

（2）岗位培训的方式。公路客运站服务岗位较多，进行岗位培训应采取灵活多样、讲练结合等多种方式进行。各岗位工作又有较大差异，应因人因岗制宜、分层施教。岗位培训的方式具体可划分为以下几类：

1）上岗前培训及上岗培训。

2）分期分批轮训与重点培训。

3）本站培训与正规院校协助培训。

4）聘请专家讲座与车站业务表演。

5）以老带新。

6）开展业务竞赛等。

（3）岗位培训的管理要求。改善和强化岗位培训工作，全面提高车站服务人员素质，关键取决于车站各级领导的认识和重视程度，此外，还应有一套管理办法，严格要求，常抓不懈。在岗位培训工作中，车站应抓好以下工作：

1) 充分认识岗位培训工作的重要性。
2) 岗位培训应作为车辆服务管理规范化的重要组成部分，常抓不懈。
3) 健全岗位培训记录。
4) 切实制订岗位培训计划。
5) 健全岗位培训管理制度，明确岗位培训考核评比办法。

5. 规章制度

公路客运站是旅客和客运车辆集散的场所，具有服务环节多、服务环境复杂、管理难度大等特点。为了使车站工作忙而不乱、井然有序、优质高效，就必须建立健全以岗位责任制为中心内容的各项规章制度，切实做到职责分明，权、责、利落实到岗、到人，保证国家、集体、个人的利益，提高车站的社会效益和经济效益。

客运站应建立的规章制度主要有劳动管理制度、岗位责任制度、奖惩制度、财务管理制度、民主管理制度、卫生管理制度以及其他规章制度等，如图11-13所示。

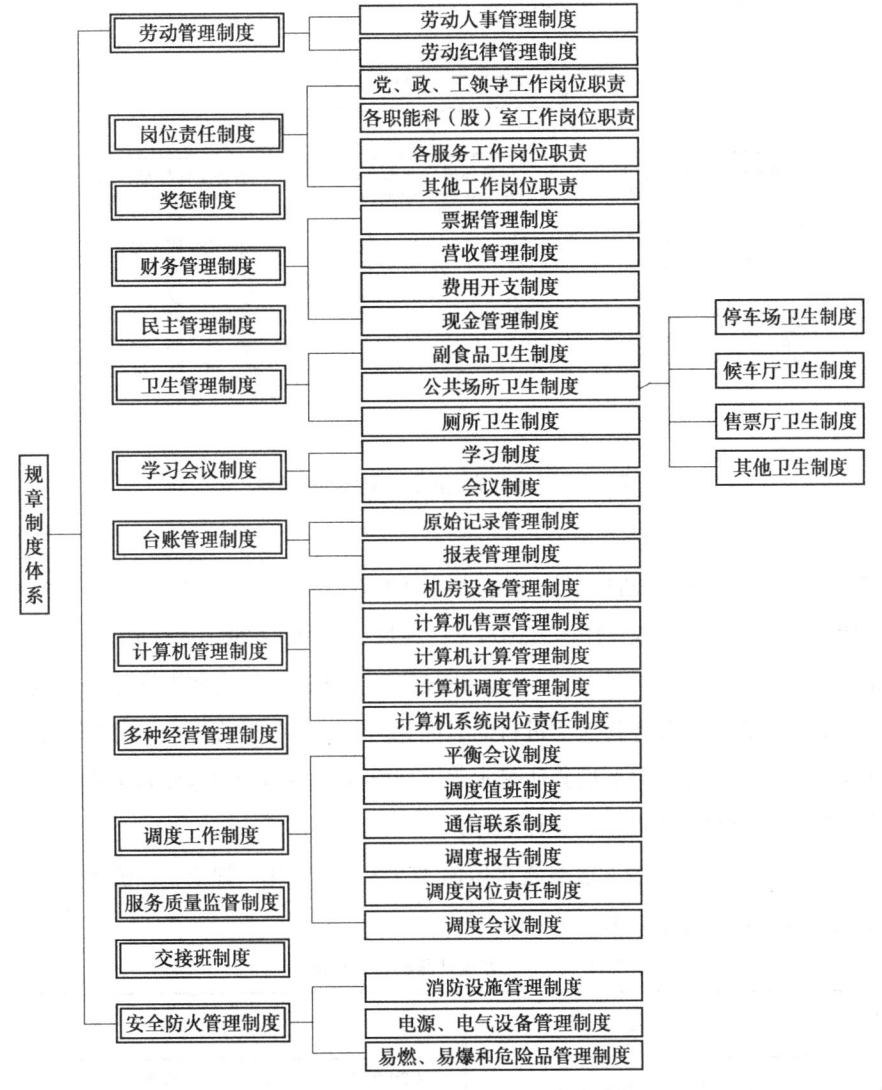

图 11-13 道路客运服务规章制度体系图

车站可根据自身的实际情况补充有关规章制度。各项规章制度一经制定，必须严格执行，并在执行过程中不断总结经验，并根据社会经济的发展和经营环境的变化与需要，及时地加以修订或补充。车站工作人员都要共同维护规章制度的严肃性，严格执行制度，使车站的各项规章制度落到实处，实现客运服务管理规范化。

三、道路客运服务质量标准化要求

标准化是以制定、修订标准和贯彻标准为主要内容的全部活动过程。道路客运服务质量标准化的主要任务是组织贯彻上级标准，制定、修订本行业服务质量标准。根据道路客运服务工作的特点，公路客运站应建立以服务设施为主要内容的服务设施标准体系、以服务环境为主要内容的服务环境标准体系，以服务工作为主要内容的服务工作标准体系，形成道路客运服务质量标准体系，如图11-14所示。

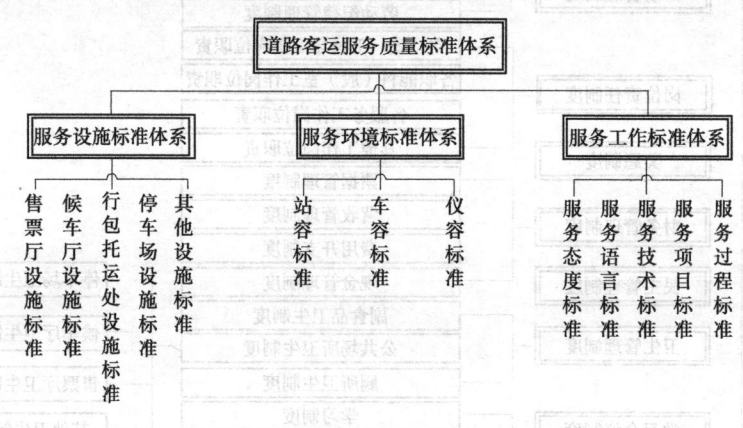

图11-14 道路客运服务质量标准体系图

1. 服务设施标准体系

服务设施是指公路客运站从事旅客运输活动所需要的各种建筑物、技术设备和各类标志，如房屋设施、候车厅设施、托运装卸设备，通风、照明、取暖、卫生消防、安全设施等，是提高道路客运服务质量的物质基础。客运站服务人员通过运用这些设施达到对旅客服务的目的。没有必要的设施，服务是无法进行的。因此，制定服务设施标准，并按标准不断完善客运站各项服务设施，提高服务设施质量水平，是提高道路客运服务质量的前提，公路客运站应首先按照标准做好服务设施的建设工作。

根据交通部1996年发布的《道路旅客运输"三优"、"三化"规范》，公路客运站服务设施标准如表11-4所示，可供参考。

表11-4 公路客运站服务设施标准

项 目	序 号	内 容	标 准
售票厅	1	售票厅面积	（20.0平方米/窗口+4.0平方米/窗口）×售票窗口+15平方米

第十一章 道路旅客运输"三优""三化"规范

（续）

项　目	序号	内　容	标　准
售票厅	2	售票厅标志： 里程票价表 班次时刻表 火车、轮船、飞机时刻表 营运线路图 售票窗口告示牌 日历牌 时钟 禁运、限运物品宣传图 公告牌 小件寄存须知 行包托运须知 旅客意见簿	项目齐全 悬挂醒目 字迹清楚 画面美观 布置合理
候车厅	3	候车厅面积	1.0平方米/人×旅客最高聚集人数
候车厅	4	候车厅设施： 广播室 小卖部 服务台 厕所 旅客洗漱室 冷暖设备 坐椅 失物招领处 邮政信箱 小件寄存处 饮水机	项目齐全 设施完好 整洁卫生 布局合理
候车厅	5	候车厅标志： 车次牌 旅客乘车须知 安全宣传牌 候车区域图 旅客意见簿 旅客留言簿 公告牌 失物招领牌 阅报栏 市区图、导游图 禁运、限运物品示意图	标志齐全 悬挂醒目 字迹清楚 画面美观
候车厅	6	其他设施： 婴儿床 开水用具 卫生箱、卫生用品 时钟	项目齐全 设备完好 整洁卫生

(续)

项目	序号	内容	标准
问讯处	7	问讯处面积	8~10平方米
	8	问讯处设施： 公用电话 公告牌	项目齐全 设备完好 整洁卫生
	9	问讯处标志： 公共汽车线路图 重要机关、名胜分布图 意见簿	标志齐全 悬挂醒目 字迹清楚 布置合理
行包托运处	10	行包托运处面积	40平方米/托运单元×托运单元+0.5平方米/件×旅客最高聚集人数×0.2件/人次+15平方米
	11	行包托运处设施： 衡量器 消防器材 行包架 装卸工具 传送设备 包装用具 行包平台	设备齐全 性能完好 整洁卫生
	12	托运处标志： 行包托运须知 行包里程价目表 意见簿	标志齐全 悬挂醒目 字迹清楚
停车场	13	停车场面积	18×客车投影面积×发车位数
	14	停车场设备： 洗车台 检验台 维修车间 消防器材 垃圾箱及卫生工具	设备齐全 性能完好 整洁卫生
	15	停车场标志： 限速牌 进出站标志 停车位标志 发车位标志 其他标志	标志齐全 悬挂醒目 字迹清楚 布置合理

2. 服务环境标准体系

服务环境是公路客运站利用现有的条件对站容、站貌、服务场所及周围有关场地，通过净化、绿化、美化，给旅客创造一种优美、舒适的环境。环境美是客运企业争取客源、提高竞争能力的重要条件之一，同时也是社会主义精神文明建设的重要内容之一。因此，环境质量是客运站服务质量的一个重要组成部分。服务环境标准是服务质量标准的重要内容之一。公路客运站应积极做

第十一章 道路旅客运输"三优""三化"规范

好这项工作，按标准创建一个优美、舒适的乘车环境。根据交通部1996年发布的《道路旅客运输"三优"、"三化"规范》，公路客运站服务环境标准如表11-5所示，可供参考。

表11-5 公路客运站服务环境标准

项 目	序 号	内 容	标 准
站容	1	站前净化、美化、绿化	卫生良好 设施美观大方 树木花卉种植安排合理
	2	站内整洁明快	无垃圾、无杂草 无污水、无痰迹 通风、照明良好
	3	室内干净卫生	门窗玻璃净、墙壁地面净 桌凳座椅净、各种设备净
	4	车场净化、美化、绿化	卫生良好 车辆停放有序、整齐 树木花卉种植安排合理
车容	5	车辆装备齐全完好	随车工具齐全，玻璃门窗完好 网绳齐备，行李架完好
	6	车容清洁	内壁外表洁净，座椅净 机器仪表地板净 车、行李架净
仪容	7	服务员仪表	佩戴标志 衣帽整洁 修饰得体 精神饱满

3. 服务工作标准体系

公路客运站完善的设施、优美的环境是提高客运服务质量的物质基础，而服务工作质量是提高客运服务质量的核心，它需要服务人员从态度、语言、技术、项目和过程等方面达到一定服务标准，创建优质服务，全心全意为旅客服务，使旅客感到温暖、愉快、称心、满意。因此，通过提高服务质量来吸引旅客，满足旅客精神需要，是客运企业经营中的一个战略问题，应做好服务质量标准化工作，长期不断地抓好这项工作。根据交通部1996年发布的《道路旅客运输"三优"、"三化"规范》，道路客运服务工作标准如表11-6所示，可供参考。

表11-6 道路客运服务工作标准

项 目	序 号	内 容	标 准
服务态度	1	服务宗旨： 旅客至上	服务宗旨明确 思想意识强
	2	服务表情： 真挚热情、亲切诚恳 和蔼可亲、耐心细致	接待旅客诚心、解答询问耐心 帮助旅客热心、照顾旅客细心 接受意见虚心
	3	服务举止： 姿态端庄、主动周到 举止文雅、谈吐得体	四声：对旅客要有呼声、介绍声、解答声、送别声 四不要：边走边解答、背手叉腰跷腿摇头比划、叼烟吃零食来答话、聚众嬉笑

（续）

项目	序号	内容	标准
服务语言	4	语音纯正、用词得当 语言温和、语言规范	使用"十字"文明用语：请、您、谢谢、对不起、没关系
			六不讲：低级庸俗口头语、生硬唐突语、讽刺挖苦语、有损旅客人格语、欺骗糊弄语、伤害自尊心语
服务技术	5	服务人员业务知识	应知、应会、应备知识考核成绩良以上
	6	服务人员操作技巧	熟练、准确、迅速、美观
			考核成绩良以上
			运费结算率95%以上
			运费结算差错率5‰以下
			售票差错率5‰以下
服务项目	7	客运服务项目齐全	迎客服务
			问讯服务
			广播服务
			始发售票、中转签证
			小件寄存
			行包托、取、中转
			候车服务
			检票、验票、组织上下车
			商业、饮食、订票、医疗、通信
	8	运输途中服务项目齐全	途中指南
			上下车检票、售票
			行包装卸、交付
			其他服务
服务过程	9	安全	事故频率0.025次/万公里以下
			事故损失率1.5元/千公里以下
			行包赔偿率5‰以下
			旅客安全运送率99%以上
	10	及时	客运正班率99.9%以上
			发车正点率99.9%
			旅客正运率99.9%以上
			行包正运率99.9%以上
	11	方便	平均排队等待时间少于15分钟
			旅客购票时间少于15分钟
	12	舒适	始发车座位利用率不超过100%
			座椅空间不少于1.2米
			进站客车整洁率99%以上
	13	服务	旅客满意率90%以上
			优质服务率80%以上
			旅客意见处理率98%以上

【本章小结】

道路客运"三优"是指通过精神文明、基础设施建设和经营管理等工作，实现道路客运的优质服务、优美环境和优良秩序。

优质服务是指道路客运各项服务工作主动热情、和蔼周到、安全快捷、经济便利，使旅

第十一章 道路旅客运输"三优""三化"规范

客感到温暖、愉快、称心、满意。

优美环境是指公路客运站设施布局合理、整洁卫生、气氛和谐，为旅客创造一个安全、舒适、明快、祥和的旅行环境。

优良秩序是指公路客运站的客流、行包流、车流、信息流通畅合理、井然有序、准确高效，保证旅客旅行的畅通、快速、准时方便。

道路客运"三化"是指为达到"三优"的基本要求，通过制定道路客运各项服务工作质量标准，实现服务过程程序化、服务管理规范化和服务质量标准化。

服务过程程序化是指根据道路客运各项作业之间的内在联系和工艺流程，把整个服务过程分为若干个环节，并明确其服务内容、标准要求、工作程序，保证车站各项服务工作环环相扣、节节相连、顺利而有序地进行。

服务管理规范化是指通过贯彻执行国家有关政策法规，制定并实施车站各项管理规章制度和工作标准，切实做到有规可依、有章可循，保证车站各项服务工作的质量。

服务质量标准化是指根据道路客运服务安全、及时、方便、经济、舒适的质量要求，结合车站各项服务工作的个体内容，制定各岗位、各环节的服务质量标准、业务质量标准，确保客运服务质量的不断提高。

【复习思考题】

一、单项选择题

1. （　　）是指道路客运各项服务工作主动热情、和蔼周到、安全快捷、经济便利，使旅客感到温暖、愉快、称心、满意。

　　A. 优质服务　　　　B. 优美环境　　　　C. 优良秩序　　　　D. 优秀表现

2. （　　）是指公路客运站的客流、行包流、车流、信息流通畅合理、井然有序、准确高效，保证旅客旅行的畅通、快速、准时方便。

　　A. 优质服务　　　　B. 优美环境　　　　C. 优良秩序　　　　D. 优秀表现

3. （　　）是指根据道路客运各项作业之间的内在联系和工艺流程，把整个服务过程分为若干个环节，并明确其服务内容、标准要求、工作程序，保证车站各项服务工作环环相扣、节节相连、顺利而有序地进行。

　　A. 服务过程程序化　　　　　　　　B. 服务管理规范化
　　C. 服务劲头十足化　　　　　　　　D. 服务质量标准化

4. （　　）是指通过贯彻执行国家有关政策法规，制定并实施车站各项管理规章制度和工作标准，切实做到有规可依、有章可循，保证车站各项服务工作的质量。

　　A. 服务过程程序化　　　　　　　　B. 服务管理规范化
　　C. 服务劲头十足化　　　　　　　　D. 服务质量标准化

5. 下列各项中，不属于优良秩序基本要求的是（　　）。

　　A. 设施布局力求紧凑、通畅、短捷　　　　B. 候车、上车有秩序

C. 避免与车流、进站客流交叉　　　　　D. 发车出站有条不紊

二、多项选择题

1. 道路客运"三优"是指通过精神文明、基础设施建设和经营管理等工作，实现道路客运的（　　）。
   A. 优质服务　　　B. 优美环境　　　C. 优良秩序　　　D. 优秀表现

2. 优美环境的基本要求中，服务设备完好配备的基本要求包括（　　）。
   A. 服务设施成龙配套　　　　　　　　B. 定人定机持证操作
   C. 定期保修、运转正常　　　　　　　D. 操作规范、安全运行、可靠

3. 优质服务的基本要求中，服务业务熟练的基本要求包括（　　）。
   A. 服务知识全面、清楚
   B. 服务技巧熟练、准确、迅速、美观
   C. 业务操作规范、高效
   D. 业务差错率低

4. 公路客运站岗位培训包括（　　）。
   A. 服务意识培训　　　　　　　　　　B. 服务质量管理知识培训
   C. 业务知识培训　　　　　　　　　　D. 消防安全培训

三、简答题

1. 简述道路客运"三优"的含义。
2. 简述道路客运"三化"的含义。
3. 简述道路客运优质服务的基本要求。
4. 简述道路客运优美环境的基本要求。

四、论述题

论述优良秩序中行包流秩序的基本要求。

参 考 文 献

[1] 刘长利. 现代汽车站务管理[M]. 北京：机械工业出版社，2004.
[2] 《道路旅客运输及客运站管理规定解读》编写组. 道路旅客运输及客运站管理规定解读[M]. 北京：中国青年出版社，2005.
[3] 侯焕章. 道路旅客运输[M]. 北京：人民交通出版社，2002.
[4] 朱晓宁. 旅客运输心理学[M]. 北京：中国铁道出版社，2001.

参考文献

[1] 刘化银. 现代汽车服务管理[M]. 北京: 机械工业出版社, 2004.
[2] 《道路旅客运输及客运站管理规定讲座》编写组. 道路旅客运输及客运站管理规定讲座[M]. 北京: 中国青年出版社, 2005.
[3] 侯晓滨. 道路旅客运输[M]. 北京: 人民交通出版社, 2002.
[4] 朱海方. 旅客运输心理学[M]. 北京: 中国铁道出版社, 2001.